P9-EDE-650

Everyday HEBREW

עִבְרִית בְּקַלּוּת

Everyday HEBREW

עִבְרִית בְּקַלּוּת

The Complete Course for Succeeding in Hebrew and Communicating with Confidence

Eliezer Tirkel
edited by J. A. Reif, Ph.D.

PASSPORT BOOKS
a division of *NTC Publishing Group*
Lincolnwood, Illinois USA

1994 Printing

This edition first published in 1991 by Passport Books,
a division of NTC Publishing Group, 4255 West Touhy Avenue,
Lincolnwood (Chicago), Illinois 60646-1975 U.S.A.
Originally published by Achiasaf Publishing House, Tel-Aviv,
under the title *Hebrew at Your Ease.*
©Achiasaf Publishing House. All rights reserved.
No part of this book may be reproduced, stored in
a retrieval system, or transmitted in any form, or
by any means, electronic, mechanical, photocopying
or otherwise, without the prior permission
of NTC Publishing Group.
Manufactured in the United States of America.

3 4 5 6 7 8 9 ML 9 8 7 6 5 4 3

PREFACE

In the last several decades there have been tremendous advances in linguistics and language teaching. The quantum leap in sophistication and techniques is comparable to the developments in other fields of scientific inquiry. However, the varied practical needs of the classroom and individual students have kept this field in a state of intellectual agitation. Courses and programs abound, and all of them claim to be modern and scientific.

The truth of the matter, as any experienced teacher can testify, is that successful teaching requires a mixture of methods, and no assessment compares with successful results over a long period of time.

The present text is an example of a course with a record of experience. Eleizer Tirkel was a teacher, principal and educator for over forty years in Israel and in the diaspora. He taught Hebrew to students of many different backgrounds, ages, and interests. His last position, as curator of the Agnon House in Jerusalem, was the capstone of a career based on fostering the Hebrew language.

Over the years Mr. Tirkel distilled his material and compiled it as it appears in this book. Unfortunately, he did not live to see his work in published form. He died soon after submitting the manuscript and discussing the details of its eventual publication. The work was carried forward from this initial momentum.

In editing the manuscript I have tried to be faithful to its tone and humor as well as to its philosophy of learning. Terminology has been updated and the flow of material has been changed here and there, but I have no doubts that Mr. Tirkel would have approved of the results. In the discussions I was privileged to have with him he showed a warmth and flexibility that made it a pleasure to work with him. It was probably the secret of his success as a teacher.

The presentation of lessons is self-explanatory, and the user will have no difficulty following the progression of the course material.

Users of this book will find themselves in company with scores of satisfied students, eager to go on from the point that this material reaches.

Joseph A. Reif, Ph.D.
Bar-Ilan University

CONTENTS

The grammar is functional and the language colloquial. The gist of each lesson is given in the central part of each unit and called the *structure*.

The textbook can be studied with or without the aid of a teacher due to a variety of features.

1. Instructions are given in both English and Hebrew.
2. Each exercise begins with an example.
3. The exercises are based on self-pacing.
4. After every fifth unit there is a test to help you evaluate your progress.
5. At the end of the book you will find a complete Index and Vocabulary.

The units of the book comprise a loose plot, which stimulates interest by providing continuity and added interest.

Finally, in addition to gaining a firm foundation in today's Hebrew, you will also be introduced to numerous cultural elements of life in Israel, including Jewish holidays and folklore, Israeli songs, history, and customs. This should help motivate your study and enable you to communicate in Hebrew with confidence.

Eliezer Tirkel, M.A.

The objective of *Part 1* of this book is to teach reading and writing in the shortest time possible. The *phonetic method,* used in this section, has proved to be the most efficient method in teaching Hebrew to English-speaking students.

The basic stages of this method are:
1. First learn half of the consonants, using *one single* vowel.
2. Compose as many word variations as possible.
3. Convert print into script, selecting first the letters whose form in print is similar to the written letter.
4. Finally, introduce the remaining vowels and form new words with the already known consonants.

Even if you know how to read, you are well advised to read through *Part 1,* because it contains words essential to further study.

Introduction

This program is based on an entirely new approach to teaching a foreign language and built around two concepts:

1. Langauge-learning must be structure-centered instead of word-centered.
2. Exercises should be emphasized.

Modern pedagogy has found that memorizing a lot of facts is not very effective in any course of study. For example, you can always look up the height of the Andes or the date of Caesar's death. It is much the same with new vocabulary when learning a foreign language. You may learn a thousand, five thousand, or even ten thousand words. But this will not greatly affect your overall knowledge of the language. If you forget a word, you can always look it up in the dictionary. But before you can begin to speak or read the language, you have to have a firm foundation and understanding of how the language works.

The *structure* of the language is the basis of your true understanding of the language. If you acquire a sound knowledge of the structure, you will be able to build your vocabulary quickly and efficiently.

For example, if you master the structure of the possessive case *yesh li,* which means, "I have," you will be able to use it in many situations, even if it contains an unknown word, like: "I have the syndrome." Since you understand the general idea, all you need to do is look up the word "syndrome" in the dictionary.

The second concept is *motivating exercises.* Exercise means repetition; repetition can mean boredom; and boredom is the archenemy of any study. To counter this negative influence on creative study, exercises take on a central role in this textbook:

They are as important as the text itself;
They are humorous; they are of human interest;
They add a personal touch;
They tell a story; they appear in songs, riddles, and crossword puzzles;
They challenge.

In short, they provide motivation.

Exercises are used in many different ways. But they are used primarily to help you develop a firm foundation in Hebrew. This is done by providing a variety of exercises on the same structure so that you gain full mastery of structures as you progress through the book.

For example, the structure of Hebrew numbers is quite complicated. Therefore, the subject is treated in different contexts: in age, dates, time, money, and communication (buses, phone numbers, addresses).

The textbook is divided into 30 units, which should take around three to seven hours each to complete. You will be able to communicate with about 700 of the most frequently used words as published in studies by the Hebrew University of Jerusalem, the Tel-Aviv University, and the Department of Education of the Jewish Agency.

PART I – חלק א

Remember that Hebrew is written from right to left.
Here are two letters in print:

r = ר k = ק

Let us make our first two Hebrew words:

pronounced *rak*   רַק
pronounced *kar*   קַר

Now, wait a minute!
Where did the *a* come from?

Hebrew is a very compact language, written mainly in consonants. Should English be written in this manner "Humpty-Dumpty" would look something like this:

> Hmpt-Dmpt st (on) th wll
> Hmpt-Dmpt hd (a) bg fll

The vowels in Hebrew are indicated by dots and dashes.
The dash, meaning *a,* (ַ) or (ָ) is put *under* the consonant and pronounced *after* it.
Thus: *ra* – רַ

Let us add three more consonants:
h = ה
p = פ
s = ס

We can now form new, even nonsense words. The meaning of the word at this early stage is secondary.

Here are some new words:

רַק – only (rak)
קַר – cold (m.) (kar)
קָרָה – cold (f.)
רַקָה – (rakah)

12

פַּר – ox (par)
פָּרָה – cow (parah)
פַּס – (pas)
פָּסָה – (pasah)
סַפָּה – sofa (sapāh)
פַּרְפַּר – butterfly (parpar)

EXERCISE תרגיל

1. Read aloud the sound of the letters and the words above.
2. Cover the English transcription in the brackets. Try to read the Hebrew word. (You may peek now and then). If, at the fourth try, you succeed in reading all the words without help, you may grade yourself "Very Good".

Lesson B • ב שִׁיעוּר

Read again the first lesson.
Add three new consonants:

ח – ch (as in Chanukah)
ת – t
בּ – b

Let us form some new words:

בַּר – (bar) (as in BAR-Mitzvah)
בָּרָק – (barak)
בַּת – daughter (bat)
פָּתַח – (patach)
פַּת – (pat)
קַח – take! (kach)

EXERCISE תרגיל

1. Record the exercise on a cassette recorder, articulating each word carefully.
Play it back and listen.
2. Make a new word from two others, by using the first letter of the first word and the second letter of the second word.
Read aloud the word you have just made, and transcribe it in Latin letters:

[kar]	קַר	=	בַּר	+	קַח
[par]		=	קַר	+	פַּס
[bat]		=	פַּת	+	בָּקָר

3. Here is a long word: *the baldness* (hakarachat) הַקָּרַחַת
Make as many short words from it as you can:
hat, har, hach, hat, kar, hach, kat, rach, rat

Rating: ____________________
2 words – fair
3 words – good
4 words – very good
5 words – outstanding

Lesson C • ג שִׁיעוּר

Turning Print into Writing

The first 8 consonants were chosen on purpose. They are very similar in print and script. Let us choose the *r* as our "pilot-letter". We simply round off the upper right corner and the result is a written letter: = ר

EXERCISE

1. Please write each letter three times:

ה ______		ר ______	
ס ______		ת ______	
פ ______		ק ______	
ב ______		ח ______	

2. Rewrite the printed words in cursive script:

בַּת – בַּת	______ – סַפָּר
______ – רַבַּת	______ – פַּס
______ – רַבָּה	______ – פָּרַס
______ – פַּרְפָּר	______ – קַח

3. Copy these words in your newly acquired penmanship:

הַפַּס, בָּרַח, קַר, קָרָה, פַּת, פָּתַר

הַפַּס, בָּרַח, קַר, קָרָה, פַּת, פָּתַר

Lesson D • שִׁיעוּר ד

Review the previous lesson

Let us get acquainted with 7 new consonants:

Written forms:

א א – alef (silent)
ג ג – g (as in *good*)
י י – y (as in *yard*)
ל ל – l
מ מ – m
ם ם – m (at the end of the word only)
שׁ שׁ – sh (note the right-hand dot)

Read aloud the following words:

אַבָּא – Father (abba)
בָּא – came (ba)
סַבָּא – Grandfather (sabba)
שָׁם – there (sham)
יָם – sea (yam)
בַּ... – in (ba...)
גַּל – wave (gal)
גַּלְגַּל – wheel (galgal)
חַג – holiday (chag)
שַׁבָּת – Shabbat (shabbat)
מַה – what (mah)
גַּם – also (gam)

You do not have to memorize at this stage the meaning of all these words. Your chief objective is to learn to read and write. But you will agree that understanding what you are doing makes the task much more pleasant.

Please read aloud the following sentences:

1. אַבָּא בָּא.
2. גַם סַבָּא בָּא.
3. שָׁם יָם.
4. אַבָּא שָׁם בַּיָם.
5. מַה בַּיָם?
6. גַל בַּיָם.
7. גַם גַלְגַל שָׁם.
8. לָמָה אַבָּא בַּיָם?
9. שַׁבָּת חַג.

[Translation: 1. Father comes. 2. Also Grandfather comes. 3. A sea is there. 4. Father (is) there in the sea. 5. What (is) in the sea? 6. A wave (is) in the sea. 7. Also a wheel (life-belt) (is) there. 8. Why (is) Father in the sea? 9: Shabbat (is a) holiday].

Lesson E • שִׁיעוּר ה

Reread the previous lesson.

Convert each new consonant into cursive script and copy the new words:

א	אַבָּא	______
ג	גַל	______
י	יָם	______
ל	גַלְגַל	______
מ	מַה	______
ם	גַם	______
ש	שָׁם	______

Copy in cursive script the nine short sentences from the former lesson:

1. אַבָּא בָּא.
2. ______
3. ______
4. ______
5. ______
6. ______

.7 ______________________________

.8 ______________________________

.9 ______________________________

Lesson F • שִׁיעוּר ו

You now know fifteen consonants (which is more than half the alphabet!), but only one vowel.
It is time to introduce two more vowels: אֶ or אֵ or אֱ [e] (as in bet) וֹ [o] (as in sort)
(The dot signifying [o] can be placed on top of any consonant אוֹ or אֹ without writing the *vav*.
From now on we shall introduce new vowels in print and writing simultaneously:

t – ט *v* – ב *o* – ו *f* – פ

טוֹב – good (tov) ______________________________

רַב – Rabbi (rav) ______________________________

לֵוִי – (levi) ______________________________

יָפֶה – nice (yafe) ______________________________

בּוֹקֶר – morning (bóker)
מַר – Mr. (mar)
טוֹב – good (tov)
רַב – rabbi (rav)
הָרַב – the rabbi (ha-rav)

יוֹם – day (yom)
הַיוֹם – today (ha-yom)
אֱמֶת – truth (emet)
שָׁלוֹם – peace (shalom)
גְרוֹס – Gross

Please read out loud:

בּוֹקֶר טוֹב, הָרַב לֵוִי
בּוֹקֶר טוֹב, מַר גְרוֹס
הַיוֹם יוֹם יָפֶה
אֱמֶת, הַיוֹם יוֹם יָפֶה
שָׁלוֹם מַר גְרוֹס
שָׁלוֹם הָרַב לֵוִי

1. Copy the above conversation in cursive script:

בוקר טוב, הרב לוי

בוקר טוב, מר גרוס

היום יום יפה,

אמת, היום יום יפה

שלום מר גרוס

שלום, הרב לוי

2. Take a *siddur* (Prayer Book) or a Bible and see how many words you are able to decipher in ten lines.

Lesson G • שִׁיעוּר ז

Here are six new consonants:

n – נ נ   *z* – ז ז   *d* – ד ד

הִנֵּה – here is (hine)

רוֹצֶה – want (m.) (rotze)

רוֹצָה – want (f.) (rotza)

כִּסֵּא – chair (kise)

עוֹד – more (od)

דּוֹד – uncle (dod)

דּוֹדָה – aunt (doda)

זֶה – this (m.) (ze)

זֹאת – this (f.) (zot)

אֲנִי – I (ani)

(silent) – ע ע   *k* – כּ כ   *tz* – צ צ   *h* – ה ה

And an additional vowel: (as in "need") אִ

Shva. Vocalized e When necessary phonetically; otherwise silent אְ

בְּבַקָּשָׁה בְּבַקָּשָׁה – please (bevakasha)

בַּיִת בַּיִת – house, home (báyit)

מִי מִי – who (mi)

לָשֶׁבֶת לָשֶׁבֶת – to sit down (lashévet)

שֵׁב! שֵׁב! – Sit down! (m.) (shev)

שְׁבִי! שְׁבִי! – Sit down! (f.) (shvi)

אַתָּה אַתָּה – you (m.) (ata)

אַתְּ אַתְּ – you (f.) (at)

תּוֹדָה תּוֹדָה – thanks (toda)

EXERCISE תרגיל

1. Please read aloud the new words, first with, then without, the English transcription.
2. Copy into cursive script and try to translate:

Who is this?	מִי זֶה?	1. מִי זֶה?
It is uncle	זֶה דוֹד	2. זֶה דוֹד
It is aunt	זאת דודה	3. זאת דוֹדָה
Here is a chair	הנה כסה	4. הִנֵּה כִּסֵּא
The chair is nice	כסא יפה	5. כִּסֵּא יָפֶה
Thanks, uncle.	תודה דוד	6. תּוֹדָה דוֹד
Thank you.	בבקשה	7. בְּבַקָּשָׁה

Lesson H • ח שִׁיעוּר

CONVERSATION At home בַּבַּיִת (babáyit)

שָׁלוֹם, דוֹדָה

שָׁלוֹם, דוֹד.

מִי זֹאת? זֹאת דוֹדָה נִינָה.

מִי זֶה? זֶה דוֹד חַיִּים.

אֲנִי דוֹדָה נִינָה. אֲנִי דוֹד חַיִּים.

אֲנִי רוֹצָה לָשֶׁבֶת.

הִנֵּה כִּסֵּא. שְׁבִי בְּבַקָּשָׁה!

תּוֹדָה רַבָּה.

הִנֵּה עוֹד כִּסֵּא. שֵׁב גַּם אַתָּה, בְּבַקָּשָׁה.

תּוֹדָה רַבָּה.

EXERCISE תַּרְגִּיל

1. Please read the conversation and record it. Now listen to it.
2. Transcribe the part of the conversation about Aunt Nina only (feminine gender):

שָׁלוֹם דּוֹדָה!

3. Now relax and enjoy solving your first Hebrew crossword:

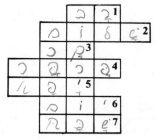

1. Rabbi
2. Word of greeting
3. Cold
4. Butterfly
5. Good.
6. Day.
7. Saturday

Now you should get in the vertical column a "good morning".

THE LAST PAGE הַדַּף הָאַחֲרוֹן (hadaf ha-acharon)

NOTE: Five consonants are written differently at the end of the word.Each is called: *(ot sofit)* אוֹת סוֹפִית Final-Letter

(מם) כך נן פף צץ...

Every *ot sofit,* execpt the *mem sofit,* is similar to its regular "sister" the only difference being the "long leg" instead of the horizontal base.

דַּף – page (daf)
אוֹת – letter (ot)
שָׂרָה – Sarah
כַּ"ץ – Katz
כָּכָה – so (kácha)
כָּךְ – so (kach)
כֵּן – yes (ken)

Now for the remaining consonants:

ף – f
שׂ – s
ץ – tz
ך – ch
כ – ch
ן – n

שֶׁל – of, belonging to (shel)
הַ – the (ha-)
אֵיפֹה? – where? (eyfo?)
לָמָה? – why? (láma)
חַג – holiday (chag)
חַגִים – holidays (chagim) pl.
יוֹדֵעַ – know (m.) yodéa
אֲבָל – but (aval)
עִם – with (im)
נִשְׁמַע – let's hear (nishma)
שָׂמֵחַ – happy (saméach)

NOTE: When a word ends with a חַ, the *patach (-) is* pronounced before the *ch: ach* not *cha*.
Here is the last vowel in its two forms: (as in "good") *u*: וּ or אֻ

חַגִים שֶׁל יְהוּדִים
(literally): HOLIDAYS OF JEWS

שָׁלוֹם יוֹסֵף!
שָׁלוֹם שָׂרָה!
אֵיפֹה הָרַב כַּ״ץ?
לָמָה, שָׂרָה?
גַם אַתָּה יוֹדֵעַ חַגִים שֶׁל יְהוּדִים?
כֵּן, גַם אֲנִי יוֹדֵעַ. אֲבָל רַק עִם אוּ.
לָמָה רַק עִם אוּ?
כָּכָה.
טוֹב, נִשְׁמַע!
הִנֵה:
יוֹם כִּיפּוּר
חַג סוּכּוֹת

חֲנוּכָּה
חַג שָׁבוּעוֹת, ...
גַּם פּוּרִים?
כֵּן, שָׂרָה. חַג פּוּרִים חַג שָׂמֵחַ
נָכוֹן. תּוֹדָה רַבָּה, יוֹסֵף.

EXERCISE תרגיל

1. Read aloud the conversation. If two students study together one can be Sarah and the other Yosef, then change roles.
2. Transcribe all the words with an *ot sofit*.
Make a list in handwriting of the Jewish holidays mentioned. Try and add one of your own.

Now that you know all the letters, try and write your name in Hebrew as well as the names of the members of your family and your friends. It will be a lot of fun.
Here are a few examples:

צ׳רְלס – Charles	גֶ׳ק – Jack	רוּת – Ruth	סִינְדִי – Cindy
צ׳ ג׳ ג׳	גִ׳ינִי – Ginny	דָוִד – David	סֶם – Sam

Please note the three last names. As in Hebrew there are no corresponding letters to: j (soft g) and ch, you add an apostrophe to the Hebrew letters: צ׳ ג׳

With the help of one more word street רְחוֹב, you will be able to write even an address in Israel:

מַר מֹשֶׁה כֹּהֵן, רְחוֹב בֶּן־יְהוּדָה 12, תֵּל־אָבִיב, יִשְׂרָאֵל.

_אוֹשֶׁה כֹהֵן, רְחוֹב בֶּן־יְהוּדָה 12, תֵּל־אָבִיב, יִשְׂרָאֵל,_

חֲזָרָה כְּלָלִית   GENERAL REVIEW

Instead of dry repetition of the alphabet we have chosen a game. The words in this game, called *Bingo*, were chosen carefully so that they contain each and every letter in the Hebrew alphabet. Bingo is a very well known game. Any number of players can participitate. It is generally played with numbers. For our purpose, however, we shall play with *words*.

It is an excellent exercise.

The rules: Each player gets a square board with 25 words printed on it. Each board contains the same words, but printed in *a different order*. Each player gets 25 little paper tags with the same words but in handwriting. The leader calls out one of the words at random, and the players cover the word with the corresponding tag. The first to cover a whole line, be it horizontal, vertical or diagonal gets a prize.

The game continues until the boards are covered.

Ha-Alefbet   האלפבית

Consonants:

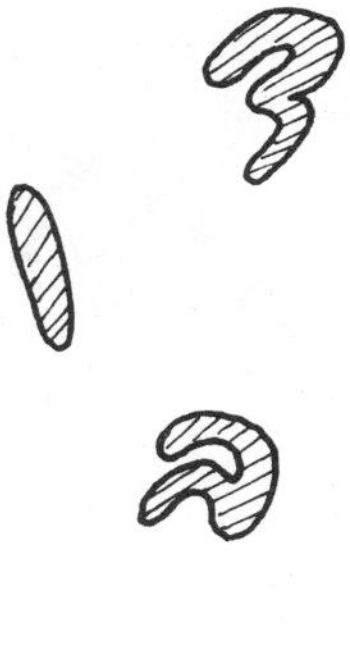

א אָלֶף	א – álef	/c
ב בֵּית	ב – bet	ב
ב (בֵית)	ב – vet)	ב
ג גִימֶל	ג – gimel	ج
ד דָלֶת	ד – dálet	ף
ה הֵא	ה – he	ה
ו וָו	ו – vav	/
ז זַיִן	ז – záyin	ز
ח חֵית	ח – chet	ח

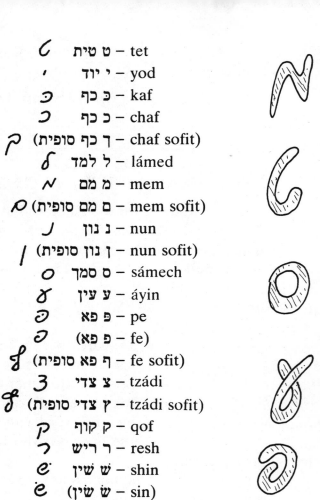

ט טית – tet

י יוד – yod

כּ כף – kaf

כ כף – chaf

(ך כף סופית – chaf sofit)

ל למד – lámed

מ מם – mem

(ם מם סופית – mem sofit)

נ נון – nun

(ן נון סופית – nun sofit)

ס סמך – sámech

ע עין – áyin

פּ פא – pe

(פ פא – fe)

(ף פא סופית – fe sofit)

צ צדי – tzádi

(ץ צדי סופית – tzádi sofit)

ק קוף – qof

ר ריש – resh

שׁ שין – shin

(שׂ שין – sin)

ת תו – tav

Vowels:

אֲ, אַ – patach a (as in *far*)

אָ – kámatz a

אֹ וֹ – chólam o (as in *sort*)

אֱ אֶ – ségol e (as in *bet*)

אֵ – tzérey e

אִ – chirik i (as in *green*)

אְ – shva silent

וּ – shuruk u (as in *good*)

אֻ – kubutz u

The order of the letters in the Hebrew alphabet is important. It will help you to look up a word in the dictionary, a name in the telephone directory or an entry in an encyclopedia.
Every student of Hebrew should know it by heart. Singing it makes easy it to remember.
Here is the song:

אָלֶף – אַבָּא; בֵּית – בָּחוּר   יוֹד כָּף לָמֶד – לֶחֶם חַם
גִּימֶל – גַּן קָטָן סָגוּר.   מֵם נוּן סָמֶךְ – סַבָּא קָם.

דָּלֶת, הֵא וָו זַיִן חֵית   עַיִן פֵּא וְצָדִי קוֹף
הִנֵּה אוֹתִיּוֹת עַד טֵית.   רֵישׁ שִׁין תָּו – וְזֶה הַסּוֹף.

.גוּר–סָ טָן – קָ גַן מֶל–גִי חוּר– בָּ בֵּית בָּא–אַ לֶף– אָ

קוֹף דִי– צָ וְ פֵּא יִן – עַ חַם חֶם–לֶ מֶד–לָ כָּף יוֹד

.סוֹף הַ זֶה וְ תָו שִׁין רֵישׁ

הַר אַבָּא לָמָּה פֶּרַח יוֹם
שָׁלוֹם יָפֶה כֵּץ אֲנִי זֶה
רוּת כָּךְ שָׂמֵחַ עוֹד חַג
דַּף שָׂרָה אַתְּ כֵּן שַׁבָּת
לֵוִי טוֹב קַר הִנֵּה פַּס

הַר אַבָּא לָמָּה פֶּרַח יוֹם
שָׁלוֹם יָפֶה כֵּץ אֲנִי זֶה
רוּת כָּךְ שָׂמֵחַ עוֹד חַג
דַּף שָׂרָה אַתְּ כֵּן שַׁבָּת
לֵוִי טוֹב קַר הִנֵּה פַּס

PART II ב-‏ חלק

זֶהוּת – IDENTITY

מִי אַתְּ?	מִי אַתָּה?
מָה הַשֵׁם?	מָה הַשֵׁם?
מתתפ8	_הֹשֵׁם:_
מַה שֵׁם הַמִשְׁפָּחָה?	מַה שֵׁם הַמִשְׁפָּחָה?
_עה שּׁמֹמשּׁפּחֹה?_	_שֵׁם הֹמשׁפּחֹה:_
מַה שֵׁם אַבָּא?	מַה שֵׁם אַבָּא?
_מַה שֵׁם אֹכֹּפ?_	_מַה שֵׁם אֹכֹּפ?_
מַה שֵׁם אִמָא?	מַה שֵׁם אִמָא?
_מַה שֵׁם אֹמֹא?_	_מַה שֵׁם אֹמֹא?_
מָה אַתְּ עוֹשָׂה?	מָה אַתָּה עוֹשֶׂה?
_מַה אַתּ עוֹשֹׂה?_	_מַה אַתֹה עוֹשׂה?_
אֵיפֹה אַתְּ גָרָה?	אֵיפֹה אַתָּה גָר?
_אֵיפֹה אַתּ גֹרֹה?_	_אֵיפֹה אַתֹה גֹר?_
אֵיזֶה מִסְפָּר?	אֵיזֶה מִסְפָּר?
_אֵילֹה מֹספֹר?_	_אֵילֹה מֹספֹר?_
מַה מִסְפַּר הַטֶלֶפוֹן?	מַה מִסְפַּר הַטֶלֶפוֹן?
_מַה מֹספֹר הֹטֹלֹפוֹן?_	_מַה מֹספֹר הֹטֹלֹפוֹן?_

שֵׁם: 13

שֵׁם משפחה: אורנזון

מקצוע: רובא

כתובת: קולומבוס 3

מס טלפון: 6789101

Conversation on the Street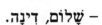

שִׂיחָה בָּרְחוֹב:

– שָׁלוֹם, דִינָה.
– שָׁלוֹם, דָן.
– אֵיפֹה אַתְּ גָּרָה, דִינָה?
– אֲנִי גָּרָה בִּרְחוֹב קוֹלוֹמְבּוּס.
– בֶּאֱמֶת? גַּם אֲנִי גָּר בִּרְחוֹב קוֹלוֹמְבּוּס. בְּאֵיזֶה מִסְפָּר?
– אֲנִי גָּרָה בְּבַיִת מִסְפָּר אַחַת.
– בֶּאֱמֶת? זֶה בַּיִת עַל יָדִי! מָה אַתְּ עוֹשָׂה, דִינָה?
– אֲנִי מַזְכִּירָה.
– אַתְּ מַזְכִּירָה טוֹבָה?
– מְ מְ מְ כֵּן.
– אַתְּ גַּם אִישָׁה יָפָה.
– תּוֹדָה רַבָּה, דָן. גַּם אַתָּה יָפֶה. שָׁלוֹם, שָׁלוֹם!
– שָׁלוֹם, דִינָה!

Let us review the words we have learned.

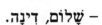

...בְּ – in...		מִי – who?	
בַּיִת – house		תְּמוּנָה – picture	
רְחוֹב – street		שֵׁם – name	
אֵיזֶה – which?		מִשְׁפָּחָה – family	
עַל יָדִי – next to me		אִמָּא – mother	
תּוֹדָה רַבָּה – many thanks		עוֹשֶׂה – do (m)	
מַזְכִּירָה – secretary		עוֹשָׂה – do (f)	
טוֹב – good (m)		רוֹפֵא – physician	
טוֹבָה – good (f)		גָּר – live (m)	
בֶּאֱמֶת? – really?		גָּרָה – live (f)	
אִישָׁה – wife, woman		שִׂיחָה – conversation	
		מִסְפָּר – number	

STRUCTURE

1. In Hebrew the sentence in the present tense is without: *am, are, is.*
2. There is no indefinite article in Hebrew:

Patterns of speech and expressions:

I (am a) Doctor	אֲנִי רוֹפֵא
You (are) not (a) secretary	אַתְּ לֹא מַזְכִּירָה
Where (is) he?	אֵיפֹה הוּא?

EXERCISE 1 תַּרְגִּיל

Fill out this form and insert information about yourself.

שֵׁם: ______

שֵׁם מִשְׁפָּחָה: ______

שֵׁם אַבָּא: ______

שֵׁם אִמָּא: ______

גָּר בִּרְחוֹב: ______

בַּיִת מִסְפָּר: 398

מִסְפָּר טֶלֶפוֹן: 510 294 4042

EXERCISE 2 תַּרְגִּיל

Read out loud the Hebrew numbers:

(0) אֶפֶס
(1) אַחַת
(2) שְׁתַּיִם
(3) שָׁלוֹשׁ
(4) אַרְבַּע
(5) חָמֵשׁ
(6) שֵׁשׁ
(7) שֶׁבַע
(8) שְׁמוֹנֶה
(9) תֵּשַׁע

EXERCISE 3 תַּרְגִּיל

Arrange a conversation with your fellow-students about their identity (name, address, phone). Write it down.

Example דוגמא

אֲנִי נוֹרְמָן. מִי אַתְּ? אֵיפֹה אַתְּ גָּרָה?

____

____

____

____

EXERCISE 4 תַּרְגִּיל

Write the word:

9 תֵּשַׁע

0 אֶפֶס

4 אַרְבַּע

6 שֵׁשׁ

3 שָׁלֹשׁ

Write the number:

2 שְׁתַּיִם

5 חָמֵשׁ

8 שְׁמוֹנֶה

1 אַחַת

7 שֶׁבַע

EXERCISE 5 תַּרְגִּיל

Translate תַּרְגֵּם

אַתָּה דָן You are Dan

הִיא דִינָה She is Dina.

דָּן רוֹפֵא Dan is a phyaician

דִינָה מַזְכִּירָה Dina is a secretary

אֵיפֹה דָּן? Where is Dan?

כֵּן, דָּן רוֹפֵא. Yes, Dan is a phyician.

דִינָה אִמָּא? Is Dina a mother?

לֹא, דִינָה לֹא אִמָּא No, Dina is not a mother

דִינָה מַזְכִּירָה Yes, Dina is a secretary

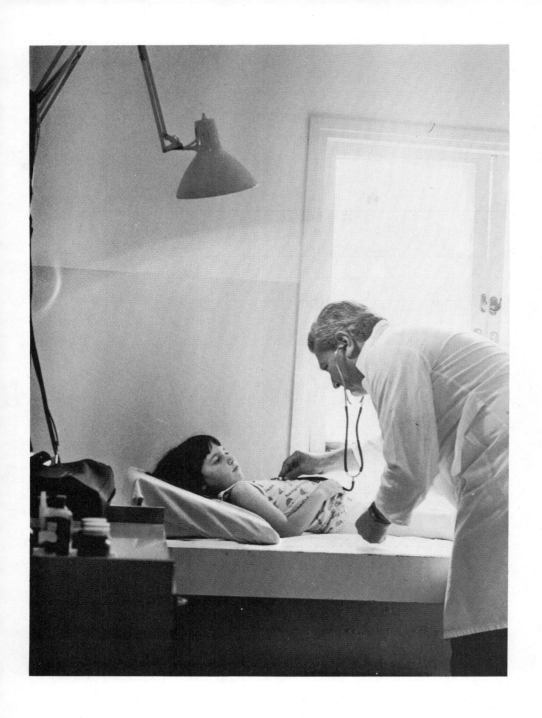

יְחִידָה שְׁנִיָּה

What time is it?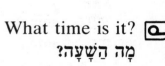
מָה הַשָּׁעָה?

דָּן רוֹפֵא. דָּן עוֹבֵד בְּמִשְׂרָד בִּרְחוֹב קוֹלוּמְבּוּס.
גַּם אַבָּא שֶׁל דָּן רוֹפֵא.
הוּא עוֹבֵד עִם דָּן.
אֲבָל עַכְשָׁיו אַבָּא שֶׁל דָּן חוֹלֶה.
אַבָּא שֶׁל דָּן לֹא עוֹבֵד. הוּא בַּבַּיִת.
גַּם הַמַּזְכִּירָה שֶׁל דָּן לֹא עוֹבֶדֶת. הַמַּזְכִּירָה חוֹלָה.
רַק דָּן עוֹבֵד בַּמִּשְׂרָד.

A Conversation in Dan's House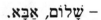
שִׂיחָה בַּבַּיִת שֶׁל דָּן

– שָׁלוֹם, אַבָּא.
– שָׁלוֹם, דָּן. אַתָּה עוֹבֵד קָשֶׁה?
– לֹא, אַבָּא. אֲנִי לֹא עוֹבֵד קָשֶׁה.
– בְּאֵיזוֹ שָׁעָה אַתָּה הוֹלֵךְ?
– אֲנִי הוֹלֵךְ בְּשָׁעָה שְׁמוֹנֶה וָחֵצִי.
– מָה הַשָּׁעָה עַכְשָׁיו?
– עַכְשָׁיו הַשָּׁעָה שְׁמוֹנֶה.
– בְּאֵיזוֹ שָׁעָה אַתָּה אוֹכֵל, דָּן?
– אֲנִי אוֹכֵל בְּשָׁעָה שְׁתֵּים־עֶשְׂרֵה, אוֹ בְּשָׁעָה שְׁתֵּים־עֶשְׂרֵה וָרֶבַע.
– בְּאֵיזוֹ שָׁעָה אַתָּה בָּא?
– אֲנִי בָּא בְּשָׁעָה חָמֵשׁ.
– רַק אַתָּה עוֹבֵד בַּמִּשְׂרָד?
– כֵּן, אַבָּא, רַק אֲנִי עוֹבֵד בַּמִּשְׂרָד. הַמַּזְכִּירָה חוֹלָה.
– שָׁלוֹם, דָּן.
– שָׁלוֹם, אַבָּא.

Words we have learned מִלִּים שֶׁלָּמַדְנוּ

עוֹבֵד – works(m)
עוֹבֶדֶת – works(f)
לֹא – no
מִשְׂרָד – office
עַכְשָׁיו – now
חוֹלֶה – ill(m)
חוֹלָה – ill(f)
כֵּן – yes
שֶׁל – belonging to
קָשֶׁה – hard
הוֹלֵךְ – goes(m)

הוֹלֶכֶת – goes(f)
אוֹכֵל – eats
שָׁעָה – hour
דַּקָּה – minute
דַּקּוֹת – minutes
רֶבַע – quarter **(reva)**
חֵצִי – half
בַּלַּיְלָה – at night
שׁוֹאֶלֶת – asks(f) (sho'élet)
פַּעַם אַחַת – once (páam achat)
אוֹמֶרֶת – says(f) (oméret)

STRUCTURE

The possessive case: Dan's שֶׁל דָּן

Patterns of speech and expressions:

What time is it? מָה הַשָּׁעָה?
At what time? בְּאֵיזוֹ שָׁעָה?
at eight o'clock בְּשָׁעָה שְׁמוֹנֶה
at this moment בְּרֶגַע זֶה
Is that you? זֶה אַתָּה?

10 – עֶשֶׂר
11 – אַחַת־עֶשְׂרֵה
12 – שְׁתֵּים־עֶשְׂרֵה

EXERCISE 1 תַּרְגִּיל

When the minute hand of the clock is within the first half-hour we say: **שָׁעָה... וְ... דַּקּוֹת**.
When it is within the second half-hour we say: **...דַּקּוֹת לְ...** .

Draw hands on the clocks:

הַשָּׁעָה שָׁלוֹשׁ וְחָמֵשׁ דַּקּוֹת
הַשָּׁעָה חָמֵשׁ וְעֶשֶׂר דַּקּוֹת
הַשָּׁעָה שֶׁבַע וָרֶבַע
הַשָּׁעָה עֶשֶׂר וָחֵצִי
הַשָּׁעָה רֶבַע לִשְׁתֵּים־עֶשְׂרֵה
הַשָּׁעָה עֶשֶׂר דַּקּוֹת לְשֵׁשׁ
הַשָּׁעָה חָמֵשׁ דַּקּוֹת לִשְׁמוֹנֶה
הַשָּׁעָה רֶבַע לִשְׁתַּיִם

EXERCISE 2 תַּרְגִּיל

Write what is in the picture? כְּתוֹב מַה בַּתְּמוּנָה?

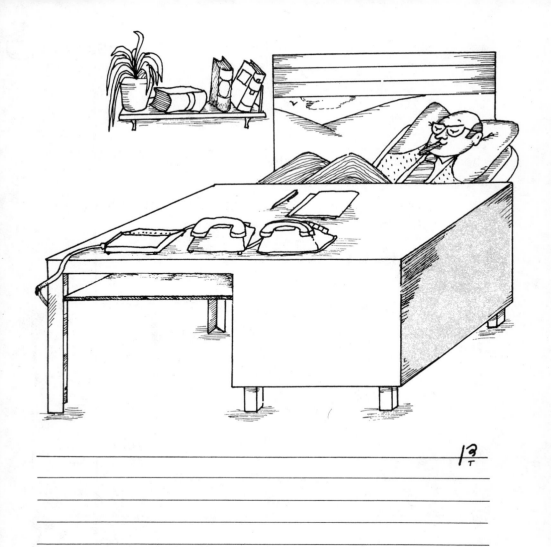

דָּן

EXERCISE 3 תַּרְגִּיל

כְּתוֹב בְּמִלִּים Write numbers in words

Part a

7.10 הַשָּׁעָה שֶׁבַע וְעֶשֶׂר דַקּוֹת

3.30 הַשָּׁעָה שָׁלוֹשׁ וָ חצי

4.15 הַשָּׁעָה ארבה ורבע

8.10 השעה ארבה ועשר דקות

1.05 השעה אחת וחמש דקות

5.09 השעה חמש ותשע דקות

Part b

Write in numbers: כְּתוֹב בְּמִסְפָּרִים:

12.30 ____ הַשָּׁעָה שְׁתֵּים־עֶשְׂרֵה וָחֵצִי

2.15 ____ הַשָּׁעָה שְׁתַּיִם וָרֶבַע

7.10 ____ הַשָּׁעָה שֶׁבַע וְעֶשֶׂר דַּקּוֹת

11.08 ____ הַשָּׁעָה אַחַת־עֶשְׂרֵה וּשְׁמוֹנֶה דַּקּוֹת

9.30 ____ הַשָּׁעָה תֵּשַׁע וָחֵצִי

10.10 ____ הַשָּׁעָה עֶשֶׂר וְעֶשֶׂר דַּקּוֹת

תְּשׁוּבוֹת:

שָׁלוֹשׁ וָחֵצִי

אַרְבַּע וָרֶבַע

אַחַת וְחָמֵשׁ דַּקּוֹת

חָמֵשׁ וְתֵשַׁע דַּקּוֹת

שְׁמוֹנֶה וְעֶשֶׂר דַּקּוֹת

A Conversation at Night

שִׂיחָה בַּלַּיְלָה

מֹשֶׁה בָּא בַּלַּיְלָה. הַשָּׁעָה אַחַת.

אֶסְתֵּר, הָאִישָּׁה שֶׁל מֹשֶׁה, שׁוֹאֶלֶת:

– מֹשֶׁה, זֶה אַתָּה?

– כֵּן, אֶסְתֵּר, זֶה אֲנִי!

– מָה הַשָּׁעָה, מֹשֶׁה?

– הַשָּׁעָה עֶשֶׂר, אֶסְתֵּר.

בְּרֶגַע זֶה מְצַלְצֵל הַשָּׁעוֹן. הַשָּׁעוֹן מְצַלְצֵל פַּעַם אַחַת.

אֶסְתֵּר אוֹמֶרֶת:

– מֹשֶׁה, לָמָה הַשָּׁעוֹן מְצַלְצֵל פַּעַם אַחַת?

– לָמָה, אֶסְתֵּר, לָמָה? מְ...מְ... הַשָּׁעוֹן הַזֶּה לֹא מְצַלְצֵל אֶפֶס!

EXERCISE 4 תַּרְגִּיל

Answer the following questions: עֲנֵה עַל הַשְּׁאֵלוֹת:

בְּאֵיזוֹ שָׁעָה בָּא מֹשֶׁה? מֹשֶׁה בָּא בְּשָׁעָה עֶשֶׂר

מָה שׁוֹאֶלֶת אֶסְתֵּר? אֶסְתֵּר שׁוֹאֶלֶת, מֹשֶׁה, זֶה אַתָּה?

מָה מְצַלְצֵל הַשָּׁעוֹן? הַשָּׁעוֹן מְצַלְצֵל פַּעַם אַחַת

מָה אוֹמֵר מֹשֶׁה? הַשָּׁעוֹן הַזֶּה לֹא מְצַלְצֵל אֶפֶס!

UNIT 3

יְחִידָה שְׁלִישִׁית

He and She
הוּא וְהִיא

דִינָה עוֹבֶדֶת בְּבַנְק. הִיא פְּקִידָה.
הַבַּנְק גָדוֹל. הַבַּנְק רָחוֹק מִן הַבַּיִת שֶׁל דִינָה.
דִינָה עוֹבֶדֶת קָשֶׁה.

דִינָה קָמָה בְּשָׁעָה שֵׁשׁ בַּבּוֹקֶר.
הִיא אוֹכֶלֶת אֲרוּחַת בּוֹקֶר בְּשָׁעָה שֵׁשׁ וָחֵצִי.
הִיא הוֹלֶכֶת אֶל הַבַּנְק בְּשָׁעָה שֶׁבַע וָחֵצִי.
הִיא עוֹבֶדֶת בַּבַּנְק מִן הַשָּׁעָה שְׁמוֹנֶה וָחֵצִי בַּבּוֹקֶר עַד הַשָּׁעָה
חָמֵשׁ אַחֲרֵי הַצָּהֳרַיִם.
הִיא עוֹבֶדֶת קָשֶׁה.
בָּעֶרֶב הִיא יוֹשֶׁבֶת בַּבַּיִת.
דִינָה אוֹכֶלֶת אֲרוּחַת עֶרֶב וְרוֹאָה טֶלֶבִיזְיָה.
הִיא מַזְכִּירָה טוֹבָה, אֲבָל בָּעֶרֶב הִיא עֲיֵפָה מְאוֹד.
הִיא רוֹצָה עֲבוֹדָה אַחֶרֶת.

הוּא	קָם יוֹשֵׁב	הִיא	קָמָה יוֹשֶׁבֶת

Words we have learned מִלִּים שֶׁלָּמַדְנוּ

הוּא – he
הִיא – she
גָדוֹל – big (m)
גְדוֹלָה – big (f)
רָחוֹק – far (m)
רְחוֹקָה – far (f)
קָם – gets up (m)

קָמָה – gets up (f) (káma)
רוֹאֶה – sees (m)
רוֹאָה – sees (f)
עָיֵף – tired (m)
עֲיֵפָה – tired (f)
יוֹשֵׁב – sits (m)
יוֹשֶׁבֶת – sits (f) (yoshévet)
אַחֵר – another (m)
אַחֶרֶת – another (f) (achéret)
מִן – from
בַּנְק – bank
עַד – to, until
אַחֲרֵי – after
פְּקִידָה – clerk (f)
עֲבוֹדָה – work
בּוֹקֶר – morning (bóker)
אֲרוּחָה – meal
אֲרוּחַת בּוֹקֶר – breakfast
צָהֳרַיִם – noon (tzohoráyim)
עֶרֶב – evening (érev)
אֶל – to

STRUCTURE

The feminine gender is formed by adding the suffix: ה or ת

יוֹשֶׁבֶת or רוֹאָה

NOTE: The feminine verb in the present, when ending with a *tav* (ת) is accented on the next to last syllable: *yoshēvet.*

Patterns of speech and expressions:

in the morning	בַּבּוֹקֶר
in the evening	בָּעֶרֶב
from...to...	מִן... עַד...

עוֹבֵד אוֹ עוֹבֶדֶת?

דָן ___ עוֹבֵד ___ בְּמִשְׂרָד

דִינָה ___ עוֹבֶדֶת ___ בְּמִשְׂרָד

אַבָּא ___ עוֹבֵד ___ בְּמִשְׂרָד

מַזְכִּירָה ___ עוֹבֶדֶת ___ בְּמִשְׂרָד

אֲנִי ___ עוֹבֵד ___ בְּמִשְׂרָד

תַּרְגִיל 2 EXERCISE

קָם אוֹ קָמָה?

דָן ___ קָם ___ קָם ___ בַּבּוֹקֶר

דִינָה ___ קָמָה ___ בַּבּוֹקֶר

אַבָּא ___ קָם ___ בַּבּוֹקֶר

אִמָּא ___ קָמָה ___ בַּבּוֹקֶר

אֲנִי ___ קָם ___ בַּבּוֹקֶר

תַּרְגִיל 3 EXERCISE

אֱמוֹר וּכְתוֹב: Write and say:

Part b. masculine (drop the *tav*) בְּזָכָר (בְּלִי ת)	Part a. feminine (with *hey*) בִּנְקֵבָה (עִם ה)
עוֹבֶדֶת ___ עוֹבֵד	בָּא ___ בָּאָה
אוֹכֶלֶת ___ אוֹכֵל	קָם ___ קָמָה
אַחֶרֶת ___ אַחֵר	גָּר ___ גָּרָה
הוֹלֶכֶת ___ הוֹלֵך	טוֹב ___ טוֹבָה
יוֹשֶׁבֶת ___ יוֹשֵׁב	גָּדוֹל ___ גְּדוֹלָה

תַּרְגִיל 4 EXERCISE

עֲנֵה עַל הַשְׁאֵלוֹת: Answer the following questions:

☐? **הִיא יוֹשֶׁבֶת?**   ☐? **הוּא יוֹשֵׁב?**

☐ לֹא, הִיא לֹא יוֹשֶׁבֶת   ☐ לֹא, הוּא לֹא יוֹשֵׁב

☒ הִיא הוֹלֶכֶת   ☒ הוּא הוֹלֵך

? אַבָּא הוֹלֵךְ? ☐   ? אִמָּא הוֹלֶכֶת? ☐

– לֹא, _____   – לֹא, _____

✗ _____   ✗ _____

? דָן עוֹבֵד? ☐   ? דִינָה עוֹבֶדֶת? ☐

– לֹא, _____   – לֹא, _____

✗ _____   ✗ _____

תַּרְגִיל 5 EXERCISE

מָה אַתָּה עוֹשֶׂה?   What do you do? (Describe your daily routine)

אֲנִי קָם (קָמָה) בְּשָׁעָה _____

_____

_____

_____

_____

_____

Is there or isn't there?
יֵשׁ אוֹ אֵין?

דָּן יוֹשֵׁב בַּמִּשְׂרָד. הוּא עָיֵף מְאוֹד.
הוּא עוֹבֵד קָשֶׁה.
הַמִּשְׂרָד שֶׁל דָּן נָקִי. הַמִּשְׂרָד שֶׁל דָּן יָפֶה:
בַּמִּשְׂרָד יֵשׁ שׁוּלְחָן חָדָשׁ.
בַּמִּשְׂרָד יֵשׁ כִּיסֵּא גָּדוֹל.
בַּמִּשְׂרָד יֵשׁ תְּמוּנָה יָפָה.
בַּמִּשְׂרָד יֵשׁ שָׁעוֹן טוֹב.
בַּמִּשְׂרָד יֵשׁ טֶלֶפוֹן.
בַּמִּשְׂרָד יֵשׁ רַדְיוֹ חָדָשׁ.
אֲבָל בַּמִּשְׂרָד אֵין מַזְכִּירָה. הַמַּזְכִּירָה שֶׁל דָּן חוֹלָה.
הִיא חוֹלָה מְאוֹד. הִיא לֹא עוֹבֶדֶת הַרְבֵּה זְמַן.
דָּן עוֹבֵד קָשֶׁה. דָּן יוֹשֵׁב בַּמִּשְׂרָד. הוּא עָיֵף מְאוֹד.
הוּא צָרִיךְ מַזְכִּירָה חֲדָשָׁה.

Conversation with a Sick Woman
שִׂיחָה עִם אִשָּׁה חוֹלָה

– שָׁלוֹם, אֲדוֹנִי הָרוֹפֵא.
– שָׁלוֹם, גְּבֶרֶת. בְּבַקָּשָׁה לָשֶׁבֶת.
– תּוֹדָה, אֲדוֹנִי הָרוֹפֵא. אֲנִי חוֹלָה מְאוֹד.
– מַה יֵּשׁ?
– הַלֵּב. הַלֵּב כּוֹאֵב.
– בַּת כַּמָּה אַתְּ?
– אֲנִי לֹא יוֹדַעַת בְּדִיּוּק.
– בֶּן כַּמָּה הַבַּעַל שֶׁלָּךְ?
– רֶגַע, רֶגַע! עַכְשָׁיו אֲנִי יוֹדַעַת בַּת כַּמָּה אֲנִי!
– כֵּן? טוֹב מְאוֹד! בַּת כַּמָּה אַתְּ?
– בַּחֲתוּנָּה הָיִיתִי בַּת עֶשְׂרִים. הַבַּעַל הָיָה בֶּן אַרְבָּעִים.
– כֵּן?
– כֵּן. עַכְשָׁיו הַבַּעַל בֶּן שְׁמוֹנִים... וַאֲנִי בַּת אַרְבָּעִים, נָכוֹן?
– הְמ... הְמ...

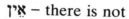

Words we have learned מִלִּים שֶׁלָּמַדְנוּ

אֵין – there is not
כַּמָּה? – how much?
לֵב – heart
כּוֹאֵב – hurts, aches
בְּדִיוּק – exactly
בַּעַל – husband
חֲתוּנָּה – wedding
הָיִיתִי – I was (hayíti)
הָיָה – he (it) was
אַרְבָּעִים – forty
שְׁמוֹנִים – eighty
אֲדוֹנִי – sir
יֵשׁ – there is

שׁוּלְחָן – table
כִּיסֵא – chair
חָדָשׁ – new
טֶלֶפוֹן – telephone
רַדְיוֹ – radio
נָקִי – clean
צָרִיךְ – needs
זְמַן – time
הַרְבֵּה – many, much
בְּלִי – without
וְ... – and

STRUCTURE

The positive sentence with יֵשׁ is similar in use to the negative sentence with אֵין, its opposite.

Patterns of speech and expressions:

How old are you? (m)	בֶּן כַּמָּה אַתָּה?
How old are you? (f)	בַּת כַּמָּה אַתְּ?
Please, be seated	בְּבַקָּשָׁה לָשֶׁבֶת
a long time	הַרְבֵּה זְמַן
What is the matter?	מַה יֵּשׁ?

תַּרְגִּיל 1 EXERCISE

כְּתוֹב אֵין   Write in negative the story about Dan's office

בַּמִּשְׂרָד שֶׁל דָּן אֵין שׁוּלְחָן חָדָשׁ.

בַּמִּשְׂרָד אֵין *כֵּס* _____ כִּסֵּא גָּדוֹל.

בַּמִּשְׂרָד אֵין *תְּמוּנָה יָפָה* _____

בַּמִּשְׂרָד שֶׁל דָּן אֵין *אוֹר* _____

בַּמִּשְׂרָד שֶׁל דָּן אֵין *רָדִיוֹ חָדָשׁ* _____

בַּמִּשְׂרָד שֶׁל דָּן אֵין 1986 _____

בַּמִּשְׂרָד שֶׁל דָּן יֵשׁ מַשְׁבִּיר _____

תַּרְגִּיל 2 EXERCISE

כְּתוֹב: מַה יֵּשׁ בַּבַּיִת   Write: what there is at home

בַּבַּיִת יֵשׁ _____ *אוֹר*

בַּבַּיִת יֵשׁ *שׁוּלְחָן*

בַּבַּיִת יֵשׁ *כִּסֵּא*

בַּבַּיִת יֵשׁ *שְׁכֵנָה*

בַּבַּיִת יֵשׁ 1986

בַּבַּיִת יֵשׁ *תְּמוּנָה*

בַּבַּיִת יֵשׁ *רָדִיוֹ*

EXERCISE 3 תַּרְגִּיל

How many sentences are here? כַּמָּה מִשְׁפָּטִים יֵשׁ פֹּה?
(Take a word from each group) (קַח מִלָּה מִכָּל קְבוּצָה)

בַּבַּיִת	יֵשׁ	→	כִּיסֵּא	גָּדוֹל
בְּמִשְׂרָד			שׁוּלְחָן	קָטָן
בַּבַּנְק	אֵין		טֶלֶפוֹן	יָפֶה
			רַדְיוֹ	חָדָשׁ

בַּבַּיִת יֵשׁ שׁוּלְחָן חָדָשׁ
בְּמִשְׂרָד יֵשׁ כִּיסֵּא גָּדוֹל
בְּמִשְׂרָד יֵשׁ טֶלֶפוֹן יָפֶה
בַּבַּנְק יֵשׁ רַדְיוֹ קָטָן

There is no smoke without fire. אֵין עָשָׁן בְּלִי אֵשׁ.

UNIT 5

יְחִידָה חֲמִישִׁית

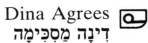

Dina Agrees

דִינָה מַסְכִּימָה

הַמַזְכִּירָה הַחֲדָשָׁה שֶׁל דָן טוֹבָה.

אֵיךְ?

הִנֵה הַסִיפּוּר:

יוֹם אֶחָד דָן הוֹלֵךְ בָּרְחוֹב. הוּא רוֹאֶה אֶת דִינָה. דִינָה עֲיֵפָה.

– שָׁלוֹם, דִינָה – אוֹמֵר דָן.

– אַתְּ עֲיֵפָה, דִינָה?

– כֵּן, דָן. אֲנִי עֲיֵפָה מְאוֹד. יֵשׁ לִי עֲבוֹדָה קָשָׁה מְאוֹד.

דָן שׁוֹאֵל: – אוּלַי אַתְּ רוֹצָה עֲבוֹדָה אַחֶרֶת?

– יֵשׁ לְךָ עֲבוֹדָה? – שׁוֹאֶלֶת דִינָה.

– כֵּן, דִינָה, יֵשׁ לִי עֲבוֹדָה. אֲנִי צָרִיךְ מַזְכִּירָה חֲדָשָׁה.

– מָה עִם הַמַזְכִּירָה שֶׁלְךָ?

– הַמַזְכִּירָה שֶׁלִי חוֹלָה מְאוֹד.

– כַּמָה שָׁעוֹת עוֹבֶדֶת מַזְכִּירָה שֶׁל רוֹפֵא?

– הַמַזְכִּירָה שֶׁלִי עוֹבֶדֶת מִן הַשָׁעָה תֵּשַׁע בַּבּוֹקֶר עַד הַשָׁעָה חָמֵשׁ אַחֲרֵי הַצָהֳרַיִם. שְׁמוֹנֶה שָׁעוֹת.

– טוֹב מְאוֹד, דָן. אֲנִי מַסְכִּימָה.

– תּוֹדָה רַבָּה, דִינָה. אֲנִי שָׂמֵחַ. עַכְשָׁיו יֵשׁ לִי מַזְכִּירָה חֲדָשָׁה וְגַם מַזְכִּירָה יָפָה.

– דָן! דָן! – צוֹחֶקֶת דִינָה – שָׁלוֹם!

דָן שָׂמֵחַ מְאוֹד. עַכְשָׁיו יֵשׁ לוֹ מַזְכִּירָה חֲדָשָׁה וְטוֹבָה.

הֶחָבֵר שֶׁל רִינָה

רִינָה הִיא הָאָחוֹת שֶׁל דִינָה. יֵשׁ לָהּ חָבֵר.

רִינָה בַּת שְׁבַע־עֶשְׂרֵה.

רִינָה לֹא רוֹאָה טוֹב. יֵשׁ לָהּ מִשְׁקָפַיִם.

אֲבָל, כַּאֲשֶׁר הֶחָבֵר שֶׁלָהּ בָּא, הִיא מוֹרִידָה אֶת הַמִשְׁקָפַיִם.

דִינָה שׁוֹאֶלֶת:

– רִינָה, מַדוּעַ אֵין לָךְ מִשְׁקָפַיִם כַּאֲשֶׁר

הֶחָבֵר שֶׁלָּךְ בָּא?

– אַתְּ יוֹדַעַת, דִּינָה? אֲנִי יוֹתֵר יָפָה בְּלִי הַמִּשְׁקָפַיִם שֶׁלִּי.

אֲבָל, גַּם הֶחָבֵר שֶׁלִּי יוֹתֵר יָפֶה בְּלִי הַמִּשְׁקָפַיִם שֶׁלִּי.

יֵשׁ לִי – שֶׁלִּי

If you master the conjugation of יֵשׁ לִי it will be very very easy to learn the declension of שֶׁלִּי.

my	שֶׁלִּי	I have	יֵשׁ לִי
your (m)	שֶׁלְּךָ	you have	יֵשׁ לְךָ
your (f)	שֶׁלָּךְ	you have	יֵשׁ לָךְ
his	שֶׁלּוֹ	he has	יֵשׁ לוֹ
hers	שֶׁלָּהּ	she has	יֵשׁ לָהּ

From the SAYINGS OF THE FATHERS: מִפִּרְקֵי אָבוֹת:

The pious man says: חָסִיד אוֹמֵר:

Mine is yours and yours is yours. שֶׁלִּי שֶׁלְּךָ וְשֶׁלְּךָ שֶׁלְּךָ.

The wicked man says: רָשָׁע אוֹמֵר:

Yours is mine and mine is mine. שֶׁלְּךָ שֶׁלִּי וְשֶׁלִּי שֶׁלִּי.

STRUCTURE

Indication of possession:

I have	יֵשׁ לִי
mine	שֶׁלִּי

The negative form is

I don't have	אֵין לִי

Patterns of speech and expressions:

What is the matter with...?	מָה עִם...?
very good	טוֹב מְאוֹד
I need a secretary	אֲנִי צָרִיךְ מַזְכִּירָה

Words we have learned מִלִּים שֶׁלָּמַדְנוּ

שָׁעוֹת – hours
שָׂמֵחַ – glad (saméach)
צוֹחֶקֶת – laughs (f) (tzochéket)
אָחוֹת – sister
אוֹמֶרֶת – says (oméret)
מַדּוּעַ – why (madúa)
יוֹדַעַת – knows (f) (yodáat)
שְׁבַע־עֶשְׂרֵה – seventeen
מִשְׁקָפַיִים – glasses (mishkafáyim)
יוֹתֵר – more
חֲדָשָׁה – new (f)
אֵיךְ – how
סִיפּוּר – story
מַסְכִּימָה – agrees (f)
שְׁאֵלָה – question
אוּלַי – perhaps
מְאוֹד – very
חָבֵר – friend
מוֹרִידָה – takes off
כַּאֲשֶׁר – when

EXERCISE 1 תַּרְגִּיל

Complete the following sentences: הַשְׁלֵם אֶת הַמִּשְׁפָּטִים:

יֵשׁ לִי רַדְיוֹ. הָרַדְיוֹ שלי ______
יֵשׁ לוֹ טֶלֶפוֹן. הַטֶּלֶפוֹן שלו ______
יֵשׁ לָהּ אָחוֹת. הָאָחוֹת שלה ______
יֵשׁ לְךָ שׁוּלְחָן. הַשּׁוּלְחָן שלך ______
יֵשׁ לָךְ שָׁעוֹן. הַשָּׁעוֹן שלך ______
יֵשׁ לִי מַזְכִּירָה. הַמַּזְכִּירָה שלי ______

תַּרְגִּיל 2 EXERCISE

עֲנֵה עַל הַשְּׁאֵלוֹת: Answer the following questions:

יֵשׁ לְ... אֵין לְ...

יֵשׁ לְךָ טֶלֶפוֹן?	כֵּן, יש לי טֶלֶפוֹן.	לֹא אין לי טֶלֶפוֹן.
יֵשׁ לִי מִשְׁקָפַיִם?	כֵּן, יש לי מִשְׁקָפַיִם.	לֹא. אין לי מִשְׁקָפַיִם.
יֵשׁ לָהּ עֲבוֹדָה?	כֵּן, יש לה עבודה.	לֹא. אין לה עבודה.
יֵשׁ לוֹ מִשְׂרָד?	כֵּן יש לו משרד.	לֹא אין לו משרד.
יֵשׁ לָךְ מִשְׁפָּחָה?	כֵּן יש לי משפחה.	לֹא אין לי משפחה.

תַּרְגִּיל 3 EXERCISE

הַפָּנִים שֶׁלּוֹ His face

כְּתוֹב: אֵין לוֹ... Write: He does not have...

עַיִן – eye פֶּה – mouth אוֹזֶן – ear אַף – nose

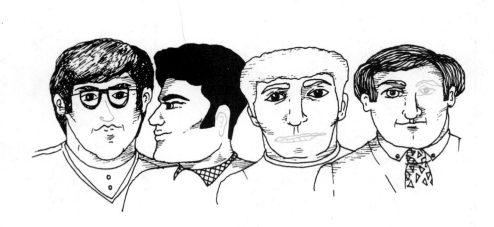

אין לו עין ___ אין לו פה ___ אין לו אוזן ___ אין לו אף ___

תַּרְגִּיל 4 EXERCISE

כְּתוֹב: מַה יֵּשׁ לְךָ (לָךְ) Write: what do you have

וּמַה שֶׁלְּךָ (שֶׁלָּךְ) and what is yours

1. בַּבַּיִת יֵשׁ לִי טֶלֶפוֹן חָדָשׁ. זֶה הַטֶּלֶפוֹן שֶׁלִּי. זה לא הטלפון שלו.
2. במשרד
3. שולחן
4.
5. זה הרדיו שלי.

תַּרְגִּיל 5 EXERCISE

קְרִיאָה בְּלִי נְקוּדוֹת: An exercise in reading without vowels:

מְצָא אֶת הַמִּלִּים הַבָּאוֹת, אֲבָל בְּמִין נְקֵבָה:

Find in the square the feminine forms of the following words:

קם	גדול	יושב	אחר	רחוק	עייף

דוּגְמָא: אחר ← אחרת. Example:

א	ג	מ	ש	א	ח	ר	ת	ט	ד
י	ו	ש	ב	ת	ר	ח	ו	ק	ה
ז	ח	ע	י	י	פ	ה	כ	נ	ס
ג	ד	ו	ל	ה	ד	ק	מ	ה	ל

מִבְחָן **Test 1**

(Units: 1 to 5) (יְחִידוֹת: אַחַת עַד חָמֵשׁ)

חֵלֶק א • Part A

תַּרְגֵּם לְעִבְרִית Translate the following words

work	עֲבוֹדָה	.6	quarter	רֶבַע	.1
new	חָדָשׁ	.7	conversation	שִׂיחָה	.2
exactly	בְּדִיּוּק	.8	house	בַּיִת	.3
perhaps	אוּלַי	.9	sick (m)	חוֹלֶה	.4
without	בְּלִי	.10	evening	עֶרֶב	.5

חֵלֶק ב • Part B

כְּתוֹב בְּעִבְרִית: Translate the following expressions:

1. Who are you? _____ מי אַתָּה
2. At five o'clock _____ בְּשָׁעָה חָמֵשׁ
3. In the morning _____ בַּבֹּקֶר
4. How old are you? (m) _____ בֶּן כַּמָּה אַתָּה
5. I don't have a secretary _____ אֵין לִי מַזְכִּירָה

חֵלֶק ג • Part C

כְּתוֹב בְּזָכָר: Write the masculine forms:

1. גְּדוֹלָה _____ גָּדוֹל
2. יוֹשֶׁבֶת _____ יוֹשֵׁב
3. חֲבֵרָה _____ חָבֵר
4. קָמָה _____ קָם
5. צוֹחֶקֶת _____ צוֹחֵק

חֵלֶק ד • Part D

מָה הַתְּשׁוּבָה הַנְּכוֹנָה? What is the right answer?

רוֹפֵא עוֹבֵד ☐ מִשֶּׁבַע עַד שְׁמוֹנֶה בַּבּוֹקֶר.

☒ מִתֵּשַׁע בַּבּוֹקֶר עַד חָמֵשׁ אַחֲרֵי הַצָּהֳרַיִם.

☐ מִשָּׁלוֹשׁ עַד אַרְבַּע אַחֲרֵי הַצָּהֳרַיִם.

אֲנִי אוֹכֵל אֲרוּחָה ☒ בַּבַּיִת

☐ בַּבַּנְק

☐ בָּרְחוֹב

Part A each correct answer 3 points. Total 30 points.
Part B each correct answer 8 points. Total 40 points.

SCORE: Part C each correct answer 4 points. Total 20 points.

Part D each correct answer 5 points. Total 10 points.

100 points.

RATING: 60 – poor; 61 – 70 fair; 71 – 80 good; 81 – 90 very good; 91 – 100 exceptional. Answers on page 258.

יְחִידָה שִׁשִּׁית

Dina's First Day in the New Office

הַיּוֹם הָרִאשׁוֹן שֶׁל דִּינָה בַּמִּשְׂרָד הֶחָדָשׁ

דִּינָה אִשָּׁה צְעִירָה. הִיא בַּת עֶשְׂרִים וְשָׁלוֹשׁ.
הִיא עוֹבֶדֶת כְּבָר אַרְבַּע שָׁנִים.
לְדִינָה יֵשׁ עֲבוֹדָה חֲדָשָׁה. עֲבוֹדָה נְעִימָה.
הִיא הַמַּזְכִּירָה הַחֲדָשָׁה שֶׁל דּוֹקְטוֹר דָּן גּוֹרְדוֹן.
אֲבָל בַּמִּשְׂרָד הֶחָדָשׁ אֵין סֵדֶר:
הָרַדְיוֹ עַל הַכִּסֵּא.
הַטֶּלֶפוֹן תַּחַת הַשּׁוּלְחָן.
הַשָּׁעוֹן עַל הָאָרוֹן.
הָאָרוֹן עַל־יַד הַחַלּוֹן.
דִּינָה יוֹשֶׁבֶת וְחוֹשֶׁבֶת: מָה לַעֲשׂוֹת?
דָּן שׁוֹאֵל: עַל מָה אַתְּ חוֹשֶׁבֶת, דִּינָה?
אֲנִי חוֹשֶׁבֶת עַל הַסֵּדֶר.
– אַתְּ חוֹשֶׁבֶת עַל הַסֵּדֶר בַּמִּשְׂרָד?
– כֵּן.
– זֶה טוֹב. אֲבָל אַתְּ רַק חוֹשֶׁבֶת עַל הַסֵּדֶר, אוֹ אַתְּ גַּם עוֹשָׂה סֵדֶר?
דִּינָה לֹא עוֹנָה. הִיא כּוֹעֶסֶת.
דָּן הוֹלֵךְ.
דִּינָה שָׂמָה אֶת הַטֶּלֶפוֹן עַל שׁוּלְחָן,
אֶת הָרַדְיוֹ עַל יַד הָאָרוֹן,
אֶת הַכִּסֵּא תַּחַת הַשּׁוּלְחָן,
אֶת הָאָרוֹן עַל יַד הַקִּיר,
וְאֶת הַשָּׁעוֹן עַל הַקִּיר.
עַכְשָׁיו דִּינָה שְׂמֵחָה. הַכּוֹל בְּסֵדֶר.
בָּא דָּן. הוּא רוֹאֶה מִשְׂרָד יָפֶה. הוּא אוֹמֵר:
– תּוֹדָה רַבָּה, דִּינָה. יָפֶה מְאוֹד!
– תּוֹדָה רַבָּה, דָּן. אֲנִי שְׂמֵחָה.

אִישׁ חוֹלֶה

בַּמִּשְׂרָד יֵשׁ הַרְבֵּה חוֹלִים. דָּן עוֹבֵד קָשֶׁה מְאוֹד.

עַכְשָׁיו בָּא אִישׁ זָקֵן. הוּא כּוֹעֵס. אֵין לוֹ זְמַן.

דִּינָה אוֹמֶרֶת:

– בְּבַקָּשָׁה לָשֶׁבֶת. מַה כּוֹאֵב לְךָ?

– כּוֹאֶבֶת לִי הָעַיִן.

– הָעַיִן כּוֹאֶבֶת לְךָ כָּל הַזְּמַן?

– לֹא כָּל הַזְּמַן. הִיא כּוֹאֶבֶת לִי רַק כַּאֲשֶׁר אֲנִי שׁוֹתֶה כּוֹס תֵּה.

– אַתָּה לֹא צָרִיךְ רוֹפֵא!

– לֹא? מָה אֲנִי צָרִיךְ?

– אַתָּה צָרִיךְ לְהוֹצִיא אֶת הַכַּפִּית מִן הַכּוֹס, כַּאֲשֶׁר אַתָּה שׁוֹתֶה כּוֹס תֵּה. הָאִישׁ כּוֹעֵס וְהוֹלֵךְ.

אֲבָל דִּינָה שְׂמֵחָה. דָּן עוֹבֵד קָשֶׁה, גַּם בְּלִי אִישׁ זָקֵן זֶה.

מִלִּים שֶׁלָּמַדְנוּ   Words we have learned

כּוֹס – glass	חוֹשֶׁבֶת – thinks (f)
שׁוֹתֶה – drink	שָׂמָה – put (f)
סֵדֶר – order (séder)	דֶּלֶת – door (délet)
יוֹם – day	חַלּוֹן – window
רִאשׁוֹן – first	עוֹשָׂה – do (does)
צְעִירָה – young (f)	עוֹנֶה – answer (m)
כְּבָר – already	קִיר – wall
עַל – on, upon	זָקֵן – old
תַּחַת – under (táchat)	כּוֹעֵס – angry
אָרוֹן – wardrobe, closet	לְהוֹצִיא – to take out
עַל-יַד – beside	כַּפִּית – teaspoon

STRUCTURE

1. The pattern of speech she has – יֵשׁ לָהּ
   takes also the form: ...has – ...לְ...יֵשׁ
   Dina has – לְדִינָה יֵשׁ

2. Sometimes עַל, which generally means *on*, has the meaning *"about"*, when used after "thinks" – חוֹשֵׁב or "writes" – כּוֹתֵב

Patterns of speech and expressions:

Dina has	לְדִינָה יֵשׁ
he writes about	הוּא כּוֹתֵב עַל
What is to be done?	מַה לַעֲשׂוֹת?
What hurts you?	מַה כּוֹאֵב לְךָ?
all the time	כָּל הַזְּמַן

Part a.   תֵּן תְּשׁוּבָה מְלֵאָה: Give a full answer:

Example: דֻּגְמָה:

הָרַדְיוֹ עַל הַשּׁוּלְחָן? (לֹא)

לֹא. הָרַדְיוֹ לֹא עַל הַשּׁוּלְחָן.

הַטֶּלֶפוֹן תַּחַת הַכִּיסֵּא? (לֹא) _לֹא. הַטֶּלֶפוֹן לֹא תַּחַת הַכִּיסֵּא._

הַשָּׁעוֹן עַל הַקִּיר? (כֵּן) _הַשָּׁעוֹן עַל הַקִּיר._

הָאָרוֹן עַל יַד הַשּׁוּלְחָן? (לֹא) _הָאָרוֹן לֹא עַל יַד הַשּׁוּלְחָן._

הַכִּיסֵּא עַל יַד הַקִּיר? (לֹא) _הַכִּיסֵּא לֹא עַל יַד הַקִּיר._

Part b.   אֵיפֹה?

אֵיפֹה הַטֶּלֶפוֹן? _הַטֶּלֶפוֹן עַל הַשּׁוּלְחָן._

אֵיפֹה הַשָּׁעוֹן? _הַשָּׁעוֹן עַל הַקִּיר._

אֵיפֹה הָאָרוֹן? _הָאָרוֹן עַל יַד הַקִּיר._

אֵיפֹה הַכִּיסֵּא? _הַכִּיסֵּא עַל יַד הַשּׁוּלְחָן._

תַּרְגִיל 2 EXERCISE

מַלֵּא אֶת הֶחָסֵר: Fill in the blanks:

הִשְׁתַּמֵּשׁ בַּמִּלִים: עַל תַּחַת עַל יַד Use the words:

דָּן יוֹשֵׁב _עַל_ הַ‏כִּיסֵּא.

אִישׁ זָקֵן עוֹמֵד _עַל_ הַ‏שׁוּלְחָן.

הַפֶּה _תַּחַת_ הָאַף.

דִּינָה יוֹשֶׁבֶת _עַל יַד_ דָּן.

הוּא יוֹשֵׁב _עַל יַד_ הַ‏עֵץ.

עֵץ – tree

תַּרְגִיל 3 EXERCISE

Substitute a word from groups A and B

B	A	Group A
	הוּא יוֹשֵׁב עַל יַד חַלּוֹן	אַבָּא אִישׁ רוֹפֵא
דֶּלֶת _____ הוּא		Group B
_____ אַבָּא		דֶּלֶת קִיר אָרוֹן
_____ יוֹשֵׁב עַל יַד		

תַּרְגִיל 4 EXERCISE

כְּתוֹב עַל הַסֵּדֶר בַּבַּיִת שֶׁלְּךָ: Describe the order in your home:

בַּבַּיִת שֶׁלִּי יֵשׁ (אֵין) סֵדֶר: הַכִּיסֵּא _____

_____

_____

_____

תַּרְגִיל 5 EXERCISE

תַּרְגֵּם: Translate:

לְדִינָה יֵשׁ עֲבוֹדָה טוֹבָה _Dina has a nice job (good)_

לְרוֹפֵא יֵשׁ מִשְׂרָד יָפֶה _The doctor has a nice office_

לְדָן יֵשׁ מַזְכִּירָה חֲדָשָׁה _Dan has a new secretary_

לַמַזְכִּירָה יֵשׁ טֶלֶפוֹן _The secretary has a telefon_

UNIT 7
יְחִידָה שְׁבִיעִית

In a Coffee House
בְּבֵית קָפֶה

דָּן וְדִינָה יוֹשְׁבִים בְּבֵית קָפֶה.
הֵם אוֹכְלִים וְשׁוֹתִים. דָּן אוֹכֵל עוּגָה
גְּדוֹלָה וְשׁוֹתֶה קָפֶה שָׁחוֹר.
דִּינָה אוֹכֶלֶת עוּגָה קְטַנָּה וְשׁוֹתָה
כּוֹס תֵּה.
– אַתָּה לֹא רוֹצֶה חָלָב עִם הַקָּפֶה?
– לֹא, דִּינָה. אֲנִי אוֹהֵב קָפֶה שָׁחוֹר.
אִישׁ וְאִשָּׁה בָּאִים לְבֵית הַקָּפֶה.
דִּינָה שׁוֹאֶלֶת: מִי הֵם?
דָּן עוֹנֶה: הֵם הַחֲבֵרִים שֶׁלִּי.
הַחֲבֵרִים שֶׁל דָּן בָּאִים אֶל הַשּׁוּלְחָן.
הָאִישׁ אוֹמֵר: שָׁלוֹם, דָּן, שָׁלוֹם, גְּבֶרֶת.
דָּן עוֹנֶה:
– שָׁלוֹם, יִגְאָל. בְּבַקָּשָׁה לְהַכִּיר: זֹאת גְּבֶרֶת בְּלוּם.
– שָׁלוֹם – אוֹמֶרֶת דִּינָה – נָעִים מְאוֹד. הַשֵּׁם שֶׁלִּי דִּינָה. אֲנִי הַמַּזְכִּירָה שֶׁל דָּן.
– זֶה דּוֹקְטוֹר יִגְאָל גַּנּוֹר – אוֹמֵר דָּן.
– נָעִים מְאוֹד – אוֹמֵר יִגְאָל – מַה שְּׁלוֹמְךָ, דָּן?
– טוֹב, תּוֹדָה. וּמַה שְּׁלוֹמְךָ?
– בְּסֵדֶר – אוֹמֵר יִגְאָל – בְּבַקָּשָׁה לְהַכִּיר:
– זֹאת הָאִשָּׁה שֶׁלִּי, דַּפְנָה. הִיא מוֹרָה.
– נָעִים מְאוֹד – אוֹמְרִים דָּן וְדִינָה.
– אַתֶּם גָּרִים פֹּה? – שׁוֹאֶלֶת דִּינָה.
– לֹא, אֲנַחְנוּ גָּרִים בְּתֵל־אָבִיב, בְּיִשְׂרָאֵל.
– מָה אַתֶּם עוֹשִׂים פֹּה?
– אֲנִי רוֹפֵא. דַּפְנָה מוֹרָה. אֲנַחְנוּ פֹּה לְשָׁנָה אַחַת.
– בְּבַקָּשָׁה לָשֶׁבֶת. אַתֶּם רוֹצִים קָפֶה?
– לֹא, תּוֹדָה. אֲנַחְנוּ מְמַהֲרִים מְאוֹד. בְּפַעַם אַחֶרֶת. שָׁלוֹם!
– שָׁלוֹם, לְהִתְרָאוֹת!

Multiples of ten (20–90) take the masculine plural suffix ◻◻◻ים: 🔊

(20) עֶשְׂרִים _אשרים_		(10) עֶשֶׂר _עשר_
(30) שְׁלוֹשִׁים _שלושים_		(3) שָׁלוֹשׁ _שלוש_
(40) אַרְבָּעִים _ארבעים_		(4) אַרְבַּע _ארבע_
(50) חֲמִשִּׁים _חמשים_		(5) חָמֵשׁ _חמש_
(60) שִׁשִּׁים _שישים_		(6) שֵׁשׁ _שש_
(70) שִׁבְעִים _שבעים_		(7) שֶׁבַע _שבע_
(80) שְׁמוֹנִים _שמונים_		(8) שְׁמוֹנָה _שמונה_
(90) תִּשְׁעִים _תשעים_		(9) תֵּשַׁע _תשע_

(100) מֵאָה – hundred

🔊 **Words we have learned מִלִּים שֶׁלָמַדְנוּ**

מוֹרָה – teacher (f)

פֹּה – here

שָׁנָה – year

רוֹצִים – want (m.pl.)

מְמַהֲרִים – hurry (m.pl.)

לְהִתְרָאוֹת – goodbye

שָׁחוֹר – black

חָלָב – milk

גָּרִים – live (m.pl.)

קָפֶה – coffee

בֵּית־קָפֶה – coffee-house

עוּגָה – cake

קְטַנָּה – small (f)

אוֹהֵב – like

תֵּה – tea

בָּאִים – come (m.pl.)

הֵם – they (m)

לְהַכִּיר – to get acquainted

STRUCTURE

The plural is formed by adding the following suffixes:

□□□ים for masculine
□□□וֹת for feminine

This applies also to

verbs: גָּרִים adjectives: טוֹבִים
גָּרוֹת טוֹבוֹת

Patterns of speech and expressions

We are in hurry	אֲנַחְנוּ מְמַהֲרִים
my pleasure	נָעִים מְאוֹד
How are you?	מַה שְׁלוֹמְךָ?
All right, fine, O.K.	בְּסֵדֶר
please meet...	בְּבַקָּשָׁה לְהַכִּיר...
for one year	לְשָׁנָה אַחַת
another time	פַּעַם אַחֶרֶת

EXERCISE 1 תַּרְגִּיל

אֲנִי – I
אַתָּה – you (m. sg.)
אַתְּ – you (f. sg.)
הוּא – he
הִיא – she
אֲנַחְנוּ – we
אַתֶּם – you (m. pl.)
אַתֶּן – you (f. pl.)
הֵם – they (m)
הֵן – they (f)

אֲנַחְנוּ דָּן וְדִינָה

אַתֶּם דָּן וְדִינָה?

כֵּן, אֲנַחְנוּ ___דן ודינה___

מִי אַתֶּם? ___אנחנו דן ודינה___

הֵם דָּן וְיִגְאָל

הֵם דָּן וְיִגְאָל?

כֵּן. ___הם דן ויגאל___

מִי הֵם? ___הם דן ויגאל___

אֲנַחְנוּ דִּינָה וְדַפְנָה

אַתֶּן דִּינָה וְדַפְנָה?

כֵּן, ___אנחנו דינה ודפנה___

מִי אַתֶּן? ___אנחנו דינה ודפנה___

הֵן דִּינָה וְשָׂרָה?

הֵן דִּינָה וְשָׂרָה

כֵּן. ___הן דינה ושרה___

מִי הֵן? ___הן דינה ושרה___

תַּרְגִּיל EXERCISE 2

כְּתוֹב בִּנְקֵבָה: Write in the feminine:

אַתָּה דָּן ___אַתְּ___ דִּינָה

הוּא יִגְאָל ___הִיא___ דַּפְנָה

אַתֶּם דָּן וְיִגְאָל ___אַתֶּן___ דַּפְנָה וְדִינָה

הֵם חֲבֵרִים ___הֵן___ חֲבֵרוֹת

תַּרְגִּיל EXERCISE 3

כְּתוֹב בְּרַבּוֹת: Part a.

Write in the feminine plural:

אֲרוּחָה ___אֲרוּחוֹת___

מַזְכִּירָה ___מַזְכִּירוֹת___

בָּאָה ___בָּאוֹת___

רוֹצָה ___רוֹצוֹת___

עוֹשָׂה ___עוֹשׂוֹת___

מוֹרָה ___מוֹרוֹת___

מִשְׁפָּחָה ___מִשְׁפָּחוֹת___

כְּתוֹב בְּרַבִּים: Part b.

Write in the masculine plural:

רוֹפֵא ___רוֹפְאִים___

עוֹבֵד ___עוֹבְדִים___

בָּא ___בָּאִים___

רוֹצֶה ___רוֹצִים___

עוֹשֶׂה ___עוֹשִׂים___

מוֹרֶה ___מוֹרִים___

טוֹב ___טוֹבִים___

תַּרְגִּיל EXERCISE 4

כְּתוֹב בְּרִיבּוּי Write in the plural

הִיא צְעִירָה וְיָפָה

הֵן צְעִירוֹת ___וְיָפוֹת___

היא עוֹבֶדֶת	הן עובדות
אֲנִי לוֹמֶדֶת	אֲנַחְנוּ לומדים
אַתָּה אוֹכֵל וְשׁוֹתֶה	אתם אוכלים ושותים
אַתְּ יוֹשֶׁבֶת וְשׁוֹתָה	אתן יושבות ושותות

תַּרְגִּיל 5 EXERCISE

כְּתוֹב בְּמִסְפָּרִים		כְּתוֹב בְּמִלִּים	
שְׁלוֹשִׁים וְחָמֵשׁ	35	69	שישים ותשע
שְׁמוֹנִים וְשָׁלוֹשׁ	83	44	ארבעים וארבע
חֲמִישִּׁים וְשֶׁבַע	57	96	תשעים ושש
מֵאָה וְעֶשְׂרִים	120	25	עשרים וחמש
שִׁבְעִים וְאַחַת	71	37	שלושים ושבע

A toast:
(May you live) till 120! !עַד מֵאָה וְעֶשְׂרִים

UNIT 8

יְחִידָה שְׁמִינִית

An Israeli Abroad

יִשְׂרְאֵלִי בְּחוּץ לָאָרֶץ

יִגְאָל גָּנוֹר הוּא רוֹפֵא מִתֵּל־אָבִיב.
יֵשׁ לוֹ אִישָּׁה, דַּפְנָה. הָאִישָּׁה שֶׁלוֹ מוֹרָה.
יֵשׁ לָהֶם שְׁלוֹשָׁה יְלָדִים. הַיְלָדִים שֶׁלָּהֶם קְטַנִּים:
שִׁירָה הִיא בַּת חָמֵשׁ. הִיא לוֹמֶדֶת בְּגַן יְלָדִים.
עֵינַת הִיא בַּת שֶׁבַע. הִיא לוֹמֶדֶת בְּבֵית סֵפֶר יְהוּדִי.
עָמִית הוּא גָּדוֹל. הוּא כְּבָר בֶּן שְׁלוֹשׁ־עֶשְׂרֵה. גַּם הוּא לוֹמֵד בְּבֵית סֵפֶר יְהוּדִי.
הַיְלָדִים הוֹלְכִים כָּל יוֹם לְבֵית הַסֵּפֶר.

הֵם מְדַבְּרִים עִבְרִית וּמְעַט אַנְגְּלִית.
עַכְשָׁיו כָּל הַמִּשְׁפָּחָה בַּבַּיִת.
גַּם הַהוֹרִים בַּבַּיִת וְגַם הַיְלָדִים בַּבַּיִת.
אִמָּא שׁוֹאֶלֶת: יֵשׁ לָכֶם מוֹרָה לְאַנְגְּלִית? הַמּוֹרָה שֶׁלָּכֶם טוֹבָה?
כֵּן – אוֹמֵר עָמִית – יֵשׁ לָנוּ מוֹרָה לְאַנְגְּלִית. הַמּוֹרָה שֶׁלָּנוּ טוֹבָה מְאוֹד.
– גַּם הַמּוֹרָה לְעִבְרִית טוֹבָה מְאוֹד. הִיא שָׁרָה יָפֶה – אוֹמֶרֶת עֵינַת.
– אֲנִי רוֹקֶדֶת כָּל הַיּוֹם בַּגַּן שֶׁלָּנוּ – אוֹמֶרֶת שִׁירָה.
– אֲנִי רוֹאָה שֶׁיֵּשׁ לָכֶן מוֹרוֹת טוֹבוֹת. נָכוֹן, עֵינַת? נָכוֹן, שִׁירָה?
– נָכוֹן, אִמָּא – עוֹנָה שִׁירָה – אֲבָל בְּתֵל־אָבִיב יוֹתֵר טוֹב.
– מָה עוֹד אַתֶּם לוֹמְדִים בְּבֵית הַסֵּפֶר שֶׁלָּכֶם? – שׁוֹאֶלֶת אִמָּא אֶת עָמִית – חֶשְׁבּוֹן אַתֶּם לוֹמְדִים?
– כֵּן – עוֹנִים הַיְלָדִים. עֵינַת אוֹמֶרֶת:

שֶׁבַע וְעוֹד שֶׁבַע = אַרְבַּע־עֶשְׂרֵה
שְׁמוֹנֶה וְעוֹד שְׁמוֹנֶה = שֵׁשׁ־עֶשְׂרֵה

– טוֹב! – אוֹמֵר אַבָּא – וְתֵשַׁע וְעוֹד תֵּשַׁע?
– הוֹ, הוֹ! – צוֹחֶקֶת עֵינַת. זֶה קַל: שְׁמוֹנֶה־עֶשְׂרֵה.
– בַּבַּיִת אַתְּ יוֹדַעַת חֶשְׁבּוֹן, עֵינַת. – אוֹמֵר אַבָּא – אֲבָל אִם הַמּוֹרָה שׁוֹאֶלֶת בְּבֵית הַסֵּפֶר אַתְּ גַּם יוֹדַעַת?
– כֵּן, אַבָּא – עוֹנָה עֵינַת – אֲנִי יוֹדַעַת גַּם בַּבַּיִת וְגַם בְּבֵית הַסֵּפֶר.
– גַּם אֲנִי יוֹדַעַת חֶשְׁבּוֹן! גַּם אֲנִי יוֹדַעַת חֶשְׁבּוֹן! – צוֹעֶקֶת שִׁירָה הַקְּטַנָּה.
– טוֹב, נִשְׁמַע!

– אֲנִי יוֹדַעַת מֵעֶשֶׂר עַד עֶשְׂרִים: אַחַת־עֶשְׂרֵה, שְׁתֵּים־עֶשְׂרֵה, שְׁלוֹשׁ־עֶשְׂרֵה, אַרְבַּע־עֶשְׂרֵה, חֲמֵשׁ־עֶשְׂרֵה, שֵׁשׁ־עֶשְׂרֵה מ... מ... לֹא יוֹדַעַת יוֹתֵר!

– אֵין דָּבָר – אוֹמֵר עָמִית. אַתְּ יוֹדַעַת. הִנֵּה: שְׁבַע־עֶשְׂרֵה, שְׁמוֹנֶה־עֶשְׂרֵה, תְּשַׁע־עֶשְׂרֵה...

– עֶשְׂרִים! – אוֹמֶרֶת שִׁירָה –. הִיא שְׂמֵחָה מְאוֹד.

יֵשׁ לָנוּ	we have	שֶׁלָּנוּ	ours
יֵשׁ לָכֶם	you have (m.pl.)	שֶׁלָּכֶם	yours (m.pl.)
יֵשׁ לָכֶן	you have (f.pl.)	שֶׁלָּכֶן	yours (f.pl.)
יֵשׁ לָהֶם	they have (m)	שֶׁלָּהֶם	theirs (m)
יֵשׁ לָהֶן	they have (f)	שֶׁלָּהֶן	theirs (f)

מִסְפָּרִים מ־11 עַד 20

(11) אַחַת־עֶשְׂרֵה	(16) שֵׁשׁ־עֶשְׂרֵה
(12) שְׁתֵּים־עֶשְׂרֵה	(17) שְׁבַע־עֶשְׂרֵה
(13) שְׁלוֹשׁ־עֶשְׂרֵה	(18) שְׁמוֹנֶה־עֶשְׂרֵה
(14) אַרְבַּע־עֶשְׂרֵה	(19) תְּשַׁע־עֶשְׂרֵה
(15) חֲמֵשׁ־עֶשְׂרֵה	(20) עֶשְׂרִים

מִלִּים שֶׁלָּמַדְנוּ Words we have learned

כָּל – all,
מְעַט – a little
הוֹרִים – parents
נִשְׁמַע – let's hear
שֶׁ... – that
תָּמִיד – always
אִם – if
קַל – easy
חֶשְׁבּוֹן – bill, arithmetic
דָּבָר – thing

יִשְׂרְאֵלִי	– Israeli
חוּץ לָאָרֶץ	– abroad (chutz la'aretz)
שְׁלוֹשָׁה	– three
יֶלֶד	– child (yéled)
יְלָדִים	– children
לוֹמֶדֶת	– studies (f)
גַּן יְלָדִים	– kindergarten
בֵּית סֵפֶר	– school
כִּיתָּה	– class, grade
יְהוּדִי	– Jew, Jewish
שָׁרָה	– sings (f) (shára)
מ... (מִן)	– from

STRUCTURE

1. The possessive case in the plural:

יֵשׁ לָנוּ   שֶׁלָּנוּ

2. Review of the possessive case in the singular:

יֵשׁ לִי   שֶׁלִּי

3. Feminine numbers from 11-19 are formed thus:

אַרְבַּע־עֶשְׂרֵה fourteen

Patterns of speech and expressions:

every day	כָּל יוֹם
the whole day, all day	כָּל הַיּוֹם
it doesn't matter	אֵין דָּבָר
are (in the expression 2+2=4)	הֵם

תַּרְגִיל 1 EXERCISE

Fill in the blanks : מַלֵּא אֶת הֶחָסֵר:

יֵשׁ לָכֶם מוֹרָה   יֵשׁ לָהֶם יֶלֶד

הַמּוֹרָה *שֶׁלָּכֶם* טוֹבָה   הַיֶלֶד *שֶׁלָּהֶם* יָפֶה

יֵשׁ לָנוּ בַּיִת
הַבַּיִת שלנו גָדוֹל
יֵשׁ לָהֶן בֵּית סֵפֶר
בֵּית הַסֵפֶר שלהן יְהוּדִי
יֵשׁ לָהּ סַבָּא
סַבָּא שלה זָקֵן.

יֵשׁ לְךָ קָפֶה
הַקָפֶה שלך שָׁחוֹר
יֵשׁ לוֹ אַבָּא
אַבָּא שלו טוֹב
יֵשׁ לָכֶן עֲבוֹדָה
הָעֲבוֹדָה שלכן קָשָׁה

תַּרְגִיל 2 EXERCISE

Read aloud the following numbers: קְרָא בְּקוֹל אֶת הַמִסְפָּרִים:

11 12 13 14 15 16 17 18 19

תַּרְגִיל 3 EXERCISE

Say and write: אֱמוֹר וּכְתוֹב:

15 + 3 = 18

חֲמֵשׁ־עֶשְׂרֵה וְעוֹד שָׁלוֹשׁ הֵם שְׁמוֹנֶה־עֶשְׂרֵה

4+12=16 ארבע ועוד
5+14=19 חמש ועוד ארבע-עשרה הם תשע-עשרה
2+11=13 שתיים ועוד אחת-עשרה הם שלוש-עשרה
3+15=18 שלוש ועוד חמש-עשרה הם שמונה-עשרה
2+17=19 שתיים ועוד שבע-עשרה הם תשע-עשרה

תַּרְגִיל 4 EXERCISE

Solve the puzzle: פְּתוֹר אֶת הַחִידָה:

Write non-repetitive numbers from 1-9 in each square.
The sum should be 15 in every direction.

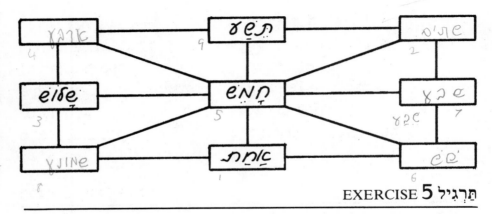

תַּרְגִּיל **5** EXERCISE

כְּתוֹב: מַה יֵּשׁ לְךָ וּמַה שֶּׁלְּךָ?

Write: What do you have and what is yours?

יֵשׁ לִי טֵלֵוִיזְיָה קְטַנָּה, אֲבָל הַטֵּלֵוִיזְיָה לֹא שֶׁלִּי.
הִיא ...

תַּרְגִּיל **6** EXERCISE

תַּרְגֵּם Translate:

הַיְלָדִים שֶׁלָּנוּ לוֹמְדִים בְּבֵית סֵפֶר. _My children study in school_

מַה שׁוֹתֶה אַבָּא שֶׁלְּךָ? _What does your father drink?_

אַבָּא שֶׁלִּי שׁוֹתֶה תֵּה עִם חָלָב. _My dad drinks tea with milk_

יֵשׁ לָכֶם בַּיִת? _Do you have a house?_

כֵּן, הַבַּיִת שֶׁלָּנוּ גָּדוֹל וְיָפֶה. _Yes, our house is big and nice_

שִׁירָה וְעֵינַת אוֹהֲבוֹת אֶת אַבָּא שֶׁלָּהֶן _Shira and Eynat like their_

הֵן אוֹמְרוֹת: אַבָּא שֶׁלָּנוּ טוֹב. _They say: our father is good_

שָׁלוֹם, יִגְאָל. מַה שְׁלוֹמְךָ? _Hi Ygal, how are you?_

תּוֹדָה, בְּסֵדֶר. _Thanks, all right_

בְּבַקָּשָׁה לָשֶׁבֶת. הוֹ, אֵין כִּסֵּא? _Please, be seated; no chair_

אֵין דָּבָר _It doesn't matter_

הוּא רוֹצֶה קָפֶה שָׁחוֹר. _He likes black coffee_

הִיא רוֹצָה תֵּה עִם חָלָב. _She wants tea with milk_

הוּא שׁוֹאֵל אֶת דִּינָה: מַה מִסְפַּר הַטֵּלֵפוֹן שֶׁלָּךְ? _What is your #?_

מִסְפַּר הַטֵּלֵפוֹן שֶׁלִּי הוּא: עֶשְׂרִים וְאַרְבַּע – שֵׁשׁ־עֶשְׂרֵה – שְׁתֵּים־עֶשְׂרֵה
My telefon number is 241612

יְחִידָה תְּשִׁיעִית

Friday at School

יוֹם שִׁישִׁי בְּבֵית הַסֵּפֶר

עָמִית לוֹמֵד בְּכִיתָּה שְׁבִיעִית (בְּכִיתָּה ז׳). עָמִית יוֹשֵׁב עַל כִּסֵּא עַל יַד שׁוּלְחָן. יֵשׁ לוֹ סֵפֶר וּמַחְבֶּרֶת. הוּא כּוֹתֵב בְּעֵט. עַל יָדוֹ יוֹשֶׁבֶת לִיאוֹרָה. אֵין לָהּ עֵט. הִיא כּוֹתֶבֶת בְּעִיפָּרוֹן. עַכְשָׁיו שִׁיעוּר בְּעִבְרִית.

נִכְנֶסֶת מוֹרָה חֲדָשָׁה. הַמּוֹרָה חֲבִיבָה מְאוֹד.

– בּוֹקֶר טוֹב, תַּלְמִידִים – אוֹמֶרֶת הַמּוֹרָה.

– בּוֹקֶר טוֹב – עוֹנִים הַתַּלְמִידִים.

– שְׁמִי אֲבִיבָה – אוֹמֶרֶת הַמּוֹרָה הַחֲדָשָׁה. – אֲנִי מְלַמֶּדֶת בַּכִּיתָּה הַזֹּאת עִבְרִית בְּיוֹם שְׁלִישִׁי, בְּיוֹם רְבִיעִי וּבְיוֹם שִׁישִׁי.

– אַתְּ מְלַמֶּדֶת רַק שָׁלוֹשׁ פְּעָמִים בַּשָּׁבוּעַ? – שׁוֹאֵל עָמִית.

– אֲנִי מְלַמֶּדֶת עִבְרִית שָׁלוֹשׁ פְּעָמִים בַּשָּׁבוּעַ. אֲבָל אֲנִי מְלַמֶּדֶת גַּם הִיסְטוֹרְיָה בְּיוֹם שֵׁנִי וּבְיוֹם חֲמִישִׁי.

– טוֹב מְאוֹד – אוֹמְרִים הַתַּלְמִידִים.

– עַכְשָׁיו אֲנִי רוֹצָה לְהַכִּיר אֶת כָּל הַתַּלְמִידִים. מַה שִׁמְךָ, בְּבַקָּשָׁה?

– שְׁמִי עָמִית.

– מַה שְּׁמֵךְ – הִיא שׁוֹאֶלֶת תַּלְמִידָה עַל יַד עָמִית.

– שְׁמִי לִיאוֹרָה – עוֹנָה הַתַּלְמִידָה.

– עָמִית יוֹשֵׁב עַל יָדֵךְ כָּל הַזְּמַן? – שׁוֹאֶלֶת הַמּוֹרָה.

– כֵּן – עוֹנָה לִיאוֹרָה – עָמִית יוֹשֵׁב עַל יָדִי כָּל הַזְּמַן.

הַמּוֹרָה מְלַמֶּדֶת עִבְרִית. הַתַּלְמִידִים שְׂמֵחִים. אֲבָל הֵם גַּם שְׂמֵחִים בַּהַפְסָקָה. בַּהַפְסָקָה הַתַּלְמִידִים יוֹצְאִים מִן הַכִּיתָּה.

לִיאוֹרָה אוֹמֶרֶת:

– הַיּוֹם יוֹם שִׁישִׁי. מָחָר שַׁבָּת. מָחָר לֹא לוֹמְדִים.

– נָכוֹן – אוֹמֵר עָמִית – גַּם בְּיוֹם רִאשׁוֹן לֹא לוֹמְדִים.

– בְּתֵל־אָבִיב לוֹמְדִים בְּיוֹם רִאשׁוֹן.

אַחֲרֵי הַשִּׁיעוּר הָאַחֲרוֹן כָּל הַתַּלְמִידִים יוֹצְאִים וְשָׁרִים:

Sing to the tune of:

“Glory, glory, Hallelujah!”

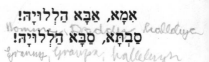

אִמָא, אַבָּא הַלְלוּיָהּ! הַשָּׁבוּעַ הֵן הָלַךְ לוֹ כְּבָר
סַבְתָּא, סַבָּא הַלְלוּיָהּ! וְשַׁבָּת, שַׁבָּת מָחָר!

A Conversation on Monday Morning
שִׂיחָה בְּיוֹם שֵׁנִי בַּבּוֹקֶר

– בְּנִי, קוּם! הַיּוֹם יוֹם שֵׁנִי. צָרִיךְ לָלֶכֶת לְבֵית הַסֵּפֶר!
– אִמָא, אֲנִי לֹא רוֹצֶה לָלֶכֶת לְבֵית הַסֵּפֶר!
– מַדּוּעַ לֹא?
– הַמּוֹרִים לֹא אוֹהֲבִים אוֹתִי!
– אֲבָל אַתָּה צָרִיךְ לָלֶכֶת לְבֵית הַסֵּפֶר!
– לֹא. אֲנִי לֹא רוֹצֶה! גַּם הַתַּלְמִידִים לֹא אוֹהֲבִים אוֹתִי.
– בְּנִי, אֲבָל אַתָּה צָרִיךְ לָלֶכֶת לְבֵית הַסֵּפֶר! סוֹף־סוֹף אַתָּה מְנַהֵל בֵּית הַסֵּפֶר!

נְטִיָּה שֶׁל שֵׁם	The declension of the noun	
(הַשֵּׁם שֶׁלִּי) שְׁמִי	my name	ש מ י
(הַשֵּׁם שֶׁלְּךָ) שִׁמְךָ	your name	ש מ ךָ
(הַשֵּׁם שֶׁלָּךְ) שְׁמֵךְ	your name (f.sg.)	ש מ ךְ
(הַשֵּׁם שֶׁלּוֹ) שְׁמוֹ	his name (m.sg.)	ש מ וֹ
(הַשֵּׁם שֶׁלָּהּ) שְׁמָהּ	her name	ש מ הּ

Days of the Week — הַשָּׁבוּעַ

יוֹם רִאשׁוֹן	Sunday
יוֹם שֵׁנִי	Monday
יוֹם שְׁלִישִׁי	Tuesday
יוֹם רְבִיעִי	Wednesday
יוֹם חֲמִישִׁי	Thursday
יוֹם שִׁישִׁי	Friday
יוֹם שַׁבָּת	Saturday

Words we have learned מִלִּים שֶׁלָּמַדְנוּ

מָחָר – tomorrow
עִיפָּרוֹן – pencil
שָׁבוּעַ – week
הָלַךְ – went
הֵן – surely
קוּם! – get up!
מְנַהֵל – principal
הַבִּירָה – the capital
אָח – brother
סֵפֶר – book

מַחְבֶּרֶת – copybook
עֵט – pen
חָבִיב (חֲבִיבָה) – likeable
נִכְנָס (נִכְנֶסֶת) – comes in
מְלַמֵּד (מְלַמֶּדֶת) – teaches
הַפְסָקָה – recess
יוֹצֵא (יוֹצֵאת) – goes out
נָכוֹן – right, true
לִפְנֵי – before

STRUCTURE

1. The declension of the noun or the preposition is formed by adding the possessive suffixes:

e.g. my name שְׁמִי
next to me עַל יָדִי

2. The ordinal numbers, third to tenth, are formed with the consonants of the cardinal number and the vowel pattern ִ ִי:i – i –

third שְׁלִישִׁי שָׁלוֹשׁ

In the feminine the suffix ת is added:

fifth חֲמִישִׁית (חָמֵשׁ)

Patterns of speech and expressions:

sits next to me (literally "on my hand") – יוֹשֵׁב עַל יָדִי

after all — סוֹף סוֹף
you have to go — אַתָּה צָרִיךְ לָלֶכֶת
they don't like me — לֹא אוֹהֲבִים אוֹתִי

EXERCISE 1 תַּרְגִּיל

Part a. אֱמוֹר בְּמִילָה אַחַת:

Change the underlined expressions to the one-word form.

הַמּוֹרֶה אוֹמֵר לְעָמִית: אַתָּה הַתַּלְמִיד שֶׁלִּי = אַתָּה תַּלְמִידִי

דַּפְנָה שׁוֹאֶלֶת: דָּן, זֶה הָעֵט שֶׁלְּךָ? = זֶה עֵטְךָ

דִּינָה אוֹמֶרֶת: זֶה הַשּׁוּלְחָן שֶׁלָּהּ = זֶה שׁוּלְחָנָהּ

שִׁירָה אוֹמֶרֶת: עֵינַת הִיא אָחוֹת שֶׁלִּי = הִיא אֲחוֹתִי

אַבָּא אוֹמֵר: זֶה הַשּׁוּלְחָן שֶׁלּוֹ = זֶה שׁוּלְחָנוֹ

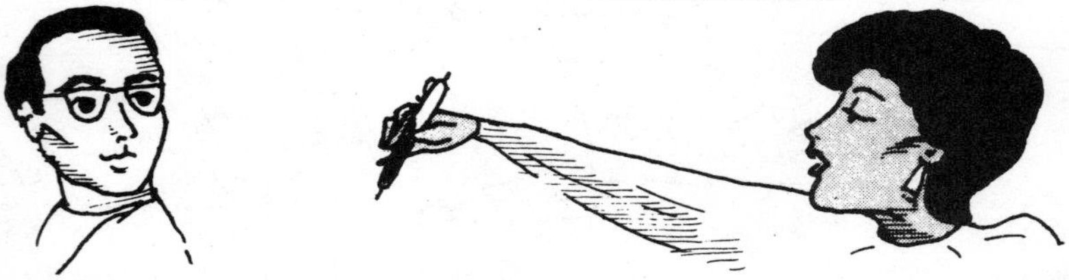

Part b.

Decline:	הַטֵּה:
עַל יַד	דּוֹד
עַל יָדִי	דּוֹדִי
עַל יָדְךָ	דּוֹדְךָ
עַל יָדֵךְ	דּוֹדֵךְ
עַל יָדוֹ	דּוֹדוֹ
עַל יָדָהּ	דּוֹדָהּ

Part c. Write in two words: כְּתוֹב בִּשְׁתֵּי מִלִּים:

שׁוּלְחָנוּ = הַשּׁוּלְחָן שֶׁלָּנוּ

דּוֹדִי = הַדּוֹד שֶׁלִּי

תַּלְמִידְךָ = הַתַּלְמִיד שֶׁלְּךָ

אֲחוֹתָהּ = הָאָחוֹת שֶׁלָּהּ

עֵטֵךְ = הָעֵט שֶׁלָּךְ

EXERCISE 2 תַּרְגִּיל

Read aloud: קְרָא בְּקוֹל:

	Masculine	Feminine
1st	רִאשׁוֹן	רִאשׁוֹנָה
2nd	שֵׁנִי	שְׁנִיָּה
3rd	שְׁלִישִׁי	שְׁלִישִׁית
4th	רְבִיעִי	רְבִיעִית
5th	חֲמִישִׁי	חֲמִישִׁית
6th	שִׁישִּׁי	שִׁישִּׁית
7th	שְׁבִיעִי	שְׁבִיעִית
8th	שְׁמִינִי	שְׁמִינִית
9th	תְּשִׁיעִי	תְּשִׁיעִית
10th	עֲשִׂירִי	עֲשִׂירִית

EXERCISE 3 תַּרְגִּיל

Part a. Write in feminine: כְּתוֹב בִּנְקֵבָה:

שְׁלִישִׁי שלישית ראשׁוֹן ראשונה חֲמִישִׁי חמישית שְׁבִיעִי שביעית

רְבִיעִי רביעית שִׁישִּׁי שישית שְׁמִינִי שמינית שֵׁנִי שנייה

Part b. כְּתוֹב בְּמִסְפָּרִים

Write in numbers

חֲמִישִׁי 5th

שֵׁנִי 2nd

רְבִיעִי 4th

שְׁבִיעִי 7th

רִאשׁוֹן 1st

תְּשִׁיעִי 9th

שְׁלִישִׁי 3rd

שִׁישִּׁי 6th

Part c. כְּתוֹב בְּמִלִּים (זָכָר)

Write in words (m)

3rd שלישי

10th עשירי

1st ראשון

8th שמיני

2nd שני

5th חמישי

9th תשיעי

4th רביעי

EXERCISE 4 תַּרְגִּיל

What does Amit study? מַה לוֹמֵד עָמִית?

Time schedule מַעֲרֶכֶת הַשָּׁעוֹת

יוֹם / שָׁעָה	יוֹם שֵׁנִי	יוֹם שְׁלִישִׁי	יוֹם רְבִיעִי	יוֹם חֲמִישִׁי	יוֹם שִׁישִׁי
רִאשׁוֹנָה	הִיסְטוֹרְיָה	אַנְגְּלִית	תּוֹרָה	הִיסְטוֹרְיָה	חֶשְׁבּוֹן
שְׁנִיָּה	גֵיאוֹגְרַפְיָה	עִבְרִית	חֶשְׁבּוֹן	אַנְגְּלִית	תּוֹרָה
שְׁלִישִׁית	פִּיסִיקָה	חֶשְׁבּוֹן	אַנְגְּלִית	חֶשְׁבּוֹן	עִבְרִית
רְבִיעִית	אַנְגְּלִית	תּוֹרָה	עִבְרִית	תּוֹרָה	אַנְגְּלִית
חֲמִישִׁית	חֶשְׁבּוֹן	הִיסְטוֹרְיָה	גֵיאוֹגְרַפְיָה	פִּיסִיקָה	מוּסִיקָה
שִׁישִׁית	תּוֹרָה	סְפּוֹרְט	מוּסִיקָה	סְפּוֹרְט	

Write a sentence about each of the subjects marked: כְּתוֹב מִשְׁפָּט:

1. בְּיוֹם שֵׁנִי בְּשָׁעָה רִאשׁוֹנָה עָמִית לוֹמֵד הִסְטוֹרְיָה.
2. ביום שלישי בשעה רביעית עמית לומד תורה
3. ביום רביעי בשעה שניה עמית לומד חשבון
4. ביום חמישי בשעה חמישית עמית לומד פיסיקה
5. ביום שישי בשעה שלישית עמית לומד עברית

EXERCISE 5 תַּרְגִּיל

Conduct a conversation: (from ־...מ) נַהֵל שִׂיחָה:

אַתְּ מִתֵּל־אָבִיב? לֹא, אֲנִי לֹא מִתֵּל־אָבִיב! אֲנִי מִנְיוּ־יוֹרְק.

אַתָּה מִלּוֹנְדּוֹן? (לֹא) אני לא מלונדון!

הוּא מִקִּבּוּץ? (לֹא) הוא לא מקבוץ!

הַדּוֹד שֶׁלְּךָ מִירוּשָׁלַיִם? (כֵּן) היא מירושלים!

הַמּוֹרֶה מִשִּׁיקָגוֹ? (לֹא) הוא לא משיקגו!

תַּשְׁבֵּץ Crossword

Here is a real challenge: a Hebrew crossword puzzle in which even the definitions are in Hebrew. Enjoy yourself!

מְאוּנָּךְ Down	מְאוּזָּן Across
2. הַבִּירָה שֶׁל יִשְׂרָאֵל	1. "שְׁלִישִׁי" בִּנְקֵבָה
3. לֹא לַיְלָה	4. מָה עוֹשָׂה מוֹרָה
5. אַחֲרֵי הַיּוֹם	7. יוֹם לִפְנֵי שַׁבָּת
6. נְקֵבָה שֶׁל תַּלְמִיד	9. אָח שֶׁל אַבָּא
8. חֲצִי שֶׁל חֲצִי	10. מַה לִפְנֵי שְׁמִינִי?
10. הַהֶפֶךְ (opposite) שֶׁל "פֹּה"	12. אַרְבַּע וְעוֹד שָׁלוֹשׁ = ...
11. הַהֶפֶךְ שֶׁל "אֵין"	

הַמִּילִים בַּתַּשְׁבֵּץ: Words to be filled in:

רֶבַע	תַּלְמִידָה
דּוֹד	יְרוּשָׁלַיִם
מְלַמֶּדֶת	שְׁבִיעִי
שָׁם	יוֹם
שֶׁבַע	שְׁלִישִׁית
יֵשׁ	מָחָר
	שִׁישִׁי

יְחִידָה עֲשִׂירִית

Dan Invites Dina
דָּן מַזְמִין אֶת דִּינָה

Dan invites Dina

דִּינָה עוֹבֶדֶת בְּמִשְׂרָד. הִיא אוֹהֶבֶת אֶת הָעֲבוֹדָה שֶׁלָּהּ.
Dina works in the office. She likes her work

עַכְשָׁיו הַשָּׁעָה שְׁתֵּים־עֶשְׂרֵה וָחֵצִי.
Right now, it is twelve thirty.

דִּינָה עֲיֵפָה. הִיא גַּם רְעֵבָה.
Dina is tired. She is also hungry.

נִכְנָס דָּן.
Dan comes in.

דָּן אוֹמֵר: דִּינָה, דַּי לַעֲבוֹד! אֲנִי מַזְמִין אוֹתָךְ לַאֲרוּחַת צָהֳרַיִם.
אַתְּ מַסְכִּימָה?
Dan says: Dina, enough work. I invite you to lunch. you agree?

– תּוֹדָה, דָּן. אֲבָל יֵשׁ לִי הַרְבֵּה עֲבוֹדָה.
Thanks Dan. But I have people at work

– אַתְּ לֹא רְעֵבָה?
Aren't you hungry?

– כֵּן, אֲנִי רְעֵבָה מְאוֹד. אֵיפֹה אֲנַחְנוּ אוֹכְלִים?
Yes, I am very hungry. Where do you eat?

דָּן הוֹלֵךְ אֶל הַחַלּוֹן.
Dan goes to the window.

– אַתְּ רוֹאָה אֶת הַמִּסְעָדָה הַקְּטַנָּה? אֲנִי אוֹכֵל שָׁם כָּל יוֹם. הָאוֹכֶל שָׁם טוֹב
מְאוֹד.
Do you see the small restaurant? I eat there every day.
The food is very good there

מָנָה רִאשׁוֹנָה *First course*

בֵּיצָה   מָרָק   *egg soup*

מָנָה שְׁנִיָּה *second course*

בָּשָׂר   דָּג   *meat fish*

בַּמִּסְעָדָה דָּן וְדִינָה יוֹשְׁבִים עַל יַד שׁוּלְחָן קָטָן. דִּינָה יוֹשֶׁבֶת עַל יַד דָּן.
At the restaurant Dan & Dina sit at a small table. Dina sits next to Dan.

דָּן שׁוֹאֵל אֶת דִּינָה:
Dan asks Dina:

– אֵיפֹה הַמֶּלְצַר? אֲנִי לֹא רוֹאָה אוֹתוֹ.
Where is the waiter? I can't see him

– אֲנִי רוֹאָה אוֹתוֹ. הִנֵּה הוּא!
I see him. There he is

הַמֶּלְצַר בָּא.
The waiter comes.

– שָׁלוֹם, גְּבֶרֶת. שָׁלוֹם, דּוֹקְטוֹר גּוֹרְדוֹן – אוֹמֵר הַמֶּלְצַר – מָה אַתֶּם מַזְמִינִים?
Hi madam, hi Doctor Gordon, says the waiter. what do you order?

– יֵשׁ לְךָ בָּשָׂר טוֹב? – שׁוֹאֶלֶת דִּינָה.
Do you have good meat? asks Dina

– כֵּן – אוֹמֵר הַמֶּלְצַר.
Yes, answers the waiter

– אַתְּ לֹא רוֹצָה מָנָה רִאשׁוֹנָה, דִּינָה? – שׁוֹאֵל דָּן – אוּלַי אַתְּ רוֹצָה מָרָק אוֹ
בֵּיצָה?
Don't you want a first course, Dina? asks Dan. Maybe you'd like egg soup?

– לֹא, תּוֹדָה. אֲנִי אוֹכֶלֶת רַק מָנָה אַחַת.

No thanks. I only eat one course

– וּמָה אַתָּה מַזְמִין, דּוֹקְטוֹר גוֹרְדוֹן? – שׁוֹאֵל הַמֶּלְצַר.

And what do you order Doctor Gordon?

– מָנָה רִאשׁוֹנָה אֲנִי אוֹכֵל מָרָק. מָנָה שְׁנִיָּה אֲנִי אוֹכֵל דָּג.

For the 1st course I eat soup. for the 2nd I eat fish

– אַתֶּם רוֹצִים גַּם לִשְׁתּוֹת?

Would you like something to drink?

– כֵּן – אוֹמֶרֶת דִּינָה – אֲנִי רוֹצָה לִשְׁתּוֹת כּוֹס מִיץ, בְּבַקָּשָׁה.

Yes, says Dina, I would like a glass of juice please

– וַאֲנִי רוֹצֶה כּוֹס מַיִם.

And I would like a glass of water.

הַמֶּלְצַר הוֹלֵךְ וּמֵבִיא אֶת הָאוֹכֶל.

The waiter goes and gets the food

– מֶלְצַר – אוֹמֶרֶת דִּינָה – הַבָּשָׂר הַזֶּה קָשֶׁה מְאוֹד. יֵשׁ לְךָ בָּשָׂר רַךְ?

Waiter, says Dina, This meat is tough. Do you have tender meat?

– כֵּן – אוֹמֵר הַמֶּלְצַר.

Yes, says the waiter

הוּא הוֹלֵךְ וּמֵבִיא בָּשָׂר אַחֵר.

He leaves and gets other meat

– אוֹ, זֶה בָּשָׂר רַךְ וְטוֹב. אֶת הַבָּשָׂר הַזֶּה אֲנִי אוֹהֶבֶת. בְּתֵיאָבוֹן, דָּן!

This meat is tender. I like it. Bon Appetit Dan

– תּוֹדָה, דִּינָה.

thanks Dina

דָּן אוֹכֵל אֶת הַמָּרָק וְאֶת הַדָּג. הוּא שׁוֹתֶה אֶת הַמַּיִם.

Dan eats his food and drinks his water

– אַתְּ עוֹד רְעֵבָה, דִּינָה?

Are you still hungry Dina?

– לֹא, דָּן. הַמָּנוֹת פֹּה גְדוֹלוֹת. בַּמִּסְעָדָה הַזֹּאת אוֹכְלִים הַרְבֵּה.

No Dan. The courses here are big. This is a restaurant too [menu]

– מֶלְצַר! חֶשְׁבּוֹן בְּבַקָּשָׁה!

Waiter, the bill please.

Words we have learned   מִלִּים שֶׁלָּמַדְנוּ

מִסְעָדָה – restaurant		בָּשָׂר – meat	
אוֹכֶל – food (óchel)		מֶלְצַר – waiter	
מֵבִיא – brings		בֵּיצָה – egg	
רַךְ – soft		דָּג – fish	
מָרָק – soup		לִשְׁתּוֹת – to drink	
לֶחֶם – bread		מִיץ – juice	
(אֶל)...לְ – to, towards		מַזְמִין – orders, invites	
מַיִם – water (máyim)		רְעֵבָה – hungry (f)	
מַכִּיר – know		דַּי – enough	
מָנָה – course (of a meal)		לַעֲבוֹד – to work	

STRUCTURE

The objective case:

The form-word אֶת indicates the direct object when it is definite:

I see the restaurant אֲנִי רוֹאֶה אֶת הַמִּסְעָדָה

The ...הַ is joined to the word it precedes.

Patterns of speech and expressions:

enough of work	דַּי לַעֲבוֹד
there he is	הִנֵּה הוּא
bon appetit!	בְּתֵיאָבוֹן
Are you still hungry? (f)	אַתְּ רְעֵבָה עוֹד?

Declension of the preposition:	נְטִיָּה שֶׁל אֶת
me	אוֹתִי
you (m)	אוֹתְךָ
you (f)	אוֹתָךְ
him	אוֹתוֹ
her	אוֹתָהּ

EXERCISE 1 תַּרְגִּיל

What do they drink? מַה הֵם שׁוֹתִים?

Example: דוּגְמָא:

מַה שׁוֹתִים בְּגֶרְמַנְיָה (Germany)?

בְּגֶרְמַנְיָה שׁוֹתִים בִּירָה

מַה שׁוֹתִים בְּרוּסְיָה (Russia)?

ברוסיה שותים וודקה

מַה שׁוֹתִים בְּסוּרְיָה (Syria)?

בסוריה שותים מים

מַה שׁוֹתִים בְּסְקוֹטְלַנְד?

בסקוטלנד שותים ויסקי בלי מים

מַה שׁוֹתִים בְּאַמֶרִיקָה?

באמריקה שותים סודה

מַה שׁוֹתִים בְּיִשְׂרָאֵל?

בישראל שותים לבן

עָרָק (arak)   וִיסְקִי עִם מַיִם   וִיסְקִי בְּלִי מַיִם   ווֹדְקָה   מִיץ

EXERCISE 2 תַּרְגִּיל

נְטִיָּה שֶׁל אֶת: Declension of:

דִּינָה שׁוֹאֶלֶת: דָּן, אַתָּה רוֹאֶה אותי ______?

כֵּן, אֲנִי רוֹאֶה אותך ______

דָּן שׁוֹאֵל: דִּינָה, אַתְּ רוֹאָה אוֹתִי?

כֵּן, אֲנִי רוֹאָה אותך ______

מִי הָאִישׁ הַזֶּה? אַתָּה מַכִּיר אותו? לֹא, אֲנִי לֹא מַכִּיר אותו ______

מִי הָאִשָּׁה הַזֹּאת? אַתָּה מַכִּיר אותה? כֵּן, אֲנִי מַכִּיר אותה ______

כְּתוֹב מַה בַּתְּמוּנָה (עִם: אוֹתִי, אוֹתְךָ, אוֹתָהּ, אוֹתוֹ.)

Write about the picture

EXERCISE 3 תַּרְגִּיל

How many sentences are there here? כַּמָּה מִשְׁפָּטִים יֵשׁ פֹּה?

אֶת

דִּינָה אוֹהֶבֶת	אֶת	הָעֲבוֹדָה בַּמִּשְׂרָד
דִּינָה מַכִּירָה		הַבָּשָׂר
הָאִשָּׁה רוֹאָה		הַמֶּלְצַר
דָּן אוֹכֵל		הָאִשָּׁה
הָאִישׁ אוֹהֵב		הַמִּסְעָדָה
הַמֶּלְצַר מֵבִיא		הַתֵּה
יִגְאָל שׁוֹתֶה		הַדָּג
הָאִישׁ מַכִּיר		הַמִּיץ

Use as many logical combinations as you can:

EXERCISE 4 תַּרְגִּיל

What do you eat for breakfast? מָה אַתָּה אוֹכֵל לַאֲרוּחַת בּוֹקֶר?

What do you eat for lunch? מָה אַתָּה אוֹכֵל לַאֲרוּחַת צָהֳרַיִים?

What do you drink? מָה אַתָּה שׁוֹתֶה?

Test 2 מבחן

Units 6 to 10 יְחִידוֹת: שֵׁשׁ עַד עֶשֶׂר

Part A • א חלק

Translate: תַּרְגֵּם:

1. צְעִירָה ______
2. כּוֹעֵס ______
3. עוּגָה ______
4. שָׁחוֹר ______
5. הוֹרִים ______
6. תָּמִיד ______
7. עֵט ______
8. שָׁבוּעַ ______
9. מַיִם ______
10. בֵּיצָה ______

Part B • ב חלק

Translate these expressions: תַּרְגֵּם לְעִבְרִית:

1. What is to be done? ______ .1
2. Please meet… ______ .2
3. Every day ______ .3
4. Next to me ______ .4
5. There he is. ______ .5

Part C • ג חלק

Write in the singular: כְּתוֹב בְּיָחִיד:

1. טוֹבִים ______
2. אַתֶּם ______
3. מַזְכִּירוֹת ______
4. תַּלְמִידִים ______
5. לוֹמְדוֹת ______
6. שׁוֹתוֹת ______

Part D • ד חלק

Mark X next to the correct answer: סַמֵּן בְּ־X אֶת הַתְּשׁוּבָה הַנְּכוֹנָה:

עֵינַת וְשִׁירָה הֵן תַּלְמִידוֹת _____ הַמּוֹרָה _____ טוֹבָה.

☐ קְטַנִּים   ☐ שֶׁלִּי

☐ קְטַנּוֹת   ☐ שֶׁלָּהֶן

☐ קְטַנָּה   ☐ שֶׁלָּכֶם

יוֹם הַשַּׁבָּת הוּא הַיּוֹם _____ בַּשָּׁבוּעַ. הַיְלָדִים אוֹהֲבִים _____

☐ שְׁלוֹשָׁה   ☐ אוֹתוֹ

☐ הַשְּׁבִיעִי   ☐ אוֹתִי

☐ הַחֲמִישִׁי   ☐ אוֹתְךָ

SCORE:

Part A each correct answer 3 points, total: 30 points

Part B each correct answer 8 points, total: 40 points

Part C each correct answer 3 points, total: 18 points

Part D each correct answer 3 points, total: 12 points

_____

100 points

RATING:

60 – poor, 61–70 fair, 71–80 good, 81–90 very good, 91–100 exceptional.

Answers: page 258.

יְחִידָה אַחַת עֶשְׂרֵה

Nurse Susanne
הָאָחוֹת סוּזָן

בּוֹקֶר.

דַּפְנָה וְיִגְאָל יוֹשְׁבִים עַל יַד הַשּׁוּלְחָן.

הַשָּׁעָה שְׁמוֹנֶה וָחֵצִי.

דַּפְנָה שׁוֹאֶלֶת:

יִגְאָל, מַדּוּעַ אַתָּה לֹא שׁוֹתֶה אֶת הַקָּפֶה?

הַקָּפֶה לֹא מָתוֹק?

– לֹא, הַקָּפֶה מָתוֹק מְאוֹד. שַׂמְתִּי שָׁלוֹשׁ כַּפִּיּוֹת סוּכָּר.

מַדּוּעַ אַתָּה לֹא אוֹכֵל, יִגְאָל? הַגְּבִינָה לֹא טוֹבָה? לֹא אָכַלְתָּ אֶת הַגְּבִינָה.

– אָכַלְתִּי, דַּפְנָה, אָכַלְתִּי.

– אַתָּה עוֹבֵד קָשֶׁה, יִגְאָל – אוֹמֶרֶת דַּפְנָה.

– לֹא, אֲנִי לֹא עוֹבֵד קָשֶׁה. הִנֵּה, אֶתְמוֹל לֹא עָבַדְתִּי. הָיָה יוֹם רִאשׁוֹן.

גַּם בְּשַׁבָּת לֹא עָבַדְתִּי.

– טוֹב, כְּבָר מְאוּחָר. הַשָּׁעָה שְׁמוֹנֶה וָחֵצִי!

– בְּסֵדֶר, דַּפְנָה. אֲנִי הוֹלֵךְ. שָׁלוֹם!

– לְהִתְרָאוֹת.

יִגְאָל עוֹבֵד הַשָּׁנָה בְּבֵית הַחוֹלִים "צִיּוֹן". בַּשָּׁנָה שֶׁעָבְרָה הוּא עָבַד בְּבֵית חוֹלִים בְּתֵל־אָבִיב.

כָּל הַבּוֹקֶר יִגְאָל עָבַד קָשֶׁה. הוּא לֹא יָשַׁב אֲפִילוּ רֶגַע אֶחָד.

עַכְשָׁיו הַפְסָקַת תֵּה.

הוּא יוֹשֵׁב וְכוֹתֵב אֶל הַדּוֹד שֶׁלּוֹ בָּאָרֶץ.

לְיִגְאָל אֵין אַבָּא. הוּא כּוֹתֵב לַדּוֹד מַתָּן בְּקִיבּוּץ רָמַת הַגָּלִיל.

גַּם בַּשָּׁבוּעַ שֶׁעָבַר יִגְאָל כָּתַב מִכְתָּב לַדּוֹד מַתָּן.

נִכְנֶסֶת הָאָחוֹת סוּזָן.

– שָׁלוֹם, יִגְאָל, מַה שְׁלוֹמְךָ?

– תּוֹדָה, סוּזָן, מַה שְׁלוֹמֵךְ?

– תּוֹדָה, בְּסֵדֶר.

סוּזָן הִיא אָחוֹת טוֹבָה. הִיא אִשָּׁה צְעִירָה וַחֲבִיבָה.
סוּזָן רוֹצָה לַעֲבוֹד בְּקִיבּוּץ בָּאָרֶץ.
הִיא שׁוֹאֶלֶת אֶת יִגְאָל: כָּתַבְתָּ לַקִּיבּוּץ?
– כֵּן, סוּזָן. אֶתְמוֹל כָּתַבְתִּי מִכְתָּב לְדָוִד מַתָּן בְּקִיבּוּץ רָמַת הַגָּלִיל.
כָּתַבְתִּי לוֹ שֶׁאַתְּ רוֹצָה לַעֲבוֹד בַּקִּיבּוּץ.
– תּוֹדָה, יִגְאָל. אַתָּה בָּחוּר טוֹב. מָתַי אַתָּה חוֹזֵר לְיִשְׂרָאֵל?
– אֲנִי חוֹזֵר בַּשָּׁנָה הַבָּאָה.
– טוֹב. אוּלַי אָנוּ נוֹסְעִים יַחַד?
– אוּלַי. מִי יוֹדֵעַ?
סוּזָן אוֹמֶרֶת שָׁלוֹם וְהוֹלֶכֶת.

עָבַר		הוֹוֶה
בַּשָּׁבוּעַ שֶׁעָבַר (אֲנִי) כָּתַבְתִּי I wrote		עַכְשָׁיו אֲנִי כּוֹתֵב I write
(אַתָּה) כָּתַבְתָּ		אַתָּה כּוֹתֵב
(הוּא) כָּתַב		הוּא כּוֹתֵב
(אֲנִי) כָּתַבְתִּי		אֲנִי כּוֹתֶבֶת
(אַתְּ) כָּתַבְתְּ		אַתְּ כּוֹתֶבֶת
(הִיא) כָּתְבָה.		הִיא כּוֹתֶבֶת.

מִלִּים שֶׁלָּמַדְנוּ   Words we have learned

מָתוֹק – sweet

סוּכָּר – sugar

גְּבִינָה – cheese

בְּשֶׁקֶט – quietly (beshéket)

אֶתְמוֹל – yesterday

מְאוּחָר – late

יַחַד – together (yáchad)

אֲפִילוּ – even (afílu)

חֶדֶר – room (chéder)

הַשָּׁנָה – this year

הַפְסָקַת תֵּה – tea-break

בֵּית חוֹלִים – hospital
הָאָרֶץ – The Land (Israel)
שֶׁעָבַר – last, (that passed)
אָחוֹת – nurse
מִכְתָּב – letter
בָּחוּר – fellow
מָתַי? – when?
הַבָּא (הַבָּאָה) – next

STRUCTURE

The Hebrew root (basic form) consists of three consonants. Weaving in and out between them are the vowels indicating its precise meaning (present, past, etc.):

Present: הוֹוֶה   כּוֹתֵב
Past: עָבָר   כָּתַב

NOTE: The first persons in the past, and the 2nd person sing. have the accent on the next to last syllable.

Patterns of speech and expressions:

even a moment	אֲפִילוּ רֶגַע
last year	בַּשָּׁנָה שֶׁעָבְרָה
next year	בַּשָּׁנָה הַבָּאָה

לְשָׁנָה הַבָּאָה בִּירוּשָׁלַיִם

EXERCISE 1 תַּרְגִּיל

Part a. Change to the present: כְּתוֹב בַּהוֹוֶה:

אֶתְמוֹל כָּתַבְתִּי ← עַכְשָׁיו אֲנִי כּוֹתֵב
הָלַכְתָּ — אַתָּה הוֹלֵךְ
הִיא חָשְׁבָה — הִיא ________________
לָמַדְתְּ — אַתְּ ________________
הוּא עָבַד — הוּא ________________

Part b. Change to past :כְּתוֹב בֶּעָבָר

עַכְשָׁיו אֲנִי הוֹלֵךְ ← אֶתְמוֹל הָלַכְתִּי

הוּא לוֹמֵד ______

הִיא חוֹשֶׁבֶת ______

אַתְּ לוֹמֶדֶת ______

אַתָּה כּוֹתֵב ______

תַּרְגִּיל 2 EXERCISE

אוֹתִיּוֹת וּמִסְפָּרִים (כְּתוֹב מִשְׁפָּטִים):

Letters and numbers (write sentences):

א	יִגְאָל	לָמַדְתִּי	מִכְתָּב	
ב	אֲנִי	עָבְדָה	בְּבֵית הַסֵּפֶר	
ג	אַתְּ	יָשַׁב	״שָׁלוֹם״	בַּשָּׁבוּעַ שֶׁעָבַר
ד	הַיֶּלֶד	אָכַלְתְּ	בַּחֶדֶר	
ה	אַתָּה	אָמַרְתָּ	דָּג	בַּשָּׁנָה שֶׁעָבְרָה
ו	דִּינָה	כָּתַב	בְּבֵית חוֹלִים	

Example: :דוּגְמָא

א. יִגְאָל יָשַׁב בַּחֶדֶר בַּשָּׁבוּעַ שֶׁעָבַר

ב. אֲנִי ______

ג. ______

ד. ______

ה. ______

ו. ______

תַּרְגִּיל 3 EXERCISE

לְכָל שְׁאֵלָה תְּשׁוּבָה

Write the questions and the correct answer to each.

1. מָה אָמְרָה שִׁירָה לְאַבָּא?
2. אֵיפֹה עָבַד יִגְאָל?
3. בְּאֵיזֶה קִיבּוּץ גָּר הַדּוֹד מַתָּן?
4. עַל מֶה חָשַׁב הָרוֹפֵא?
5. מָתַי חוֹזֵר יִגְאָל?
6. אֵיפֹה רוֹצָה סוּזָן לַעֲבוֹד

א. יִגְאָל חוֹזֵר בַּשָּׁנָה הַבָּאָה

ב. הָרוֹפֵא חָשַׁב עַל הַחוֹלִים שֶׁלּוֹ

ג. סוּזָן רוֹצָה לַעֲבוֹד בְּקִיבּוּץ

ד. הַדּוֹד מַתָּן גָּר בְּקִיבּוּץ רָמַת הַגָּלִיל

ה. ״אַבָּא, כָּכָה לֹא עוֹשִׂים!״

ו. יִגְאָל עָבַד בָּאָרֶץ.

דוגמָה:

1. מַה אָמְרָה שִׁירָה לְאַבָּא?   ה. "אַבָּא, כָּכָה ______

2. אֵיפֹה עָבַד יִגְאָל?   ו. יִגְאָל ______

3. בְּאֵיזֶה______   ג. ______

4. ______   ד. ______

5. ______   ה. ______

6. ______   ו. ______

תַּרְגִיל 4 EXERCISE

חֲזָרָה: בּ... עַל... תַּחַת... עַל־יַד... Review of:

שִׂיחָה בְּאַרְבָּעָה מִשְׁפָּטִים:

Conversation in 4 sentences:

1st column	[?]	ask
2nd column	[ ]	hesitate
3rd column	[–]	negate
4th column	[×]	answer

אֵיפֹה...?	אוּלַי ב... עַל, עַל־יַד, תַּחַת	לֹא, הוּא לֹא...	הוּא ב... עַל, עַל־יַד, תַּחַת...
הַסֵּפֶר	הָאָרוֹן	מִשְׂרָד	חַלּוֹן
הָרַדְיוֹ	בֵּית הַסֵּפֶר	בֵּית הַסֵּפֶר	קִיר
הַפְּרוֹפֶסוֹר	הַשּׁוּלְחָן	שׁוּלְחָן	דֶּלֶת
הָאָחוֹת	כִּיסֵּא	חֶדֶר	שׁוּלְחָן
הַמִּיץ	רְחוֹב	רְחוֹב	בֵּית חוֹלִים
הַלֶּחֶם	חֶדֶר	אָרוֹן	בַּיִת
הָעִיפָּרוֹן	מִשְׂרָד	כִּיסֵּא	בֵּית סֵפֶר

דוגמא: Example:

[?] אֵיפֹה הַסֵּפֶר?   [?] ______

[ ] אוּלַי עַל הַכִּיסֵּא.   [ ] ______

[–] לֹא, הוּא לֹא עַל הַכִּיסֵּא.   [–] ______

[×] הוּא עַל הַשּׁוּלְחָן.   [×] ______

? ______________________

☐ ______________________

– ______________________

× ______________________

? ______________________

☐ ______________________

– ______________________

× ______________________

? ______________________

☐ ______________________

– ______________________

× ______________________

? ______________________

☐ ______________________

– ______________________

× ______________________

תַּרְגִיל 5 EXERCISE

תַּרְגֵם :Translate

אֶתְמוֹל הָלַכְתִּי לְמִסְעָדָה. אָכַלְתִּי לֶחֶם וּמָרָק ______________________

דִּינָה אָכְלָה מָרָק וְדָג ______________________

כָּתַבְתָּ מִכְתָּב לַקִּיבּוּץ? כֵּן, כָּתַבְתִּי מִכְתָּב לַקִּיבּוּץ ______________________

מַה שָּׁאֲלָה הָאִישָּׁה? ______________________

הִיא שָׁאֲלָה אֵיפֹה בֵּית חוֹלִים ״צִיּוֹן״ ______________________

מָה אָמַרְתָּ לָהּ? ______________________

אָמַרְתִּי לָהּ שֶׁהִיא עוֹמֶדֶת עַל יַד בֵּית הַחוֹלִים. ______________________

מָה אָמְרָה הָאִישָּׁה? ______________________

הִיא צָחֲקָה וְאָמְרָה: ״הוֹ, תּוֹדָה רַבָּה״ ______________________

אֶתְמוֹל עָבַדְתִּי כָּל הַיּוֹם. לֹא יָשַׁבְתִּי אֲפִילוּ רֶגַע אֶחָד. ______________________

אֵיפֹה עָבַדְתְּ? עָבַדְתִּי בַּבַּיִת. ______________________

UNIT 12

יְחִידָה שְׁתֵּים עֶשְׂרֵה

Yigal and the Professor
יִגְאָל וְהַפְּרוֹפֶסוֹר

יִגְאָל עָבַד קָשֶׁה כָּל הַבּוֹקֶר.
הוּא הָלַךְ מֵחוֹלֶה לְחוֹלֶה וְשָׁאַל כָּל אֶחָד מַה שְּׁלוֹמוֹ.
אַחֲרֵי הַצָּהֳרַיִם יִגְאָל נִכְנַס לַחֶדֶר שֶׁלּוֹ. הוּא יָשַׁב וְחָשַׁב:
הוּא חָשַׁב עַל דַּפְנָה וְהַיְלָדִים,
הוּא חָשַׁב עַל הַבַּר־מִצְוָה שֶׁל עָמִית,
הוּא חָשַׁב עַל סוּזָן וְעַל פְּרוֹפֶסוֹר סְמִית.
בְּרֶגַע זֶה נִכְנַס פְּרוֹפֶסוֹר סְמִית. יִגְאָל קָם מִן הַכִּסֵּא.
– לָמָּה קַמְתָּ, יִגְאָל? – שָׁאַל הַפְּרוֹפֶסוֹר – שֵׁב, בְּבַקָּשָׁה!
פְּרוֹפֶסוֹר סְמִית הוּא אִישׁ נֶחְמָד וְחָכָם. הוּא גַּם רוֹפֵא גָּדוֹל.
– קָרָאתִי אֶתְמוֹל סֵפֶר מְעַנְיֵן מְאוֹד – אָמַר הַפְּרוֹפֶסוֹר. – אֲבָל אֲנִי לֹא יוֹדֵעַ אֵיפֹה הוּא.

– הַסֵּפֶר שֶׁסּוּזָן לָקְחָה אֶתְמוֹל?
– סוּזָן לָקְחָה אֶתְמוֹל סֵפֶר?
– כֵּן, פְּרוֹפֶסוֹר. אַתָּה נָתַתָּ לָהּ אֶת הַסֵּפֶר. סוּזָן שָׂמָה אוֹתוֹ עַל הַשּׁוּלְחָן שֶׁלִּי. הִנֵּה הוּא!
– אוֹ, תּוֹדָה רַבָּה, יִגְאָל.
– עַל לֹא דָבָר – אָמַר יִגְאָל.
פְּרוֹפֶסוֹר סְמִית יָצָא.
נִכְנְסָה פְּקִידָה. הִיא אָמְרָה:
– שָׁלוֹם, דּוֹקְטוֹר גַּנּוֹר. כַּמָּה זְמַן אַתָּה עוֹבֵד פֹּה?
– אֲנִי עוֹבֵד פֹּה כְּבָר אַרְבָּעָה חֳדָשִׁים.
– לִפְנֵי כַּמָּה זְמַן בָּאתָ?
– בָּאתִי לִפְנֵי אַרְבָּעָה חֳדָשִׁים. זֶה הָיָה בַּחֲמִישָּׁה בְּסֶפְּטֶמְבֶּר.
– בְּאֵיזֶה תַּאֲרִיךְ אַתָּה חוֹזֵר?
– אֲנִי חוֹזֵר בְּדִיּוּק בִּשְׁמוֹנָה־עָשָׂר בְּאוֹגוּסְט. חוֹדֶשׁ לִפְנֵי רֹאשׁ הַשָּׁנָה.
– זֹאת אוֹמֶרֶת שֶׁיֵּשׁ לְךָ עוֹד תִּשְׁעָה חֳדָשִׁים לַעֲבוֹד פֹּה.
– לֹא. יֵשׁ לִי רַק שְׁמוֹנָה חֳדָשִׁים. עָבַדְתִּי כְּבָר אַרְבָּעָה חֳדָשִׁים.

Unit 12 88

יִגְאָל סוֹפֵר: סֶפְּטֶמְבֶּר – חוֹדֶשׁ אֶחָד

אוֹקְטוֹבֶּר – שְׁנַיִם

נוֹבֶמְבֶּר – שְׁלוֹשָׁה

דֶּצֶמְבֶּר – אַרְבָּעָה חֳדָשִׁים.

– אֲנִי מְבִינָה – אָמְרָה הַפְּקִידָה – יֵשׁ לָנוּ עוֹד... גַּם הִיא סוֹפֶרֶת:

יָנוּאָר, פֶבְּרוּאָר, מַרְס, אַפְּרִיל, מַאי, יוּנִי, יוּלִי, אוֹגוּסְט.

– שְׁמוֹנָה חֳדָשִׁים? – שָׁאַל יִגְאָל.

– נָכוֹן. שְׁמוֹנָה חֳדָשִׁים. חֲבָל!

– תּוֹדָה.

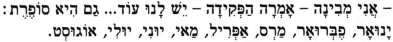

Masculine Numbers 1–20	מִסְפָּרִים בְּזָכָר
(11) אַחַד־עָשָׂר	(1) אֶחָד
(12) שְׁנֵים־עָשָׂר	(2) שְׁנַיִם
(13) שְׁלוֹשָׁה־עָשָׂר	(3) שְׁלוֹשָׁה
(14) אַרְבָּעָה־עָשָׂר	(4) אַרְבָּעָה
(15) חֲמִישָׁה־עָשָׂר	(5) חֲמִישָׁה
(16) שִׁישָׁה־עָשָׂר	(6) שִׁישָׁה
(17) שִׁבְעָה־עָשָׂר	(7) שִׁבְעָה
(18) שְׁמוֹנָה־עָשָׂר	(8) שְׁמוֹנָה
(19) תִּשְׁעָה־עָשָׂר	(9) תִּשְׁעָה
(20) עֶשְׂרִים.	(10) עֲשָׂרָה

נְטִיַּת נתן בֶּעָבָר

Conjugation of the irregular verb נתן in the past:

I	gave	נָתַתִּי	(אֲנִי)
you	gave (m)	נָתַתָּ	(אַתָּה)
you	gave (f)	נָתַתְּ	(אַתְּ)
he	gave	נָתַן	(הוּא)
she	gave	נָתְנָה	(הִיא)
we	gave	נָתַנּוּ	(אֲנַחְנוּ)
you	gave (m)	נְתַתֶּם	(אַתֶּם)
you	gave (f)	נְתַתֶּן	(אַתֶּן)
they	gave	נָתְנוּ	(הֵם – הֵן)

Words we have learned מִלִּים שֶׁלָּמַדְנוּ

כָּל אֶחָד – everyone
תַּאֲרִיךְ – date
חָכָם – wise
נֶחְמָד – fine, nice
חוֹזֵר – returns, goes back
סוֹפֵר – counts
מְעַנְיֵן – interesting
חֲבָל – too bad, a pity
חוֹדֶשׁ – month (chódesh)
זֹאת אוֹמֶרֶת – that is
נָתַתָּ – you gave
נָתַתִּי – I gave
לָקַח (לָקְחָה) – took
מַתְחִילִים – begin
שֵׁב! – sit down!
רַבִּים – many
כִּי – that, because
יוֹם הוּלֶדֶת – birthday
גּוֹמְרִים – finish

STRUCTURE

1. The Hebrew masculine numbers have curiously enough – a feminine suffix:

שְׁ ל וֹ שָׁ ה   עֲ שָׂ רָ ה

The "–teen" suffix in the masculine is: עָשָׂר

sixteen   שִׁישָׁה־עָשָׂר

Patterns of speech and expressions:

everyone, each one	כָּל אֶחָד
that is	זֹאת אוֹמֶרֶת
How long ago?	לִפְנֵי כַּמָּה זְמַן?
not at all, you're welcome (reply to "thanks")	עַל לֹא דָבָר

תַּרְגִּיל 1 EXERCISE

אֱמוֹר וּכְתוֹב Say and write

שְׁנֵי יְלָדִים

שְׁתֵּי יְלָדוֹת

(5) חֲמִישָּׁה ______ שִׁירִים

(4) ______ יְלָדִים

(6) ______ חוֹלִים

(18) ______ תַּלְמִידִים

(11) ______ מוֹרִים

(3) ______ צְעִירִים

(14) ______ שִׁיעוּרִים

(7) ______ יָמִים

(9) ______ חֳדָשִׁים

(8) ______ דְּבָרִים

(15) ______ סְפָרִים

(17) ______ עֵטִים

(16) ______ רוֹפְאִים

(2) ______ יְלָדִים

(13) ______ חֲבֵרִים

(10) ______ יְהוּדִים הֵם מִנְיָן (minyan)

תַּרְגִּיל 2 EXERCISE

כְּתוֹב אֶת הַתַּאֲרִיךְ הַמְסוּמָּן בְּעִיגּוּל : Write the date in the circle:

NOTE: The day of the month is a cardinal number. The day of the week is an ordinal number.

הַיּוֹם יוֹם רִאשׁוֹן, עֶשְׂרִים וְשִׁבְעָה בְּאַפְּרִיל

הַיּוֹם יוֹם שֵׁנִי, ______

הַיּוֹם ______

הַיּוֹם ______

הַיּוֹם ______

אַפְּרִיל

יוֹם רִאשׁוֹן	–	6	13	20	27
יוֹם שֵׁנִי	–	(7)	14	21	28
יוֹם שְׁלִישִׁי	1	8	15	22	(29)
יוֹם רְבִיעִי	2	9	(16)	23	30
יוֹם חֲמִישִׁי	3	10	17	24	–
יוֹם שִׁישִּׁי	4	11	18	25	–
שַׁבָּת	5	12	(19)	26	–

כְּתוֹב בְּאַנְגְּלִית: Write in English:

1. תִּשְׁעָה בְּאָב ______
2. חֲמִישָּׁה־עָשָׂר בִּשְׁבָט ______
3. שִׁבְעָה־עָשָׂר בְּתַמּוּז ______

NOTE: These Hebrew dates signify: 1. the Fast of Ab; 2. The New Year of the Trees (arbor day); 3. The Fast of Tammuz (commemorating the breaching of Jerusalem's walls).

עֲנֵה עַל הַשְּׁאֵלוֹת:

בְּאֵיזֶה חוֹדֶשׁ מַתְחִילִים לִלְמוֹד? מַתְחִילִים לִלְמוֹד בְּ______
בְּאֵיזֶה חוֹדֶשׁ גּוֹמְרִים לִלְמוֹד? ______
כַּמָּה יָמִים יֵשׁ בְּחוֹדֶשׁ יָנוּאָר? ______
כַּמָּה יָמִים יֵשׁ בְּחוֹדֶשׁ פֶּבְּרוּאָר? ______

תַּרְגִּיל 3 EXERCISE

כְּתוֹב בֶּעָבָר: Write in the past:

עַכְשָׁיו אֲנִי <u>גָּר</u> בִּירוּשָׁלַיִם	בַּשָּׁנָה שֶׁעָבְרָה ______ בְּלוֹנְדוֹן.
כָּל בּוֹקֶר אַתָּה <u>קָם</u> בְּשֶׁבַע	מַדּוּעַ ______ אֶתְמוֹל בִּשְׁמוֹנֶה?
כָּל הַזְּמַן הוּא <u>יוֹשֵׁב וְכוֹתֵב</u>	גַּם לִפְנֵי שָׁעָה ______ וְ______
הַיּוֹם הוּא לֹא <u>עוֹבֵד</u>	אֶתְמוֹל ______ כָּל הַיּוֹם.
הַשָּׁנָה אַתְּ <u>לוֹמֶדֶת</u> בִּירוּשָׁלַיִם	אֵיפֹה ______ בַּשָּׁנָה שֶׁעָבְרָה?
עַכְשָׁיו הוּא <u>רוֹצֶה</u> לִשְׁתּוֹת	אֲבָל לִפְנֵי רֶגַע הוּא לֹא ______ לִשְׁתּוֹת.

תַּרְגִּיל 4 EXERCISE

עֲנֵה עַל הַשְּׁאֵלוֹת: Answer the questions:

דּוּגְמָא: Example:

עִם מִי הָלַכְתָּ אֶתְמוֹל לַמִּסְעָדָה? עִם דִּינָה?
לֹא הָלַכְתִּי עִם דִּינָה. הָלַכְתִּי עִם יִגְאָל.

1. עִם מִי הָלַכְתָּ אֶתְמוֹל לַמִּסְעָדָה? עִם דִּינָה (לֹא)

______

2. אֵיפֹה אָכַלְתָּ אֶתְמוֹל אֲרוּחַת צָהֳרַיִם? בַּבַּיִת? (כֵּן)

______

3. יָשַׁבְתָּ עַל־יַד דַפְנָה בַּקוֹנְצֶרְט? (לֹא)

____

4. סוּזָן עָבְדָה בַּשָּׁנָה שֶׁעָבְרָה בְּבֵית הַחוֹלִים "צִיּוֹן"? (כֵּן)

____

תַּרְגִיל 5 EXERCISE

אֱמוֹר וּכְתוֹב: לִפְנֵי... אַחֲרֵי... Say and write: before... after...

לִפְנֵי הַצָּהֳרַיִם	אֲנִי	הוֹלֵךְ לַעֲבוֹד
לִפְנֵי הַהַפְסָקָה	יִגְאָל	אוֹכֶלֶת בְּבֵית חוֹלִים
לִפְנֵי הָעֲבוֹדָה	דִינָה	← לוֹמֵד בְּבֵית הַסֵּפֶר
לִפְנֵי הַשִּׁיעוּר	אַתָּה	עוֹבֵד בַּמִּשְׂרָד
לִפְנֵי שַׁבָּת	אַתְּ	כּוֹתֶבֶת מִכְתָּב

אַחֲרֵי יוֹם רִאשׁוֹן	דָּן	כּוֹתֵב בַּמַּחְבֶּרֶת
אַחֲרֵי הַצָּהֳרַיִם	סוּזָן	הוֹלֶכֶת לַחֶדֶר
אַחֲרֵי הָעֲבוֹדָה	אֲנִי	← יוֹשֵׁב בַּבַּיִת
אַחֲרֵי הַהַפְסָקָה	אַתָּה	שׁוֹתֶה בִּירָה
אַחֲרֵי הַשִּׁיעוּר	אַתְּ	

Compose various sentences:

לִפְנֵי הַצָּהֳרַיִם ____

אַחֲרֵי הַהַפְסָקָה ____

____

____

____

תַּרְגִיל 6 EXERCISE

Translate: תַּרְגֵם:

אֵיזֶה סֵפֶר נָתַתָּ לִי? ____

נָתַתִּי לְךָ סֵפֶר ____

זֶה סֵפֶר מְעַנְיֵין? ____

צָחַקְתִּי כַּאֲשֶׁר קָרָאתִי אוֹתוֹ ____

תּוֹדָה רַבָּה ____

עַל לֹא דָבָר ____

UNIT 13
יְחִידָה שְׁלוֹשׁ עֶשְׂרֵה
Quiet at Home
שֶׁקֶט בַּבַּיִת

הַיְלָדִים אָכְלוּ אֲרוּחַת־בּוֹקֶר, לָקְחוּ אֶת הַסְּפָרִים וְהָלְכוּ לְבֵית הַסֵּפֶר.
גַּם יִגְאָל הָלַךְ לַעֲבוֹדָה.
דַּפְנָה נִזְכְּרָה בַּבַּיִת שֶׁלָּהֶם עַל יַד תֵּל־אָבִיב. הָיָה לָהֶם שָׁם בַּיִת לָבָן עִם גַּג אָדוֹם. עַל יַד הַבַּיִת הָיָה גַּן יָפֶה. בַּבַּיִת הָיוּ אַרְבָּעָה חֲדָרִים וּמִטְבָּח גָּדוֹל וְיָפֶה. פֹּה אֵין לָהֶם בַּיִת. יֵשׁ לָהֶם דִּירָה. דִּירָה יָפָה עִם שְׁלוֹשָׁה חֲדָרִים. הֵם גָּרִים בְּבַיִת גָּדוֹל בַּקּוֹמָה הַשִּׁשִּׁית. לְדַפְנָה וְיִגְאָל טוֹב פֹּה, אֲבָל הֵם רוֹצִים לַחֲזוֹר כְּבָר לָאָרֶץ. דַּפְנָה יוֹדַעַת שֶׁיִּגְאָל יָכוֹל לִלְמוֹד פֹּה הַרְבֵּה. אֲבָל מָה עִם סוּזָן? מָה הִיא רוֹצָה?
דַּפְנָה חוֹשֶׁבֶת עַל הַבַּר־מִצְוָה שֶׁל עָמִית. הִיא בְּעַצְמָהּ צְרִיכָה לְהָכִין אֶת הַכּוֹל... הִיא צְרִיכָה לִקְנוֹת... הִיא צְרִיכָה לַעֲבוֹד הַרְבֵּה...
מַה זֶּה?

מְצַלְצְלִים בַּדֶּלֶת!
הַשָּׁעָה כְּבָר שָׁלוֹשׁ! הַיְלָדִים בָּאוּ מִבֵּית הַסֵּפֶר.
אֵיךְ עָבַר הַזְּמַן?
– שָׁלוֹם, אִמָּא! – אוֹמֵר עָמִית – יֵשׁ כְּבָר אֲרוּחַת צָהֳרַיִם?
– דָּבָר רִאשׁוֹן, עָמִית רוֹצֶה לֶאֱכוֹל – צוֹחֶקֶת עֵינַת.
– מַה לְּמַדְתֶּם הַיּוֹם בְּבֵית הַסֵּפֶר? – שׁוֹאֶלֶת אִמָּא.
– לָמַדְנוּ שִׁיר חָדָשׁ בְּאַנְגְּלִית.
– אַתֶּם צְרִיכִים לְהָכִין שִׁיעוּרִים? – מָתַי אַתֶּם רוֹצִים לִלְמוֹד?
– אַחֲרֵי הָאֲרוּחָה, אִמָּא – אוֹמֵר עָמִית – עַכְשָׁיו אֲנִי רוֹצֶה לֶאֱכוֹל. אֲנִי רָעֵב מְאוֹד.
דַּפְנָה שָׂמָה עַל הַשּׁוּלְחָן אַרְבַּע צַלָּחוֹת, אַרְבַּע כַּפּוֹת, אַרְבָּעָה סַכִּינִים, וְאַרְבָּעָה מַזְלְגוֹת.

– לָמָּה אֲנִי צְרִיכָה כַּף? – שׁוֹאֶלֶת שִׁירָה.
– לֶאֱכוֹל אֶת הַמָּרָק – אוֹמֵר לָהּ עָמִית.
– וְלָמָּה הַמַּזְלֵג וְהַסַּכִּין? – שׁוֹאֶלֶת שִׁירָה, וְעוֹנָה בְּעַצְמָהּ: לֶאֱכוֹל אֶת הַבָּשָׂר, נָכוֹן, אִמָּא?
– נָכוֹן – אוֹמֶרֶת דַּפְנָה – לַעֲזוֹר לָךְ?
– לֹא, אִמָּא, אֲנִי כְּבָר גְּדוֹלָה. אֲנִי יְכוֹלָה לֶאֱכוֹל בְּעַצְמִי.

Amit's Story
הַסִּיפּוּר שֶׁל עָמִית

– אַתֶּם יוֹדְעִים מַה קָּרָה הַיּוֹם בְּבֵית הַסֵּפֶר?

– נִשְׁמַע!

– אָמַרְנוּ לְיוֹסִי לָבוֹא אַחֲרֵי הַצָּהֳרַיִם! הוּא אָמַר שֶׁהוּא לֹא יָכוֹל לָבוֹא.

– מַדּוּעַ?

– כִּי הוּא צָרִיךְ לַעֲזוֹר לְאַבָּא שֶׁלּוֹ.

– בְּמָה אַתָּה עוֹזֵר לְאַבָּא שֶׁלְּךָ? – שָׁאַלְנוּ אֶת יוֹסִי.

– אֲנִי עוֹזֵר לוֹ לְהָכִין אֶת הַשִּׁיעוּרִים שֶׁלִּי.

חָה! חָה! חָה! – צָחֲקוּ הַיְלָדִים – יוֹסִי לֹא יָכוֹל לְהָכִין אֶת הַשִּׁיעוּרִים שֶׁלּוֹ בְּעַצְמוֹ!

הוֹוֶה וְעָבָר בְּרַבִּים — Present and past in plural

הוֹוֶה	עָבָר	
אֲנַחְנוּ (כּוֹתְבִים)	כָּתַבְנוּ	(m)
אַתֶּם (כּוֹתְבִים)	כְּתַבְתֶּם	
הֵם (כּוֹתְבִים)	כָּתְבוּ	
אֲנַחְנוּ (כּוֹתְבוֹת)	כָּתַבְנוּ	(f)
אַתֶּן (כּוֹתְבוֹת)	כְּתַבְתֶּן	
הֵן (כּוֹתְבוֹת)	כָּתְבוּ	

בְּעַצְמִי	by myself
בְּעַצְמְךָ	by yourself (m)
בְּעַצְמֵךְ	by yourself(f)
בְּעַצְמוֹ	by himself
בְּעַצְמָהּ	by herself

Words we have learned מִלִּים שֶׁלָּמַדְנוּ

שֶׁקֶט – silence
נִזְכַּר (נִזְכְּרָה) – remembered
גַּג – roof
גַּן – garden
מִטְבָּח – kitchen
קוֹמָה – floor, storey
יָכוֹל (יְכוֹלָה) – can
שִׁיר – song
צַלַּחַת – plate
כַּף (כַּפּוֹת) – spoon
נִשְׁאֲרוּ – remained

מַזְלֵג – fork
סַכִּין – knife
בְּעַצְמָהּ – by herself
עָבַר – passed
זָר – stranger
אִשְׁתּוֹ (הָאִשָּׁה שֶׁלּוֹ) – his wife
שָׁכֵן – neighbor
לְתַקֵּן – to repair
נָפַל – fell
פִּתְאוֹם – suddenly
דּוּבִּים (דּוּב) – bears (bear)

Third-floor Apartment
דִּירָה בְּקוֹמָה שְׁלִישִׁית

– אִישׁ אֶחָד חָזַר מְאוּחָר הַבַּיְתָה.
הוּא נִכְנַס וְרָאָה אִישׁ זָר בָּאָרוֹן.
– מִי זֶה? – שָׁאַל הָאִישׁ אֶת אִשְׁתּוֹ.
– זֶה הַשָּׁכֵן שֶׁלָּנוּ, אַתָּה לֹא מַכִּיר אוֹתוֹ?
– וּמָה עוֹשֶׂה הַשָּׁכֵן שֶׁלָּנוּ בַּלַּיְלָה בָּאָרוֹן שֶׁלָּנוּ? רָצָה הָאִישׁ לָדַעַת.
– הוּא גָּר בַּקּוֹמָה הַשְּׁלִישִׁית. הוּא רָצָה לְתַקֵּן מַשֶּׁהוּ וְנָפַל לַקּוֹמָה הַשְּׁנִיָּה, לָאָרוֹן שֶׁלָּנוּ.
– אַח! סְלִיחָה – אָמַר הָאִישׁ – לֹא יָדַעְתִּי.
– הֵם הָלְכוּ לְמִסְעָדָה לֶאֱכוֹל אֲרוּחַת עֶרֶב טוֹבָה.
– הֵם יָשְׁבוּ עַל־יַד שׁוּלְחָן. פִּתְאוֹם קָם הָאִישׁ וְכָעַס עַל אִשְׁתּוֹ.
– מַה קָּרָה?
– מַה קָּרָה? – כָּעַס הָאִישׁ – עַכְשָׁיו נִזְכַּרְתִּי שֶׁאֵין בַּבַּיִת שֶׁלָּנוּ קוֹמָה שְׁלִישִׁית!

STRUCTURE

The Hebrew infinitive is formed by the prefix ל

to learn	לִלְמוֹד
to write	לִכְתּוֹב
to help	לַעֲזוֹר

Review of *to have* and *to be*:

present: there is יֵשׁ I have יֵשׁ לִי (אֵין לִי)

past: there was הָיָה I had הָיָה לִי (לֹא הָיָה לִי)

Patterns of speech and expressions:

What happened?	מַה קָּרָה?
With what? In what way?	בַּמֶּה?
Shall I help you?	לַעֲזוֹר לְךָ?
someone is ringing	מְצַלְצְלִים

Infinitives:

to live	לָגוּר
to get up	לָקוּם
to come	לָבוֹא
to sing	לָשִׁיר
to know	לָדַעַת
to go	לָלֶכֶת

to buy	לִקְנוֹת
to repair	לְתַקֵּן
to prepare	לְהָכִין
to return	לַחֲזוֹר
to work	לַעֲבוֹד
to think	לַחְשׁוֹב

EXERCISE 1 תַּרְגִּיל

With what does one eat it? בַּמָּה אוֹכְלִים?

מָרָק אוכלים בְּכַף

בָּשָׂר ______ בְּ______ וְ______

סָלָט ______ בְּ______

דָּג ______ בְּ______

בֵּיצָה ______ בְּ______

EXERCISE 2 תַּרְגִּיל

כַּמָּה מִשְׁפָּטִים אַתָּה יוֹדֵעַ לִכְתּוֹב?

How many sentences can you write?

	לָשִׁיר	
	לָקוּם	
שִׁירָה יוֹדַעַת	לִכְתּוֹב	אֲרוּחַת צָהֳרַיִם
דִּינָה צְרִיכָה	לִלְמוֹד	עִבְרִית
עָמִית רוֹצֶה	לֶאֱכוֹל	שִׁיר יָפֶה
דָּן יָכוֹל	לָדַעַת	בַּמִּטְבָּח
דַּפְנָה אוֹהֶבֶת	לַעֲבוֹד	כָּל הַיּוֹם
	לִקְנוֹת	הַרְבֵּה
	לָלֶכֶת	בַּבּוֹקֶר

1. דִּינָה צְרִיכָה לִלְמוֹד הַרְבֵּה
2. דִּינָה צְרִיכָה לִלְמוֹד הַרְבֵּה.
3.
4.
5.
6.
7.
8.
9.
10.
11.
12.
13.
14.
15.
16.

SCORE:
5 sentences: poor
8 sentences: fair
12 sentences: good
16 sentences: very good
Above that: outstanding!

Part a. Change to the present: כְּתוֹב בְּהוֹוֶה:

בְּשָׁנָה שֶׁעָבְרָה הָיָה לְדַפְנָה בַּיִת גָּדוֹל.   הַשָּׁנָה יֵשׁ לְדַפְנָה בַּיִת גָּדוֹל.

אֶתְמוֹל הָיָה לִפְרוֹפֶסוֹר סְמִית סֵפֶר.   הַיּוֹם ______ לִפְרוֹפֶסוֹר סְמִית סֵפֶר.

בַּחוֹדֶשׁ שֶׁעָבַר הָיָה לְדִינָה חָבֵר טוֹב.   עַכְשָׁיו ______ לְדִינָה חָבֵר אַחֵר.

לִפְנֵי רֶגַע הָיָה לִי עֵט.   עַכְשָׁיו ______________.

Part b. Change to the past: כְּתוֹב בֶּעָבָר:

עַכְשָׁיו: יֵשׁ לִי בַּיִת חָדָשׁ.   גַּם אֶתְמוֹל: הָיָה לִי בַּיִת חָדָשׁ.

יֵשׁ לָהּ יֶלֶד נֶחְמָד.   גַּם אֶתְמוֹל: ______________.

יֵשׁ לְיִגְאָל רַדְיוֹ יָפֶה.   אֶתְמוֹל: ______________.

יֵשׁ לְשִׁירָה אַבָּא טוֹב.   אֶתְמוֹל: ______________.

Part c. Change to the negative: כְּתוֹב בִּשְׁלִילָה:

אֶתְמוֹל: הָיָה לִי עֵט.   הַיּוֹם: אֵין לִי עֵט

הָיָה לוֹ סֵפֶר.   ______________

הָיָה פֹּה טֶלֶפוֹן.   ______________

EXERCISE 4 תַּרְגִּיל

Can you count backwards? אַתָּה יוֹדֵעַ לִסְפּוֹר אָחוֹרָה?

(You can sing it to the tune of the French folksong: ''Je ne suis pas si vilaine avec mes sabots'')

☐ עֲשָׂרָה דוּבִּים קְטַנִּים אָכְלוּ בֵּיצָה קָשָׁה.
אֶחָד הָלַךְ לִשְׁתּוֹת קָפֶה וְנִשְׁאֲרוּ שָׁם רַק תִּשְׁעָה. מַה קָּרָה? נִשְׁאֲרוּ ______.

☐ תִּשְׁעָה דוּבִּים קְטַנִּים מְאוֹד רָאוּ פָּרָה קְטַנָּה.
אֶחָד הָלַךְ לַעֲבוֹדָה וְנִשְׁאֲרוּ שָׁם רַק ______. מַה קָּרָה? נִשְׁאֲרוּ ______.

☐ שְׁמוֹנָה דוּבִּים קְטַנִּים מְאוֹד יָדְעוּ מָה הַשָּׁעָה.
אֶחָד מֵהֶם לֹא יָדַע וְנִשְׁאֲרוּ שָׁם רַק ______. מַה קָּרָה? נִשְׁאֲרוּ ______.

☐ שִׁבְעָה דוּבִּים קְטַנִּים מְאוֹד רָאוּ אֶת הָאִישָׁה.
אֶחָד מֵהֶם בָּרַח מִשָּׁם וְנִשְׁאֲרוּ שָׁם רַק ______. מַה קָּרָה? נִשְׁאֲרוּ ______.

☐ שִׁישָּׁה דוּבִּים קְטַנִּים מְאוֹד בָּרְחוּ מִן הָרָשָׁע.
אֶחָד מֵהֶם הָלַךְ לְאַט וְנִשְׁאֲרוּ שָׁם רַק ______. מַה קָּרָה? נִשְׁאֲרוּ ______.

☐ חֲמִישָּׁה דוּבִּים קְטַנִּים אָמְרוּ תּוֹדָה רַבָּה.
אֶחָד מֵהֶם לֹא רָצָה וְנִשְׁאֲרוּ שָׁם רַק ______. מַה קָּרָה? נִשְׁאֲרוּ ______.

☐ אַרְבָּעָה דוּבִּים קְטַנִּים אָמְרוּ: בְּבַקָּשָׁה.
אֶחָד מֵהֶם הָלַךְ לִישׁוֹן וְנִשְׁאֲרוּ שָׁם רַק ______ . מַה קָּרָה? נִשְׁאֲרוּ ______ .

☐ שְׁלוֹשָׁה דוּבִּים קְטַנִּים מְאוֹד רָצוּ לִשְׁתּוֹת מַיִם.
אֶחָד לֹא רָצָה לִשְׁתּוֹת וְנִשְׁאֲרוּ שָׁם רַק ______ . מַה קָּרָה? נִשְׁאֲרוּ ______ .

☐ שְׁנֵי דוּבִּים קְטַנִּים מְאוֹד יָשְׁבוּ שָׁם כָּךְ לְבַד.
אֶחָד הָלַךְ לוֹ לַעֲבוֹד, נִשְׁאַר שָׁם רַק ____ . מַה קָּרָה? נִשְׁאַר שָׁם רַק ____ .

תַּרְגִּיל 5 EXERCISE

כְּתוֹב עַל עַצְמְךָ: Write about yourself:

1. What do you want (most)? — .1 מָה אַתָּה רוֹצֶה?
2. What do you need? — .2 מָה אַתָּה צָרִיךְ?
3. What can you do (about it)? — .3 מָה אַתָּה יָכוֹל לַעֲשׂוֹת?

דוּגְמָא: אֲנִי רוֹצֶה לָגוּר בְּבַיִת קָטָן עִם גַּן יָפֶה, אֲבָל אֲנִי לֹא יָכוֹל לִקְנוֹת בַּיִת.
אֲנִי צָרִיךְ עוֹד לַעֲבוֹד הַרְבֵּה.

אֲנִי רוֹצֶה לִכְתּוֹב ______________________________

____

אֲבָל אֲנִי לֹא יָכוֹל ___________________________

אֲנִי צָרִיךְ_____________________________________

UNIT 14

יְחִידָה אַרְבַּע עֶשְׂרֵה

From Unit 14 on, the vowel pointing is gradually reduced.

Good or Beautiful – Which is better?
טוֹבָה אוֹ יָפָה – מַה יוֹתֵר טוֹב?

דָן קָם אֶתמול מוּקְדָם מְאוֹד.
כָּל יוֹם הוּא קָם בְּשֶׁבַע. אֲבָל אֶתמול הוּא קָם בְּשֵׁשׁ וָחֵצִי.
הוּא הִתְרַחֵץ, הִתלַבֵּשׁ מַהֵר, שָׁתָה כּוֹס קָפֶה, אֲבָל לֹא אָכַל אֲרוּחַת בּוֹקֶר.
הוּא יָצָא מַהֵר מִן הַבַּיִת.
מַדוּעַ? – מִפְּנֵי שֶׁרָצָה לִקְנוֹת מְכוֹנִית חֲדָשָׁה.
דָן בָּא כָּל יוֹם בְּשָׁעָה תֵּשַׁע בַּבּוֹקֶר לַמִשְׂרָד.
אֲבָל אֶתְמוֹל דָן הָיָה בְּשָׁעָה תֵּשַׁע אֵצֶל מוֹכֵר מְכוֹנִיוֹת.
– בּוֹקֶר טוֹב – אָמַר דָן. – אֲנִי רוֹצֶה לִקְנוֹת מְכוֹנִית.
– בּוֹקֶר טוֹב – עָנָה הַמוֹכֵר – אֵיזוֹ מְכוֹנִית אַתָּה רוֹצֶה?
– אֲנִי רוֹצֶה מְכוֹנִית כְּמוֹ זֹאת. כְּמוֹ הַמְכוֹנִית הַלְּבָנָה.
– זֹאת מְכוֹנִית פּוֹרְד. מְכוֹנִית טוֹבָה.
– וְזֹאת?
– זֹאת מְכוֹנִית מֶרְצֶדֶס. הִיא יוֹתֵר טוֹבָה.
– וְזֹאת מְכוֹנִית קַדִילַק? הִיא הַטוֹבָה בְּיוֹתֵר? – שָׁאַל דָן.
– כֵּן. אַתָּה רוֹצֶה לִקְנוֹת אוֹתָהּ? – שָׁאַל הַמוֹכֵר.
– לֹא... מָה הַמְכוֹנִיוֹת הָאֵלֶה?
– אֵלֶה מְכוֹנִיוֹת טוֹיוֹטָה. אֵלֶה מְכוֹנִיוֹת טוֹבוֹת.
– טוֹיוֹטָה יוֹתֵר טוֹבָה מִן הַפּוֹרְד? – שָׁאַל דָן.
– הִיא מְכוֹנִית טוֹבָה. אַתָּה רוֹצֶה לִקְנוֹת אוֹתָהּ?
– אוּלַי. – עָנָה דָן – אֲנִי רוֹצֶה עוֹד לַחְשׁוֹב, שָׁלוֹם.
– שָׁלוֹם וּלְהִתְרָאוֹת – אָמַר הַמוֹכֵר.

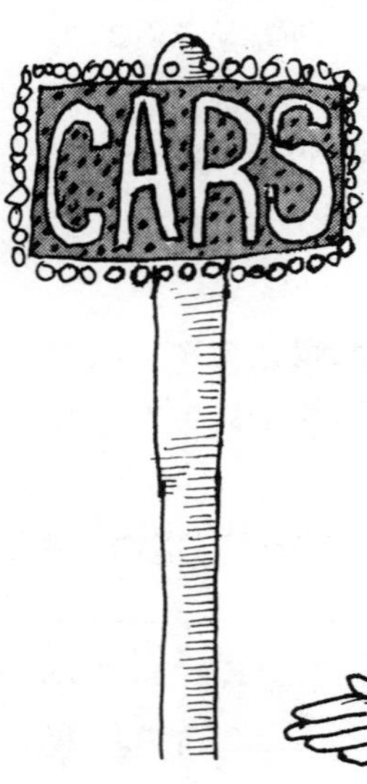

Reflexive conjugation			נְטִיָּה הִתְלַבֵּשׁ

הוֶוה

יְחִידָה			יָחִיד
מִתְלַבֶּשֶׁת	אֲנִי	מִתְלַבֵּשׁ	אֲנִי
מִתְלַבֶּשֶׁת	אַתְּ	מִתְלַבֵּשׁ	אַתָּה
מִתְלַבֶּשֶׁת	הִיא	מִתְלַבֵּשׁ	הוּא

עָבָר

I dressed myself	הִתְלַבַּשְׁתִּי	אֲנִי
you (m) dressed yourself	הִתְלַבַּשְׁתָּ	אַתָּה
you (f) dressed yourself	הִתְלַבַּשְׁתְּ	אַתְּ
he dressed himself	הִתְלַבֵּשׁ	הוּא
she dressed herself	הִתְלַבְּשָׁה	הִיא

הוֶוה

רַבּוֹת			רַבִּים
מִתְלַבְּשׁוֹת	אֲנַחְנוּ	מִתְלַבְּשִׁים	אֲנַחְנוּ
מִתְלַבְּשׁוֹת	אַתֶּן	מִתְלַבְּשִׁים	אַתֶּם
מִתְלַבְּשׁוֹת	הֵן	מִתְלַבְּשִׁים	הֵם

עָבָר

we dressed ourselves	הִתְלַבַּשְׁנוּ	אֲנַחְנוּ
you (m) dressed yourselves	הִתְלַבַּשְׁתֶּם	אַתֶּם
you (f) dressed yourselves	הִתְלַבַּשְׁתֶּן	אַתֶּן
they dressed themselves	הִתְלַבְּשׁוּ	הֵם־הֵן

to dress oneself	לְהִתְלַבֵּשׁ

גַּם דִּינָה קָמָה אֶתְמוֹל יוֹתֵר מוּקְדָם.

כָּל יוֹם הִיא קָמָה בְּרֶבַע לְשֶׁבַע. אֲבָל אֶתְמוֹל הִיא קָמָה בְּשֵׁשׁ וָחֵצִי.

הִיא הִתְרַחֲצָה, הִתְלַבְּשָׁה וְשָׁתְתָה כּוֹס מִיץ.

הִיא אָכְלָה אֲרוּחַת בּוֹקֶר וְיָצְאָה מִן הַבַּיִת בְּשָׁעָה שְׁמוֹנֶה.

מַדּוּעַ? – מִפְּנֵי שֶׁרָצְתָה לִהְיוֹת מוּקְדָם בַּמִּשְׂרָד. הִיא רָצְתָה לִכְתּוֹב בַּיּוֹמָן שֶׁלָּהּ.

כָּל יוֹם דִּינָה בָּאָה לַמִּשְׂרָד בְּשָׁעָה תֵּשַׁע.

אֶתְמוֹל הִיא בָּאָה יוֹתֵר מוּקְדָם. הִיא בָּאָה בְּרֶבַע לְתֵשַׁע. הִיא בָּאָה רֶבַע שָׁעָה לִפְנֵי הַזְּמַן.

דָּן עוֹד לֹא הָיָה בַּמִּשְׂרָד.

דִּינָה יָשְׁבָה לְבַדָּהּ.

הִיא כָּתְבָה בַּיּוֹמָן שֶׁלָּהּ:

יוֹם שְׁלִישִׁי, חֲמִישָּׁה עָשָׂר בְּפֶבְּרוּאָר.

הַיּוֹם בָּאתִי מוּקְדָם לַמִּשְׂרָד. דָּן עוֹד לֹא הָיָה.

מָה הוּא חוֹשֵׁב עָלַי?

הוּא חוֹשֵׁב שֶׁאֲנִי מַזְכִּירָה טוֹבָה?

אֵיזוֹ מַזְכִּירָה הוּא רוֹצֶה?

הוּא רוֹצֶה מַזְכִּירָה טוֹבָה, אוֹ מַזְכִּירָה...

פִּתְאוֹם נִכְנַס דָּן.

דִּינָה הִפְסִיקָה לִכְתּוֹב. הִיא סָגְרָה אֶת הַיּוֹמָן.

– שָׁלוֹם, דִּינָה. מַדּוּעַ בָּאת כָּל־כָּךְ מוּקְדָם הַיּוֹם?

– מִפְּנֵי שֶׁקַּמְתִּי יוֹתֵר מוּקְדָם.

– יֵשׁ לָךְ שִׂמְלָה חֲדָשָׁה?

– כֵּן, דָּן. יֵשׁ לִי שִׂמְלָה חֲדָשָׁה.

הַשִּׂמְלָה הַזֹּאת יָפָה מְאוֹד. הִיא יוֹתֵר יָפָה מִן הַשִּׂמְלָה הַלְּבָנָה.

– תּוֹדָה דָּן.

– גַּם אֲנִי רוֹצֶה לִקְנוֹת לִי מַשֶּׁהוּ חָדָשׁ. אֲנִי רוֹצֶה לִקְנוֹת מְכוֹנִית חֲדָשָׁה.

– כֵּן? אֵיזוֹ מְכוֹנִית אַתָּה רוֹצֶה לִקְנוֹת?

– אֲנִי עוֹד לֹא יוֹדֵעַ. מָה אַתְּ חוֹשֶׁבֶת: יוֹתֵר טוֹב לִקְנוֹת מְכוֹנִית טוֹבָה אוֹ מְכוֹנִית יָפָה?

– אֲנִי חוֹשֶׁבֶת שֶׁצָּרִיךְ לִקְנוֹת מְכוֹנִית טוֹבָה. לֹא חָשׁוּב אִם הִיא מְכוֹנִית יָפָה.

– לֹא, דִּינָה. חָשׁוּב שֶׁהַמְּכוֹנִית תִּהְיֶה טוֹבָה וְגַם יָפָה.

Declension: alone, at			נְטִיָּה: לְבַד אֵצֶל
at my (place)	אֶצְלִי	I… alone	לְבַדִּי
at your place (m)	אֶצְלְךָ	you (m) alone	לְבַדְּךָ
at your place (f)	אֶצְלֵךְ	you (f) alone	לְבַדֵּךְ
at his place	אֶצְלוֹ	he alone	לְבַדּוֹ
at her place	אֶצְלָהּ	she alone	לְבַדָּהּ

Words we have learned מִלִּים שֶׁלָּמַדְנוּ

מוּקְדָּם – early
הִתְרַחֵץ – washed himself
הִתְלַבֵּשׁ – dressed himself
מַהֵר – quickly
שָׁתָה – drank
מְכוֹנִית – car
מִפְּנֵי שֶׁ... – because
אֵצֶל – at (étzel)
מוֹכֵר – seller
אֵלֶּה – these (éle)
כְּמוֹ – like, as
שָׁתְתָה – drank (f)
רָצְתָה – wanted (f)
יוֹמָן – diary
לְבַד – alone
חָשׁוּב – important
הִפְסִיק (הִפְסִיקָה) – stopped
עָלַי – about me
סָגַר – (he) closed, shut
שִׂמְלָה – dress
אֲנָשִׁים (אִישׁ) – people
עִיר (עָרִים) – city (cities)
עוֹלָם – world

STRUCTURE

The objective case: אֶת

The adjective comes after the noun בַּיִת גָּדוֹל "big house"

The definite article הַ is used both with the adjective and the noun: "The big house" הַבַּיִת הַגָּדוֹל

The comparative is formed by adding: יוֹתֵר

bigger יוֹתֵר גָּדוֹל

The superlative is formed by adding: הַ... בְּיוֹתֵר

the biggest הַגָּדוֹל בְּיוֹתֵר

Patterns of speech and expressions:

גָּדוֹל כְּמוֹ – as big as..

גָּדוֹל מ... – bigger than

מַדּוּעַ? ...מִפְּנֵי שֶׁ... – why?... because

כָּזֶה? כָּזֹאת? – like this?

כָּאֵלֶּה? – like these?

כָּל כָּךְ מוּקְדָם. – so early.

EXERCISE 1 תַּרְגִּיל

Say and Write: אֱמוֹר וּכְתוֹב:

1 הִנֵּה הַקָּפֶה

\+

2 הוּא שָׁחוֹר

2+1 = הִנֵּה הַקָּפֶה הַשָּׁחוֹר

1 הִנֵּה הַבֵּיצָה

\+

2 הִיא קְטַנָּה

\+

3 הִיא לְבָנָה

2+1 = הִנֵּה הַבֵּיצָה הַקְּטַנָּה

3+1 = ______________

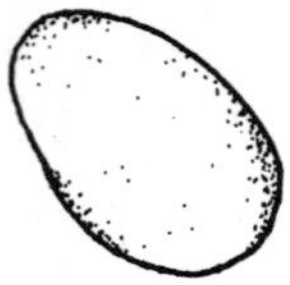

1 הִנֵּה הַמָּרָק	1 הִנֵּה הַמְכוֹנִית
+	+
2 הוּא חַם	2 הִיא גְדוֹלָה
+	+
3 הוּא טוֹב	3 הִיא יָפָה
= 2+1	= 2+1
= 3+1	= 3+1

כְּתוֹב מִשְׁפָּטִים עַל: הַקָּפֶה הַבֵּיצָה הַמְכוֹנִית הַמָּרָק Write sentences with

הִשְׁתַּמֵּשׁ בְּ: אֶת הַ Use the construction:

א. אֲנִי רוֹאֶה אֶת הַמְכוֹנִית הַחֲדָשָׁה _____

ב. אֲנִי אוֹהֵב אֶת _____

ג. אֲנִי רוֹצֶה _____

ד. אֲנִי שׁוֹתֶה. _____

What is better?

תַּרְגִיל 2 EXERCISE

הָעִיר הַגְדוֹלָה בְּיוֹתֵר בָּעוֹלָם The biggest city in the world

הֲיָדַעְתָּ?

1. בְּשַׁנְחַאי יֵשׁ אַחַד־עָשָׂר מִילְיוֹן אֲנָשִׁים.

2. בְּמֶקְסִיקוֹ־סִיטִי יֵשׁ תִּשְׁעָה מִילְיוֹן.

3. בְּטוֹקְיוֹ יֵשׁ שְׁמוֹנָה וָחֵצִי מִילְיוֹן.

4. בְּנִיוּ־יוֹרְק יֵשׁ שִׁבְעָה וָחֵצִי מִילְיוֹן.

5. בְּלוֹנְדּוֹן יֵשׁ שִׁבְעָה מִילְיוֹן אֲנָשִׁים.

כְּתוֹב:

אֵיזוֹ עִיר גְדוֹלָה?

אֵיזוֹ עִיר יוֹתֵר גְדוֹלָה?

אֵיזוֹ עִיר הַגְדוֹלָה בְּיוֹתֵר?

דוּגְמָא: Example:

לוֹנְדּוֹן, טוֹקְיוֹ, שַׁנְחַאי

לוֹנְדּוֹן עִיר גְדוֹלָה.

טוֹקְיוֹ עִיר יוֹתֵר גְדוֹלָה.

שַׁנְחַאי הָעִיר הַגְדוֹלָה בְּיוֹתֵר.

יְרוּשָׁלַיִם, נְיוּ־יוֹרְק, בּוֹסְטוֹן

יְרוּשָׁלַיִם _____

בּוֹסְטוֹן _____

_____

מֶקְסִיקוֹ־סִיטִי, מַנְצֶ'סְטֶר, פֶּתַח־תִּקְוָה

_____

_____

_____

כְּתוֹב:

אֵיזוֹ עִיר גְּדוֹלָה מ _____

אֵיזוֹ עִיר קְטַנָּה מ _____

טוֹקְיוֹ, לוֹנְדוֹן, תֵּל־אָבִיב, נְיוּ־יוֹרְק

לְמָשָׁל: For example:

טוֹקְיוֹ גְּדוֹלָה מִלּוֹנְדּוֹן.

_____

_____

_____

_____

_____

_____

_____

תַּרְגִיל 3 EXERCISE

עֲנֵה: מַדּוּעַ? Answer why?

מַדּוּעַ?..... מִפְּנֵי שֶׁ.....

א. מַדּוּעַ קָמָה דִּינָה מוּקְדָּם?
     מִפְּנֵי שֶׁרָצְתָה לִכְתּוֹב ב _____

ב. מַדּוּעַ קָם דָּן מוּקְדָּם?

לִקְנוֹת ______________________________

ג. מַדּוּעַ אוֹהֵב עָמִית אֶת הַמּוֹרָה שֶׁלּוֹ?

____

ד. מַדּוּעַ דַּפְנָה רוֹצָה לַחֲזוֹר לְתֵל־אָבִיב?

____

ה. מַדּוּעַ ______________________________

מִפְּנֵי שֶׁדָּן רוֹצֶה לִלְמוֹד אֵצֶל פְּרוֹפֶסוֹר סְמִית.

תַּרְגִּיל 4 EXERCISE

מַה יוֹתֵר טוֹב? Which is better?

(הַתְּשׁוּבוֹת לְמַטָּה) (answers below)

א. לָגוּר בְּבַיִת קָטָן אוֹ לָגוּר בְּדִירָה בְּבַיִת גָּדוֹל?

יוֹתֵר טוֹב לָגוּר ______________ מִפְּנֵי שֶׁ ______________

ב. לִנְסוֹעַ לַעֲבוֹדָה בִּמְכוֹנִית אוֹ בְּאוֹטוֹבּוּס?

יוֹתֵר טוֹב ______________________________

ג. לֶאֱכוֹל אֲרוּחָה בַּבַּיִת אוֹ בְּמִסְעָדָה?

יוֹתֵר טוֹב ______________________________

ד. לִקְרוֹא סֵפֶר אוֹ לִרְאוֹת טֶלֶוִיזְיָה?

____

ה. לִקְנוֹת מְכוֹנִית גְּדוֹלָה אוֹ מְכוֹנִית קְטַנָּה?

____

ו. לָגוּר עִם אַבָּא וְאִמָּא אוֹ לָגוּר לְבַד?

____

תְּשׁוּבוֹת אֶפְשָׁרִיּוֹת: Possible answers:

אוֹ הָאֲרוּחָה בְּמִסְעָדָה יוֹתֵר טוֹבָה

אוֹ הָאֲרוּחָה בַּבַּיִת יוֹתֵר זוֹלָה.

אוֹ יוֹתֵר זוֹל לִנְסוֹעַ בָּאוֹטוֹבּוּס

אוֹ יוֹתֵר מַהֵר לִנְסוֹעַ בִּמְכוֹנִית.

אוֹ מְכוֹנִית גְדוֹלָה נוֹסַעַת יוֹתֵר מַהֵר

אוֹ מְכוֹנִית קְטַנָה יוֹתֵר זוֹלָה

אוֹ יוֹתֵר נָעִים לָגוּר עִם אַבָּא וְאִמָּא

אוֹ יוֹתֵר שָׁקֵט לָגוּר לְבַד

אוֹ יוֹתֵר נָעִים לָגוּר בְּבַיִת קָטָן

אוֹ יוֹתֵר זוֹל לָגוּר בְּדִירָה

אוֹ לוֹמְדִים יוֹתֵר מִסֵּפֶר

אוֹ יוֹתֵר נָעִים לִרְאוֹת טֶלֶוִיזְיָה.

תַּרְגִיל 5 EXERCISE

Put an adjective after each noun. שִׂים תּוֹאַר אַחֲרֵי כָּל שֵׁם.
(Use the list of adjectives below) (הִשְׁתַּמֵּשׁ בִּרְשִׁימַת הַתְּאָרִים לְמַטָּה)
NOTE: The adjective always agrees with the noun in gender and
number (This letter can be very funny. Read it aloud after
completion. If possible, compare it with the letter of a fellow
student).

מִכְתָּב

אֶל הַדּוֹד הַיָּקָר וְהַדּוֹדָה הַ‏_____

אֶתְמוֹל הָלַכְתִּי לְמִסְעָדָה _____ עִם הֶחָבֵר הֶחָבִיב.

בַּמִסְעָדָה הָיָה מֶלְצַר _____. הוּא נָתַן לָנוּ מָרָק _____ וְדָג

_____.

פִּתְאוֹם בָּאָה הַמַזְכִּירָה הַ‏_____, שֶׁל הָרוֹפֵא הַ‏_____ וְאָמְרָה

שֶׁהִיא רוֹצָה לִשְׁתּוֹת בִּירָה _____.

אַחֲרֵי הָאֲרוּחָה הַ‏_____ נָסַעְנוּ בַּמְכוֹנִית הַ‏_____ שֶׁל הַמַזְכִּירָה.

בָּרְחוֹב הַ‏_____ עָמְדוּ אֲנָשִׁים _____ וִילָדִים _____.

הָיָה זֶה עֶרֶב _____ מְאוֹד.

שֶׁלָכֶם, יִגְאָל.

List of adjectives: רְשִׁימַת תְּאָרִים:

חָדָשׁ – new
יָקָר – dear
גָּדוֹל – big

טוֹב – good
חַם – hot
קַר – cold
קָטָן – small

זוֹל – cheap
צָעִיר – young
נֶחְמָד – nice
חָבִיב – likeable

יָפֶה – good-looking
קָשֶׁה – hard
עָיֵף – tired

יְחִידָה חֲמֵשׁ עֶשְׂרֵה

For whom are they shopping?

בִּשְׁבִיל מִי הֵן קוֹנוֹת?

יוֹם אֶחָד דִינָה יָשְׁבָה בַּמִשְׂרָד וְעָבְדָה.

פִּתְאוֹם צִלְצֵל הַטֶלֶפוֹן.

דִינָה אָמְרָה: הַמִשְׂרָד שֶׁל דוֹקטוֹר גוֹרדוֹן, שָׁלוֹם.

– שָׁלוֹם, דִינָה. מְדַבֶּרֶת דַפנָה גַנוֹר. זוֹכֶרֶת אוֹתִי?

– כֵּן, גְבֶרֶת גַנוֹר. אֲנִי זוֹכֶרֶת אוֹתָךְ. רָאִיתִי אוֹתָךְ בַּמִסעָדָה לִפנֵי שָׁבוּעַ.

– נָכוֹן. בְּבַקָשָׁה, דִינָה: שְׁמִי דַפְנָה.

– תוֹדָה, אֶ...אֶ... דַפְנָה. אֲנִי יְכוֹלָה לַעֲזוֹר לָךְ?

– אַתְּ יְכוֹלָה לַעֲזוֹר לִי הַרְבֵּה מְאוֹד. אֲנִי פֹּה פָּחוֹת מֵחֲמִישָׁה חֳדָשִׁים.

אֲנִי לֹא מַכִּירָה אֶת הָעִיר. רָצִיתִי לִקְנוֹת כַּמָה דְבָרִים וַאֲנִי לֹא יוֹדַעַת אֵיפֹה לִקְנוֹת.

– בִּשְׁבִיל מִי אַתְּ רוֹצָה לִקְנוֹת?

– אֲנִי רוֹצָה לִקְנוֹת כַּמָה דְבָרִים בִּשְׁבִיל הַיְלָדִים וּבִשְׁבִיל יִגְאָל.

– מָה אַתְּ רוֹצָה לִקְנוֹת בִּשְׁבִילוֹ?

– אֲנִי רוֹצָה לִקְנוֹת בִּשְׁבִילוֹ מְעִיל חָדָשׁ. קָנִיתִי לְיִגְאָל מְעִיל בְּתֵל־אָבִיב.

אֲבָל פֹּה יוֹתֵר קַר. הוּא צָרִיךְ מְעִיל חַם.

– מָתַי אַתְּ רוֹצָה לָלֶכֶת?

– אֶפְשָׁר עוֹד הַיוֹם?

– כֵּן, אֶפְשָׁר עוֹד הַיוֹם.

– תוֹדָה רַבָּה, דִינָה. אַתְּ נֶחמָדָה מְאוֹד. אֵיפֹה נִיפָּגֵשׁ?

– אוּלַי נִיפָּגֵשׁ עַל־יַד הַמִשְׂרָד שֶׁלִי? יֵשׁ עַל יָדֵנוּ חֲנוּת.

– טוֹב מְאוֹד. בְּאֵיזוֹ שָׁעָה אַתְּ יוֹצֵאת מִן הַמִשְׂרָד?

– אֲנִי יוֹצֵאת בְּשָׁעָה חָמֵשׁ אַחֲרֵי הַצָהֳרַיִם.

– תוֹדָה רַבָּה, דִינָה. לְהִתרָאוֹת עַל־יַד הַמִשְׂרָד בְּשָׁעָה חָמֵשׁ

– לְהִתרָאוֹת דַפנָה.

Conjugation:	נְטִיָּה: רצה

הוֹוֶה

יְחִידָה		יָחִיד	
רוֹצָה	אֲנִי	רוֹצֶה	אֲנִי
רוֹצָה	אַתְּ	רוֹצֶה	אַתָּה
רוֹצָה	הִיא	רוֹצֶה	הוּא

רַבּוֹת		רַבִּים	
רוֹצוֹת	אֲנַחְנוּ	רוֹצִים	אֲנַחְנוּ
רוֹצוֹת	אַתֶּן	רוֹצִים	אַתֶּם
רוֹצוֹת	הֵן	רוֹצִים	הֵם

עָבָר

I wanted	רָצִיתִי	(אֲנִי)
you wanted (m)	רָצִיתָ	(אַתָּה)
you wanted (f)	רָצִית	(אַתְּ)
he wanted	רָצָה	(הוּא)
she wanted	רָצְתָה	(הִיא)

we wanted	רָצִינוּ	(אֲנַחְנוּ)
you wanted (m)	רְצִיתֶם	(אַתֶּם)
you wanted (f)	רְצִיתֶן	(אַתֶּן)
they wanted	רָצוּ	(הֵם־הֵן)
to want	לִרְצוֹת	

Here are other verbs of the same conjugation:

see – ראה	be – היה	buy – קנה
answer – ענה	do – עשה	drink – שתה

מָה הֵן קָנוּ?

דַפְנָה וְדִינָה הָלְכוּ לַחֲנוּת.

דַפְנָה קָנְתָה: מְעִיל יָפֶה וְחַם בִּשְׁבִיל יִגְאָל.

מִכְנָסַיִם בִּשְׁבִיל עָמִית.

נַעֲלַיִם בִּשְׁבִיל שִׁירָה.

– הַנַעֲלַיִם הָאֵלֶּה לֹא קְטַנּוֹת בִּשְׁבִיל שִׁירָה? – שָׁאֲלָה דִינָה.

– לֹא – עָנְתָה דַפְנָה – לְשִׁירָה יֵשׁ רַגְלַיִם קְטַנּוֹת מְאוֹד.

– וּבִשְׁבִילֵךְ אַתְּ לֹא קוֹנָה כְּלוּם, דַפְנָה?

– בַּשָּׁבוּעַ שֶׁעָבַר קָנִיתִי לִי שִׂמְלָה חֲדָשָׁה. הָלַכְתִּי עִם סוּזָן.

– אַתְּ מַכִּירָה אֶת סוּזָן? – שָׁאֲלָה דִינָה.

– כֵּן. הִיא אָחוֹת בְּבֵית הַחוֹלִים "צִיוֹן". הִיא רוֹצָה מְאוֹד לִנְסוֹעַ לָאָרֶץ. הִיא רוֹצָה לַעֲבוֹד בְּקִיבּוּץ.

– מָה אַתְּ חוֹשֶׁבֶת, דַפְנָה. בַּת כַּמָּה סוּזָן?

– אֲנִי לֹא יוֹדַעַת – עָנְתָה דַפְנָה – פַּעַם שָׁאַלְתִּי אוֹתָהּ. הִיא עָנְתָה לִי שֶׁהִיא בַּת עֶשְׂרִים וְחָמֵשׁ.

– רַק בַּת עֶשְׂרִים וְחָמֵשׁ?

– כָּךְ הִיא אָמְרָה.

דִינָה צָחֲקָה.

In Hebrew there is a *dual form* for nouns that come in pairs. The suffix for this form of plural is: □□□ַיִם

רֶגֶל	רַגְלַיִם	legs
אוֹזֶן	אָזְנַיִם	ears
עַיִן	עֵינַיִם	eyes
שָׁנָה	שְׁנָתַיִם	two years

גַם דָן רוֹצֶה לָדַעַת

דָן שָׁאַל אֶת דִינָה:

– אֵיפֹה הֱיִיתֶן אֶתמוֹל, אַתְּ וְדַפנָה?

– דַפנָה רָצתָה לִקנוֹת דְבָרִים אֲחָדִים בִּשבִיל יִגאָל וְהַיְלָדִים.

– מַה קְנִיתֶן?

– קָנִינוּ מִכנָסַיִם וְנַעֲלַיִם בִּשבִיל הַיְלָדִים וּמְעִיל חַם בִּשבִיל יִגאָל.

– בִּשְׁבִילֵךְ לֹא קָנִית כְּלוּם? – שָׁאַל דָן.

– מָה אֲנִי צְרִיכָה?

– אוּלַי שִׂמְלָה כְּחוּלָה, דִינָה? שִׂמְלָה כְּחוּלָה בִּשבִיל הָעֵינַיִם הַכְּחוּלוֹת שֶׁלָךְ.

– בִּשבִיל עֵינַיִם קוֹנִים שִׂמְלָה שְׁלֵמָה?

– כֵּן, זֶה כְּדַאי.

Declension of:			נְטִיָיה: בִּשְׁבִיל
for us	בִּשְׁבִילֵנוּ	for me	בִּשְׁבִילִי
for you (m)	בִּשְׁבִילְכֶם	for you (m)	בִּשְׁבִילְךָ
for you (f)	בִּשְׁבִילְכֶן	for you (f)	בִּשְׁבִילֵךְ
for them (m)	בִּשְׁבִילָם	for him	בִּשְׁבִילוֹ
for them (f)	בִּשְׁבִילָן	for her	בִּשְׁבִילָהּ

מִלִים שֶׁלָמַדְנוּ Words we have learned

צִלְצֵל – rang

מְדַבֶּרֶת – speaks (medabéret)

זוֹכֶרֶת – remembers (zochéret)

גְבֶרֶת – lady (gvéret)

פָּחוֹת – less

בִּשְׁבִיל – for

מִכְנָסַיִם – trousers (michnasáyim)

נַעַל – shoe

רֶגֶל – leg, foot (régel)

עָלֶיהָ – about her, upon her

מִמֶּנִי – from me, than me
מְעִיל – coat
נִיפָּגֵשׁ – we shall meet
אֶפְשָׁר – possible
חֲנוּת – shop
סְלִיחָה – excuse me
קְצָת – a little
כָּחוֹל (כְּחוּלָה) – blue
שָׁלֵם – whole, complete
כְּדַאי – worthwhile
עִיתּוֹן – newspaper

STRUCTURE

1. Conjugation of the verb whose third root letter is: ה

buy קנה

The ה is replaced by *yod* י in the first and second person forms of the past tense:

קָנִיתִי – קְנִיתֶם

or into a *tav*, in the 3rd person feminine:

she bought – קָנְתָה

and in the infinitive:

to buy לִקְנוֹת

2. The *dual form* is used as a plural for pairs.

Patterns of speech and expressions:

a few things	דְבָרִים אֲחָדִים
Is it possible today?	אֶפְשָׁר הַיּוֹם?
it's worth it	כְּדַאי

EXERCISE 1 תַּרְגִיל

Conjugation of the verbs: נְטִיַּת הַפְּעָלִים:

רצה	היה	קנה
רָצִיתִי		
	הָיִיתָ	
		קָנִית
רָצְתָה		

תַּרְגִּיל 2 EXERCISE

מֵהוֹוֶה לֶעָבָר: From present to past:

מָה אַתָּה עוֹשֶׂה הַיּוֹם?	מֶה עָשִׂיתָ אֶתְמוֹל?
הַיּוֹם אֲנִי עוֹשֶׂה שִׁיעוּרִים	אֶתְמוֹל עָשִׂיתִי שִׁעוּרִים
הַיּוֹם דָּן קוֹנֶה מְעִיל חָדָשׁ	
הַיּוֹם אֲנַחְנוּ שׁוֹתִים קָפֶה	
הַיּוֹם דִּינָה עוֹנָה לַטֶּלֶפוֹן	
הַיּוֹם אַתֶּם רוֹאִים טֶלֶוִיזְיָה	
הַיּוֹם דַּפְנָה רוֹצָה לְדַבֵּר עִם דִּינָה	

תַּרְגִּיל 3 EXERCISE

Substitute in the following sentences a noun from list **א** and a verb from list, **ב**.

רְשִׁימָה **א** list		רְשִׁימָה **ב** list	
הַדּוֹדָה	דִּינָה וְדַפְנָה	רָצָה	קָנָה
דָּן וְדִינָה	אֲנַחְנוּ	שָׁתָה	רָאָה
יִגְאָל			

דוּגְמָא: Example:

א ב

1. לִפְנֵי שָׁעָה יִגְאָל רָצָה קָפֶה.
2. לִפְנֵי שָׁעָה הַדּוֹדָה קָנְתָה קָפֶה.

117 Unit 15

3. אֶתְמוֹל ________ ________ קָפֶה.
4. אֶתְמוֹל ________ ________ קָפֶה.
5. בַּשָּׁבוּעַ שֶׁעָבַר ________ ________ נַעֲלַיִם.
6. בַּשָּׁבוּעַ שֶׁעָבַר ________ ________ קָפֶה.
7. לִפְנֵי רֶגַע ________ ________ מִכְנָסַיִם.
8. אֶתְמוֹל ________ ________ קָפֶה.

תַּרְגִּיל 4 EXERCISE

מֶה עָשָׂה דוֹקְטוֹר שַׁפִּירָא בָּעִיר?

What did Dr. Shapiro do in town?

הִשְׁתַּמֵּשׁ בַּפְּעָלִים: היה שתה ענה קנה ראה

בְּשָׁעָה (09.15) תֵּשַׁע וָרֶבַע דוֹקְטוֹר שַׁפִּירָא הָיָה בְּבֵית חוֹלִים.
בְּשָׁעָה (10.30) ________ דוֹקְטוֹר שַׁפִּירָא ________ כּוֹס תֵּה.
בְּשָׁעָה (12.00) ________ דוֹקְטוֹר שַׁפִּירָא ________ בַּטֶּלֶפוֹן.
בְּשָׁעָה (02.30) ________________ עִיתּוֹן.
בְּשָׁעָה (05.45) ________________ אֶת הָאָחוֹת.

מֶה עָשְׂתָה סוּזָן בָּעִיר? What did Susanne do in town?

בְּשָׁעָה (08.30) ________ סוּזָן ________ כּוֹס קָפֶה.
בְּשָׁעָה (11.15) ________________ בֵּית חוֹלִים.
בְּשָׁעָה (03.45) ________________ בַּטֶּלֶפוֹן.

תַּרְגִּיל 5 EXERCISE

The dual form: מִסְפָּר זוּגִי:

Most parts of the body and attire that come in pairs take the dual from. They are usually of the feminine gender. The same is true of units of time (except for the gender).

רֶגֶל	foot	רַגְלַיִם
יָד	hand	יָדַיִם
אוֹזֶן	ear	אָזְנַיִם
עַיִן	eye	עֵינַיִם
נַעַל	shoe	נַעֲלַיִם

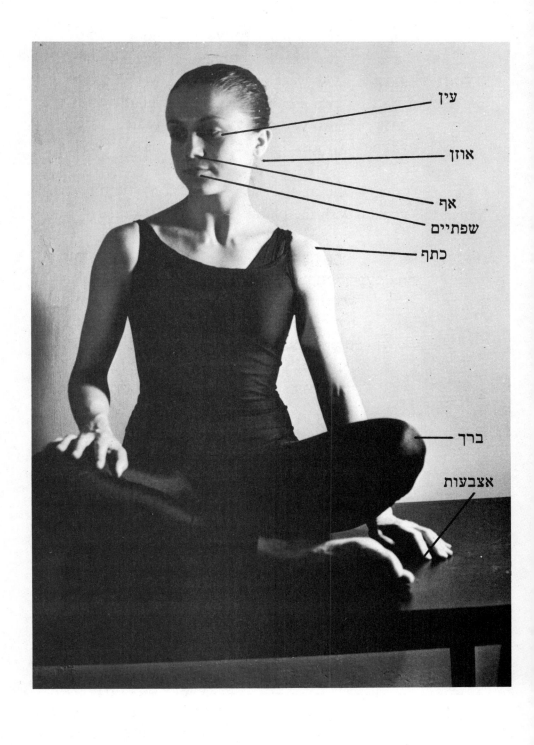

עין

אוזן

אף

שפתיים

כתף

ברך

אצבעות

	שָׁעָה hour	שְׁעָתַיִם two hours	שָׁעוֹת
זְמַן	יוֹם day	יוֹמַיִם two days	יָמִים
TIME	שָׁבוּעַ week	שְׁבוּעַיִם two weeks	שָׁבוּעוֹת
	חוֹדֶשׁ month	חֳדָשַׁיִם two months	חֳדָשִׁים
	שָׁנָה year	שְׁנָתַיִם two years	שָׁנִים
	פַּעַם once	פַּעֲמַיִם twice	פְּעָמִים

הַתְאֵם אֶת הַיָּחִיד לָרִיבּוּי:

Match the singular with the plural:

יָחִיד		רִיבּוּי	
שָׁעָה אַחַת	א.	שְׁתֵּי רַגְלַיִם	1.
אָמַרְתִּי לְךָ פַּעַם אַחַת	ב.	אָזְנַיִם גְדוֹלוֹת	2.
לִפְנֵי חוֹדֶשׁ	ג.	הָיִיתִי שָׁם שְׁעָתַיִם	3.
אוֹזֶן גְדוֹלָה	ד.	עֵינַיִם כְּחוּלוֹת	4.
עַיִן כְּחוּלָה	ה.	בְּעוֹד שְׁבוּעַיִם	5.
רֶגֶל אַחַת	ו.	לִפְנֵי שְׁבוּעַיִם	6.
בְּעוֹד שָׁבוּעַ	ז.	אָמַרְתִּי לְךָ פַּעֲמַיִם	7.

1. ___ *שֶׁתֵּי רַגְלַיִם*   ו. ___ *רֶגֶל אַחַת*
2. ___   ד. ___
3. ___
4. ___
5. ___
6. ___
7. ___   ב. ___

תַּרְגִיל 6 EXERCISE

בִּשְׁבִיל:

דַפְנָה קָנְתָה מְעִיל בִּשְׁבִיל (הוּא) ___ *בִּשְׁבִילוֹ*

דִינָה עָשְׂתָה תֵּה בִּשְׁבִיל (אֲנִי) ___

הַמִכְנָסַיִם הָאֵלֶה בִּשְׁבִיל (אַתָּה) ___

קָנִיתִי מְכוֹנִית יָפָה בִּשְׁבִיל (אֲנַחְנוּ) ___

הַשְׂמָלוֹת הָאֵלֶה בִּשְׁבִיל (הִיא)? ___

הִינֵה נַעֲלַיִם חֲדָשׁוֹת בִּשְׁבִיל (אַתֶּן) ______________________

דָן אָמַר: קָנִיתִי שׁוֹקוֹלָדָה בִּשְׁבִיל (אַתְּ) ______________________

אֵיפֹה הָרוֹפְאִים? יֵשׁ טֶלֶפוֹן בִּשְׁבִיל (הֵם) ______________________

דָן וְיִגְאָל! הַקָּפֶה הַזֶּה בִּשְׁבִיל (אַתֶּם) ______________________

תַּרְגִיל 7 EXERCISE

כְּתוֹב: מֶה עָשִׂיתָ... רָאִיתָ... קָנִיתָ... בִּשְׁבִילֵךְ... בִּשְׁבִיל אִמָּא... בִּשְׁבִיל חֲבֵרָה...

(optional) Write what you did... saw...

אֶתְמוֹל רָאִיתִי שָׁעוֹן יָפֶה. ______________________

____

____

____

____

____

____

תַּרְגִיל 8 EXERCISE

תַּרְגֵם: Translate:

יוֹם הוּלֶדֶת לְאִמָּא. ______________________

לִפְנֵי יוֹמַיִם הָלַכְתִּי לַחֲנוּת. ______________________

רָצִיתִי לִקְנוֹת מַשֶּׁהוּ לְיוֹם הַהוּלֶדֶת שֶׁל אִמָּא שֶׁלִּי. ______________________

אִמָּא שֶׁלִּי בַּת חֲמִישִּׁים. קָנִיתִי שִׂמְלָה יָפָה בִּשְׁבִילָהּ. ______________________

אִמָּא שָׂמְחָה מְאוֹד. הִיא אָמְרָה: ______________________

"תּוֹדָה רַבָּה לָךְ. שִׂמְלָה כָּזֹאת בְּדִיּוּק רָצִיתִי. ______________________

אֵיךְ יָדַעְתָּ לִקְנוֹת לִי אֶת הַשִּׂמְלָה הַזֹּאת?" ______________________

הָאָח הַצָּעִיר שֶׁלִּי עָשָׂה בְּבֵית הַסֵּפֶר כִּסֵּא קָטָן בִּשְׁבִיל אִמָּא. ______________________

אִמָּא הִסְתַּכְּלָה עַל הַכִּסֵּא. ______________________

בַּסּוֹף שָׁאֲלָה אִמָּא אֶת הָאָח הַצָּעִיר: ______________________

"לָמָּה עָשִׂיתָ כִּסֵּא כָּל־כָּךְ קָטָן? ______________________

אֲנִי לֹא יְכוֹלָה לָשֶׁבֶת עַל כִּסֵּא קָטָן כָּזֶה" ______________________

"לֹא, אִמָּא" עָנָה לָהּ הָאָח הַצָּעִיר ______________________

"הַכִּסֵּא הַזֶּה לֹא בִּשְׁבִיל לָשֶׁבֶת. ______________________

הוּא בִּשְׁבִיל לָשִׂים אֶת הָרַגְלַיִם." ______________________

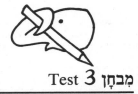

Test 3 מִבְחָן

(Units eleven to fifteen   יְחִידוֹת: אַחַת־עֶשְׂרֵה עַד חֲמֵשׁ־עֶשְׂרֵה)

Part A • א חֵלֶק

Write in English: כְּתוֹב בְּאַנְגְלִית:

1. מַשֶּׁהוּ ________
2. אֲפִילוּ ________
3. תַּאֲרִיךְ ________
4. יוֹם הוּלֶדֶת ________
5. מִטְבָּח ________
6. פִּתְאוֹם ________
7. מַהֵר ________
8. אֲנָשִׁים ________
9. הִסְתַּכַּלְתִּי ________
10. כְּדַאי ________

Part B • ב חֵלֶק

Write in Hebrew   כְּתוֹב בְּעִבְרִית:

1. next year ________ .1
2. not at all, you are welcome ________ .2
3. What happened? ________ .3
4. Why?... because ________ .4
5. Excuse me ________ .5

Part C • ג חֵלֶק

What is in the picture?   מַה יֵשׁ בַּתְּמוּנָה?

(prepositions)   (מִלּוֹת יַחַס)

1. הַשִּׂמְלָה ________
2. הַכִּיסֵא ________
3. הַסֵּפֶר ________
4. הַטֶּלֶפוֹן ________

What is the right answer? מָה הַתְּשׁוּבָה הַנְּכוֹנָה?

רְאוּבֵן וְשִׁמְעוֹן הֵם ______ אַחִים. רָחֵל הָיְתָה ______

☐ שְׁתֵּי ☐ דוֹדָתָם
☐ שְׁנַיִם ☐ דוֹדָתִי
☐ שְׁנֵי ☐ דוֹדָתוֹ

אֶתְמוֹל דַפְנָה ______ שִׂמְלָה. עַכְשָׁיו יֵשׁ ______ שִׂמְלָה חֲדָשָׁה.

☐ קָנָה ☐ לִי
☐ קָנְתָה ☐ לָהּ
☐ קָנִיתִי ☐ לָנוּ

SCORE:
Part A: each correct answer 3 points, total 30 points.
Part B: each correct answer 5 points, total 30 points.
Part C: each correct answer 4 points, total 16 points.
Part D: each correct answer 6 points, total 24 points.
100 points.

RATING:
60 poor, 61–70 fair, 71–80 good, 81–90 very good, 91–100 exceptional.

Answers: page 259.

יְחִידָה שֵׁשׁ עֶשְׂרֵה

Dr. Shapiro learns to speak correct Hebrew

דּוֹקְטוֹר שַׁפִּירָא לוֹמֵד לְדַבֵּר עִבְרִית נְכוֹנָה

דּוֹקְטוֹר שַׁפִּירָא הוּא רוֹפֵא בְּבֵית־חוֹלִים "צִיּוֹן". לִפְנֵי הַצָּהֳרַיִם הוּא עוֹבֵד בְּבֵית־חוֹלִים. אַחֲרֵי הַצָּהֳרַיִם הוּא עוֹבֵד בַּבַּיִת. יֵשׁ לוֹ דִּירָה יָפָה וּגְדוֹלָה. בַּדִּירָה יֵשׁ לוֹ גַּם מִשְׂרָד.

ד"ר שַׁפִּירָא הוּא אָדָם טוֹב.

אֵין לוֹ אִישָּׁה, אֲבָל הוּא לֹא גָּר לְבַדּוֹ. הוּא גָּר עִם אִמּוֹ וְדוֹדָתוֹ.

בַּדִּירָה יֵשׁ אַרְבָּעָה חֲדָרִים, מִטְבָּח גָּדוֹל וּמִשְׂרָד שֶׁל רוֹפֵא.

דּוֹדָתוֹ הִיא אִישָּׁה חֲבִיבָה. הִיא מְבַשֶּׁלֶת בִּשְׁבִילָם אֶת הָאֲרוּחוֹת. הִיא קוֹנָה לָהֶם כָּל מַה שֶּׁהֵם צְרִיכִים.

פַּעַם, אַחֲרֵי הַצָּהֳרַיִם, בָּאוּ לַמִּשְׂרָד שֶׁל דּוֹקְטוֹר שַׁפִּירָא אִישָּׁה גְּבוֹהָה וְיַלְדָּה קְטַנָּה.

לַיַּלְדָּה הָיוּ עֵינַיִם אֲדוּמּוֹת מְאוֹד.

– זֹאת הַיַּלְדָּה שֶׁלָּךְ? שָׁאַל דּוֹקְטוֹר שַׁפִּירָא אֶת הָאִישָּׁה הַגְּבוֹהָה.

– לֹא. זֹאת בַּת אָחִי – אָמְרָה הָאִישָּׁה הַגְּבוֹהָה.

– אוֹי – אָמַר דּוֹקְטוֹר שַׁפִּירָא – זֹאת הַבַּת שֶׁל הָאָח שֶׁלָּךְ?

– אוֹמְרִים: זֹאת בַּת אָחִיךְ. וְלֹא: הַבַּת שֶׁל הָאָח שֶׁלָּךְ. – אָמְרָה הָאִישָּׁה.

– סְלִיחָה, דּוֹקְטוֹר שַׁפִּירָא – אָמְרָה הַיַּלְדָּה – דּוֹדָתִי מוֹרָה. הִיא מְדַבֶּרֶת עִבְרִית נְכוֹנָה.

– יָפֶה! טוֹב מְאוֹד! – אָמַר דּוֹקְטוֹר שַׁפִּירָא – אַבָּא שֶׁל הַיַּלְדָּה הוּא אָחִיךְ?

– כֵּן. הוּא אָחִי. עַכְשָׁיו אַתָּה מְדַבֵּר עִבְרִית נְכוֹנָה – אָמְרָה הָאִישָּׁה.

– מַה כּוֹאֵב לָךְ? – שָׁאַל דּוֹקְטוֹר שַׁפִּירָא אֶת הַיַּלְדָּה.

– הָעֵינַיִם כּוֹאֲבוֹת לִי – אָמְרָה הַיַּלְדָּה.

– יֵשׁ לָךְ חוֹם?

– לֹא, אֵין לִי חוֹם, אֲבָל אֲנִי עֲיֵפָה.

– אֵין לָהּ תֵּיאָבוֹן – אָמְרָה הַמּוֹרָה.
– הִנֵּה טִיפּוֹת־עֵינַיִם. בְּבַקָּשָׁה לָשִׂים שְׁתֵּי טִיפּוֹת בְּכָל עַיִן פַּעֲמַיִם בְּיוֹם.
– תּוֹדָה רַבָּה, דּוֹקְטוֹר שַׁפִּירָא – אָמְרָה הַיַּלְדָּה.
– רְפוּאָה שְׁלֵמָה – אָמַר דּוֹקְטוֹר שַׁפִּירָא – שָׁלוֹם. שָׁלוֹם גַּם לְאָחִיךְ.
– טוֹב מְאוֹד, שֵׁב! אָמְרָה הַמּוֹרָה.

Declension of the feminine noun:	נְטִיַּית הַשֵּׁם בִּנְקֵבָה: דּוֹדָה
דּוֹדָתֵנוּ – הַדּוֹדָה שֶׁלָּנוּ	דּוֹדָתִי – הַדּוֹדָה שֶׁלִּי
דּוֹדַתְכֶם – הַדּוֹדָה שֶׁלָּכֶם	דּוֹדָתְךָ – הַדּוֹדָה שֶׁלְּךָ
דּוֹדַתְכֶן – הַדּוֹדָה שֶׁלָּכֶן	דּוֹדָתֵךְ – הַדּוֹדָה שֶׁלָּךְ
דּוֹדָתָם – הַדּוֹדָה שֶׁלָּהֶם	דּוֹדָתוֹ – הַדּוֹדָה שֶׁלּוֹ
דּוֹדָתָן – הַדּוֹדָה שֶׁלָּהֶן	דּוֹדָתָהּ – הַדּוֹדָה שֶׁלָּהּ

Declension of the noun:	נְטִיַּית הַשֵּׁם: אָח
my brother	אָחִי
your (m) brother	אָחִיךָ
your (f) brother	אָחִיךְ
his brother	אָחִיו
her brother	אָחִיהָ

Dr. Shapiro Goes out for a Night Visit
דּוֹקְטוֹר שַׁפִּירָא יוֹצֵא לְבִיקּוּר לַיְלָה

בַּלַּיְלָה צִלְצֵל הַטֶּלֶפוֹן.
דּוֹקְטוֹר שַׁפִּירָא הִסְתַּכֵּל עַל הַשָּׁעוֹן: הַשָּׁעָה הָיְתָה שָׁלוֹשׁ בַּלַּיְלָה.
– דּוֹדָה שָׂרָה! דּוֹדָה שָׂרָה! הַטֶּלֶפוֹן מְצַלְצֵל!
– כֵּן, אֲנִי שׁוֹמַעַת. הֶלוֹ, הֶלוֹ, מִי מְדַבֵּר, בְּבַקָּשָׁה?
– מִי זֶה, דּוֹדָה שָׂרָה? – שָׁאַל דּוֹקְטוֹר שַׁפִּירָא.

– זֶה מַר גוֹלְדבֶּרג. אִשְׁתּוֹ לֹא מַרגִישָׁה טוֹב.

דוֹקְטוֹר שַׁפִּירָא הָלַךְ לַטֶלֶפוֹן וְשָׁאַל:

– מַה כּוֹאֵב לְאִשְׁתְּךָ, מַר גוֹלדבֶּרג?

– הִיא לֹא מַרגִישָׁה טוֹב. יֵשׁ לָהּ חוֹם גָבוֹהַּ וּכְאֵב רֹאשׁ חָזָק.

– אֲנִי בָּא מִיָד, מַר גוֹלדבֶּרג.

דוֹקטוֹר שַׁפִּירָא יָשַׁב עַל הַכִּיסֵא.

– מַדוּעַ אַתָּה לֹא מִתלַבֵּשׁ? – שָׁאֲלָה דוֹדָה שָׂרָה.

– אֲנִי לֹא יוֹדֵעַ אֵיפֹה הַנַעֲלַיִם שֶׁלִי.

– הִנֵה הַנַעֲלַיִם: תַּחַת הַכִּיסֵא.

– בֶּאֱמֶת, הִנֵה הַנַעֲלַיִם. אֲבָל הַנַעַל הַזֹאת לֹא שֶׁלִי. הִיא קְטַנָה.

– מִפְּנֵי שֶׁשַׂמְתָּ אֶת הַנַעַל הַשְּׂמָאלִית עַל הָרֶגֶל הַיְמָנִית.

– תּוֹדָה, תּוֹדָה. הִנֵה עַכשָׁיו זֶה בְּסֵדֶר. אֲבָל אֵיפֹה הַמַפְתְּחוֹת שֶׁל הַמְכוֹנִית?

– הַמַפתְּחוֹת עַל הַשוּלְחָן.

– אֵיפֹה הַמַפתְּחוֹת שֶׁל הַדִירָה?

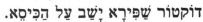

– הַמַפתְּחוֹת שֶׁל הַדִירָה הֵם עַל־יַד הַמַפְתְּחוֹת שֶׁל הַמְכוֹנִית.

– הִנֵה, הֵם פֹּה. אֲבָל אֵיפֹה הַתִּיק שֶׁלִי?

– הַתִּיק שֶׁלְךָ הוּא עַל הַשוּלְחָן.

– בֶּאֱמֶת, אַתְּ צוֹדֶקֶת. הִינֵה הוּא עַל הַשוּלְחָן. וְעַכְשָׁיו?

– עַכְשָׁיו אַתָּה הוֹלֵךְ אֶל מִשְׁפַּחַת גוֹלדבֶּרג.

– כֵּן, אֲנִי הוֹלֵךְ אֶל מַר גוֹלדבֶּרג.

– אַתָּה יוֹדֵעַ אֵיפֹה הוּא גָר?

– לֹא. שָׁכַחְתִּי לִשְׁאוֹל אוֹתוֹ.

נְטִיָה: הִסְתַּכֵּל — Conjugation: look

יָחִיד		הוֹוֶה	יְחִידָה	
אֲנִי	מִסְתַּכֵּל		אֲנִי	מִסְתַּכֶּלֶת
אַתָּה	מִסְתַּכֵּל		אַתְּ	מִסְתַּכֶּלֶת
הוּא	מִסְתַּכֵּל		הִיא	מִסְתַּכֶּלֶת
רַבִּים			**רַבּוֹת**	
אֲנַחְנוּ	מִסְתַּכְּלִים		אֲנַחְנוּ	מִסְתַּכְּלוֹת
אַתֶּם	מִסְתַּכְּלִים		אַתֶּן	מִסְתַּכְּלוֹת
הֵם	מִסְתַּכְּלִים		הֵן	מִסְתַּכְּלוֹת

עָבַר

I looked	הִסְתַּכַּלְתִּי	(אֲנִי)
you looked (m)	הִסְתַּכַּלְתָּ	(אַתָּה)
you looked (f)	הִסְתַּכַּלְתְּ	(אַתְּ)
he looked	הִסְתַּכֵּל	(הוּא)
she looked	הִסְתַּכְּלָה	(הִיא)
we looked	הִסְתַּכַּלְנוּ	(אֲנַחְנוּ)
you looked (m. pl.)	הִסְתַּכַּלְתֶּם	(אַתֶּם)
you looked (f. pl.)	הִסְתַּכַּלְתֶּן	(אַתֶּן)
they looked	הִסְתַּכְּלוּ	(הֵם–הֵן)

to look   לְהִסְתַּכֵּל

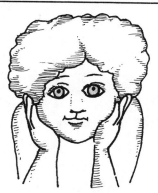

Words we have learned   מִלִים שֶׁלָּמַדְנוּ

כְּאֵב – pain, ache	מְבַשֵׁל (מְבַשֶׁלֶת) – cooks
רֹאשׁ – head	בֶּגֶד (בְּגָדִים) – clothes (béged)
מִיָד – immediately	גָבוֹהַ (גְבוֹהָה) – tall(gavóah)
יָמִין – right (hand)	יַלְדָה – girl
יָמִינָה – to the right (yamina)	רַק – only
יְמָנִי – right (adj.)	חוֹם – fever
שְׂמֹאל – left (hand)	טִיפָּה – drop
שְׂמֹאלָה – to the left (smóla)	בִּיקוּר – visit
שְׂמָאלִי – left (adj.)	מַרְגִישׁ – feel
שָׁכַחְתִּי – I forgot	תִּיק – bag
שָׁם – there	צַד – side

STRUCTURE

1. In declining a feminine noun ending in *hey* ה, the *hey* changes into a tav: ת

Thus: *my aunt* הַדּוֹדָה שֶׁלִּי

contracts and changes into: דּוֹדָתִי

2. Some masculine nouns have a plural ending in: וֹת

כִּיסֵא – כִּיסְאוֹת

אָרוֹן – אֲרוֹנוֹת

but the adjective has the regular masculine ending: כִּיסְאוֹת יָפִים

3. An unaccented הָ at the end of a word signifies direction:

to the right	יָמִינָה
to the left	שְׂמֹאלָה
home	הַבַּיְתָה
to Israel	אַרְצָה

4. Review of prepositions: תַּחַת, אַחֲרֵי, לִפְנֵי, עַל־יַד, עַל

Patterns of speech and expressions:

correct Hebrew	עִבְרִית נְכוֹנָה
(May you have) a complete recovery. (said to the ill)	רְפוּאָה־שְׁלֵמָה
he is running a fever	יֵשׁ לוֹ חוֹם
How do you feel?	אֵיךְ אַתָּה מַרְגִּישׁ
you are right	אַתָּה צוֹדֵק (אַתְּ צוֹדֶקֶת)
headache	כְּאֵב רֹאשׁ

Plural: רִיבּוּי:

irregular

	Group C • קְבוּצָה ג׳		Group B • קְבוּצָה ב׳		Group A • קְבוּצָה א׳
	שׁוּלְחָנוֹת		מוֹרוֹת		מוֹרִים
	כִּיסְאוֹת		רוֹפְאוֹת		רוֹפְאִים
	חַלּוֹנוֹת		תַּלְמִידוֹת		תַּלְמִידִים
יָפִים	אֲרוֹנוֹת	חֲדָשׁוֹת	צַלָּחוֹת	טוֹבִים	מִשְׂרָדִים

חֲבֵרִים	חֲבֵרוֹת	מַפְתְּחוֹת
שִׁירִים	תְּמוּנוֹת	מְקוֹמוֹת
דוֹדִים	דוֹדוֹת	רְחוֹבוֹת

How do you know which noun is masculine even if it ends with וֹת ☐☐☐ in the plural?

Simple enough: try it in the singular; if it does not end with a *hey* or a *tav*, then it is probably masculine and belongs to Group C.

תַּרְגִּיל 1 EXERCISE

Write in the plural: כְּתוֹב בְּרַבִּים:

א. סֵפֶר חָדָשׁ — ספרים חדשים
ב. שׁוּלְחָן טוֹב
ג. חָבֵר חָדָשׁ
ד. תְּמוּנָה יָפָה
ה. מַפְתֵּחַ טוֹב
ו. רְחוֹב יָפֶה
ז. חַלּוֹן קָטָן
ח. אָרוֹן גָּדוֹל — אֲרוֹנוֹת גְּדוֹלִים
ט. מוֹרֶה טוֹב

תַּרְגִּיל 2 EXERCISE

Decline: הַטֵּה:

תְּמוּנָה	מוֹרָה	דִּירָה
תְּמוּנָתִי		
		דִּירָתְךָ
	מוֹרָתֵךְ	
תְּמוּנָתוֹ		
		דִּירָתָהּ
תְּמוּנָתֵנוּ		
	מוֹרַתְכֶם	
		דִּירַתְכֶן
	מוֹרָתָן	

Say it (and write it) in one word: אֱמוֹר בְּמִלָּה אַחַת וּכְתוֹב:

הַתְּמוּנָה שֶׁלָּהּ = תְמוּנָתָהּ ______

הַמּוֹרָה שֶׁלָּךְ = ______

הַדּוֹדָה שֶׁלָּהֶן = ______

הָעֲבוֹדָה שֶׁלָּנוּ = ______

הַיַּלְדָּה שֶׁלָּכֶם = ______

הָאֲרוּחָה שֶׁלּוֹ = ______

הַתַּלְמִידָה שֶׁלְּךָ = ______

הַתְּמוּנָה שֶׁלָּכֶם = ______

EXERCISE 3 תַּרְגִּיל

בִּיקּוּר אֵצֶל חָבֵר חוֹלֶה. A visit to a sick friend.

(קְרָא בְּקוֹל אֶת הַתְּשׁוּבָה לְכָל שְׁאֵלָה).

(Read aloud the answer to each question).

א. מַה שְּׁלוֹמְךָ?
ב. אַתָּה מַרְגִּישׁ יוֹתֵר טוֹב?
ג. יֵשׁ לְךָ חוֹם?
ד. מַה כּוֹאֵב לְךָ?
ה. אַתָּה רוֹצֶה לִשְׁתּוֹת מַשֶּׁהוּ?
ו. אַתָּה צָרִיךְ רוֹפֵא?

1. אֲנִי רוֹצֶה לִשְׁתּוֹת כּוֹס תֵּה.
2. כּוֹאֵב לִי הָרֹאשׁ.
3. תּוֹדָה, אֲנִי לֹא צָרִיךְ רוֹפֵא.
4. אֲנִי לֹא מַרְגִּישׁ יוֹתֵר טוֹב.
5. שְׁלוֹמִי לֹא כָּל כָּךְ טוֹב.
6. יֵשׁ לִי חוֹם.

כְּתוֹב אֶת הַתְּשׁוּבוֹת עַל־יַד הַשְּׁאֵלוֹת. Match the questions and answers.

א. מַה שְּׁלוֹמְךָ? .5 שְׁלוֹמִי לא ______

ב. אַתָּה מַרְגִּישׁ _____ 4. _____

ג. _____ 6. _____

ד. _____ _____

ה. _____ _____

ו. _____ _____

תַּרְגִּיל 4 EXERCISE

כְּתוֹב רִיבּוּי זוּגִי.

Write in dual form (use a dictionary).

1. _____

2. _____

3. _____

4. _____

5. שִׁינַיִם _____

6. _____

7. _____

8. בִּרְכַּיִם _____

9. גַּרְבַּיִם _____

10. _____

תַּרְגִּיל 5 EXERCISE

מְצָא שֵׁמוֹת בְּרִיבּוּי זוּגִי: Find the dual form:

שׁ	ב	ד	ר	ג	ל	י	י	ם
א	ע	נ	י	י	ם	ד	ה
ק	ל	מ	שׁ	ק	פ	י	י	ם
נ	ע	ל	י	י	ם	ג	י	שׁ
ד	מ	כ	נ	ס	י	י	ם	ח

תַּרְגִּיל 6 EXERCISE

קְרָא וֶאֱמוֹר: יָמִין וּשְׂמֹאל Read and say:

א. אִמָּא אָמְרָה לַיֶּלֶד שֶׁלָּה:

לִפְנֵי שֶׁאַתָּה עוֹבֵר אֶת הָרְחוֹב אַתָּה מִסְתַּכֵּל שְׂמֹאלָה, אַחַר כָּךְ יָמִינָה וְעוֹד פַּעַם שְׂמֹאלָה.

– מַדּוּעַ? שָׁאַל הַיֶּלֶד.
– מִפְּנֵי שֶׁהַמְּכוֹנִיּוֹת נוֹסְעוֹת מִצַּד יָמִין שֶׁל הָרְחוֹב.

ב. אָמַר אִישׁ מֵאַנְגְלִיָּה:
אֲבָל בְּאַנְגְלִיָּה הַמְּכוֹנִיּוֹת נוֹסְעוֹת מִצַּד שְׂמֹאל שֶׁל הָרְחוֹב.
מָה עוֹשִׂים בְּאַנְגְלִיָּה?

ג. דוֹדָה שָׂרָה אָמְרָה לְדוֹקְטוֹר שַׁפִּירָא:
אֶת הַנַּעַל הַיְמָנִית שָׂמִים עַל הָרֶגֶל הַיְמָנִית.

ד. הָרַב אָמַר:
תְּפִלִּין מַנִּיחִים עַל הַיָּד הַשְּׂמָאלִית.

עֲנֵה עַל הַשְּׁאֵלוֹת: Answer the questions:

א. מָה עוֹשֶׂה יֶלֶד לִפְנֵי שֶׁהוּא עוֹבֵר אֶת הָרְחוֹב?

ב. מָה עוֹשִׂים בְּאַנְגְלִיָּה, לִפְנֵי שֶׁעוֹבְרִים אֶת הָרְחוֹב?

ג. מָה אָמְרָה דוֹדָה שָׂרָה לְדוֹקְטוֹר שַׁפִּירָא?

ד. מָה אָמַר הָרַב?

וּקְשַׁרְתָּם לְאוֹת עַל יָדֶךָ. (דְּבָרִים פֶּרֶק ו׳, פָּסוּק ח׳)

And thou shalt bind them for a sign upon thine hand. (Deuteronomy, 6:8)

רִיקּוּד־עַם יִשְׂרְאֵלִי: An Israeli folk dance:

יָמִינָה יָמִינָה
שְׂמֹאלָה שְׂמֹאלָה
לְפָנִים אָחוֹרָה

You may sing it, or even dance to it. (Two steps in each direction as indicated in the song.)

UNIT 17
יְחִידָה שְׁבַע עֶשְׂרֵה

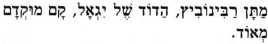

Uncle Matan Goes Abroad
דוד מַתָּן נוֹסֵעַ לְחוּץ לָאָרֶץ

בּוֹקֶר בַּקִּיבּוּץ.

מַתָּן רַבִּינוֹבִיץ, הַדּוֹד שֶׁל יִגְאָל, קָם מוּקְדָּם מְאוֹד.

הוּא סִידֵּר אֶת הַחֶדֶר, שָׁתָה כּוֹס תֵּה וְיָצָא לָעֲבוֹדָה. הוּא עָבַד שְׁעָתַיִם בַּגַּן.

בְּשָׁעָה שְׁמוֹנֶה בָּא לַחֲדַר הָאוֹכֶל שֶׁל הַקִּיבּוּץ.

הוּא יָשַׁב וְאָכַל אֲרוּחַת בּוֹקֶר.

הֶחָבֵר שֶׁל מַתָּן, יַעֲקוֹב, בָּא וְיָשַׁב עַל יָדוֹ.

– בּוֹקֶר טוֹב, מַתָּן, מַה נִּשְׁמָע? – שָׁאַל יַעֲקוֹב.

מַתָּן וְיַעֲקוֹב הֵם חֲבֵרִים טוֹבִים. הֵם הָיוּ שָׁנָה אַחַת יַחַד בְּקִיבּוּץ דְּגַנְיָה א׳.

– אֵלֶּה הָיוּ יָמִים טוֹבִים, מַתָּן – אָמַר יַעֲקוֹב.

– כֵּן, דְּגַנְיָה הָיְתָה קְבוּצָה טוֹבָה. סוֹף סוֹף הַקִּיבּוּץ הָרִאשׁוֹן בָּאָרֶץ.

– לָכֵן קָרְאוּ לָהּ: ״אֵם הַקְּבוּצוֹת״.

– גַּם רָמַת הַגָּלִיל הוּא קִיבּוּץ טוֹב – אָמַר מַתָּן.

– מָה אֲנִי שׁוֹמֵעַ, מַתָּן – אָמַר יַעֲקוֹב – קִיבַּלְתָּ הַיּוֹם שְׁנֵי מִכְתָּבִים? שְׁנֵי מִכְתָּבִים בְּיוֹם אֶחָד?

– מִי סִיפֵּר לְךָ, יַעֲקוֹב?

– מַתָּן! רָמַת הַגָּלִיל הוּא קִיבּוּץ קָטָן. הַחֲבֵרִים יוֹדְעִים.

– כֵּן, יַעֲקוֹב, קִיבַּלְתִּי שְׁנֵי מִכְתָּבִים מֵחוּץ־לָאָרֶץ.

– זֶה נָכוֹן שֶׁקִּיבַּלְתָּ גַּם טֶלֶפוֹן?

– כֵּן, יַעֲקוֹב. הַטֶּלֶפוֹן הָיָה מִבֶּן אָחִי. שְׁמוֹ יִגְאָל. הוּא רוֹפֵא.

– מַה בִּיקֵּשׁ יִגְאָל?

– הוּא הִזְמִין אוֹתִי לְחוּץ לָאָרֶץ.

– בֶּאֱמֶת? הָיִיתָ רוֹצֶה לִנְסוֹעַ לְחוּץ לָאָרֶץ, מַתָּן? לָגוּר שָׁם?

– לֹא, יַעֲקוֹב. אַתָּה יוֹדֵעַ יָפֶה מְאוֹד שֶׁאֲנִי לֹא הוֹלֵךְ מִפֹּה. הָיִינוּ פֹּה יַחַד. הָיִינוּ רִאשׁוֹנִים בְּרָמַת הַגָּלִיל. פֹּה הַבַּיִת שֶׁלָּנוּ.

– מָתַי אַתָּה נוֹסֵעַ, מַתָּן?

– אֲנִי נוֹסֵעַ בְּעוֹד שְׁבוּעַיִם.
– כֶּסֶף יֵשׁ לְךָ? מִי מְשַׁלֵּם בְּעַד הַכַּרְטִיס?
– יִגְאָל וְדַפְנָה שִׁילְמוּ אֶת הַכֹּל. הֵם יוֹדְעִים שֶׁלַּחֲבֵר קִיבּוּץ אֵין כֶּסֶף לִנְסוֹעַ לְחוּץ לָאָרֶץ.
– נְסִיעָה טוֹבָה, מַתָּן!
– תּוֹדָה רַבָּה, יַעֲקוֹב.

Conjugation of:	נטייה: דַּבֵּר

הוֹוֶה

יָחִיד		יְחִידָה	
אֲנִי	מְדַבֵּר	אֲנִי	מְדַבֶּרֶת
אַתָּה	מְדַבֵּר	אַתְּ	מְדַבֶּרֶת
הוּא	מְדַבֵּר	הִיא	מְדַבֶּרֶת

עָבָר

(אֲנִי)	דִּיבַּרְתִּי	I spoke
(אַתָּה)	דִּיבַּרְתָּ	you spoke (m)
(אַתְּ)	דִּבַּרְתְּ	you spoke (f)
(הוּא)	דִּיבֵּר	he spoke
(הִיא)	דִּיבְּרָה	she spoke

הוֹוֶה

רַבִּים		רַבּוֹת	
אֲנַחְנוּ	מְדַבְּרִים	אֲנַחְנוּ	מְדַבְּרוֹת
אַתֶּם	מְדַבְּרִים	אַתֶּן	מְדַבְּרוֹת
הֵם	מְדַבְּרִים	הֵן	מְדַבְּרוֹת

עָבָר

(אֲנַחְנוּ)	דִּיבַּרְנוּ	we spoke
(אַתֶּם)	דִּיבַּרְתֶּם	you spoke (m. pl.)
(אַתֶּן)	דִּיבַּרְתֶּן	you spoke (f. pl.)
(הֵם–הֵן)	דִּיבְּרוּ	they spoke
לְדַבֵּר		to speak

Two Letters שְׁנֵי מִכְתָּבִים

מַתָּן יָשַׁב בַּחֶדֶר שֶׁלּוֹ וְקָרָא עוֹד פַּעַם אֶת שְׁנֵי הַמִּכְתָּבִים.
קוֹדֶם קָרָא אֶת הַמִּכְתָּב מִיגְאָל.
יִגְאָל כָּתַב:

דוֹד יָקָר,
הַבֵּן שֶׁלָּנוּ, עָמִית, הוּא בֶּן שְׁלוֹשׁ־עֶשְׂרֵה. בְּעוֹד חָדְשַׁיִם אָנוּ עוֹשִׂים לוֹ בַּר־מִצְוָה. אַתָּה יוֹדֵעַ, מַתָּן יָקָר, שֶׁאֲנַחְנוּ פֹּה לְבַדֵּנוּ. תָּמִיד הָיִיתָ כְּמוֹ אַבָּא שֶׁלָּנוּ. נִשְׂמַח מְאוֹד לִרְאוֹת אוֹתְךָ פֹּה.
אָנוּ שׁוֹלְחִים לְךָ כַּרְטִיס נְסִיעָה.

שֶׁלְּךָ
דַּפְנָה, יִגְאָל וְהַיְלָדִים.

מַתָּן הִסְתַּכֵּל עוֹד פַּעַם עַל הַכַּרְטִיס. הָיוּ לוֹ דְּמָעוֹת בָּעֵינַיִם.
כַּמָּה כֶּסֶף הֵם שִׁילְּמוּ בְּעַד הַכַּרְטִיס הַזֶּה? מֵאוֹת דּוֹלָרִים. אַלְפֵי שְׁקָלִים.
יִגְאָל הָיָה תָּמִיד בָּחוּר טוֹב. מַתָּן אָהַב אֶת יִגְאָל כְּמוֹ בֵּן.
– אֲבָל גַּם לִי יֵשׁ מְעַט כֶּסֶף – חָשַׁב מַתָּן – יוֹתֵר מִמָּאתַיִם שֶׁקֶל.
זֶה לֹא הַרְבֵּה כֶּסֶף. אֲבָל בִּשְׁבִיל חֲבֵר קִיבּוּץ זֶה דֵּי טוֹב.

הַמִּכְתָּב הַשֵּׁנִי הָיָה מִסּוּזָן.
מַתָּן יָדַע שֶׁסּוּזָן הִיא אָחוֹת בְּבֵית חוֹלִים. יִגְאָל סִיפֵּר לוֹ עָלֶיהָ:
"סוּזָן הִיא אָחוֹת טוֹבָה וְגַם בַּחוּרָה טוֹבָה.
הִיא רוֹצָה לַעֲבוֹד בְּקִיבּוּץ" סִיפֵּר יִגְאָל.
– לָמָּה לֹא? – חָשַׁב מַתָּן – הַקִּיבּוּץ צָרִיךְ אָחוֹת טוֹבָה.
הוּא פָּתַח אֶת הַמִּכְתָּב הַשֵּׁנִי.
סוּזָן כָּתְבָה:

מַר רַבִּינוֹבִיץ הַנִּכְבָּד,
אתה לֹא מַכִּיר אוֹתִי. אוּלַי יִגְאָל סִיפֵּר לְךָ עָלַי.
אֲנִי אָחוֹת בְּבֵית חוֹלִים "צִיּוֹן". אֲנִי רוֹצָה לַעֲבוֹד בְּקִיבּוּץ בָּאָרֶץ.
אוּלַי אתם צְרִיכִים אָחוֹת בַּקִּיבּוּץ שֶׁלָּכֶם?

בְּכָבוֹד רַב
סוּזָן קַפְלָן.

מַתָּן חָשַׁב:
אנחנו צְרִיכִים אָחוֹת בַּקִיבּוּץ שֶׁלָנוּ.
אנחנו צְרִיכִים אָחוֹת מְאוֹד מְאוֹד.
לֹא רַק אָחוֹת אנחנו צְרִיכִים.
גַם רוֹפֵא אנחנו צְרִיכִים.
אנחנו צְרִיכִים כָּל יְהוּדִי שֶׁרוֹצֶה לָבוֹא אֵלֵינוּ.

מִסְפָּרִים

מֵאוֹת

100 – מֵאָה
200 – מָאתַיִם
300 – שְׁלוֹשׁ מֵאוֹת
400 – אַרְבַּע מֵאוֹת
500 – חֲמֵשׁ מֵאוֹת
600 – שֵׁשׁ מֵאוֹת
700 – שְׁבַע מֵאוֹת
800 – שְׁמוֹנֶה מֵאוֹת
900 – תְּשַׁע מֵאוֹת

אֲלָפִים

1000 – אֶלֶף
2000 – אַלְפַּיִם
3000 – שְׁלוֹשָׁה אֲלָפִים
4000 – אַרְבָּעָה אֲלָפִים
5000 – חֲמִישָׁה אֲלָפִים
6000 – שִׁישָׁה אֲלָפִים
7000 – שִׁבְעָה אֲלָפִים
8000 – שְׁמוֹנָה אֲלָפִים
9000 – תִּשְׁעָה אֲלָפִים

חֲדַר אוֹכֶל – dining room
סִידֵר – arranged
לָכֵן – therefore
קִיבֵּל – received
סִיפֵּר – told

קְבוּצָה=קִיבּוּץ קָטָן – small kibbutz, group
דִיבֵּר – spoke,
בִּיקֵשׁ – asked (for something)
כֶּסֶף – money (késef)
קוֹדֶם – before (kódem)

חָשַׁב – thought
שִׁילֵם – paid
כַּרְטִיס – ticket
נוֹסֵעַ – goes (by vehicle), travels
אַחַר כָּךְ – afterwards
שׁוֹלֵחַ – sends
דְמָעוֹת – tears
עָלַי – about me
פָּתַח – opened
נוֹסַד – was established

STRUCTURE

1. Conjugation: pi'el פִּיעֵל

past:	דִיבֵּר	present:	מְדַבֵּר	infinitive:	לְדַבֵּר
	שִׁילֵם		מְשַׁלֵּם		לְשַׁלֵּם

2. Numbers: hundreds and thousands.

NOTE: The ordinal numbers keep their special form up to 10th
עשירי, עשירית

From then on we use the cardinal number with a *hey:*

The twelfth man	הָאִישׁ הַשְׁנֵים־עָשָׂר
The twelfth woman	הָאִשָּׁה הַשְׁתֵּים־עֶשְׂרֵה

Patterns of speech and expressions:

Would you like..?	הָיִיתָ רוֹצֶה...?
What's new?	מַה נִשְׁמָע?
once again	עוֹד פַּעַם
Why not?	לָמָּה לֹא?
Respectfully (ending a letter)	בְּכָבוֹד רַב

EXERCISE 1 תַּרְגִּיל

Read the sentences קְרָא אֶת הַמִּשְׁפָּטִים

Write them in their proper order. כתוב אוֹתָם בַּסֵּדֶר הַנָּכוֹן.

1. מַתָּן בָּא בִּשְׁמוֹנֶה בַּבּוֹקֶר לַחֲדַר הָאוֹכֶל.

2. אַחֲרֵי שֶׁסִידֵר אֶת הַחֶדֶר יָצָא לַעֲבוֹד בְּשָׁעָה שֵׁשׁ בַּבּוֹקֶר.
3. הָאָחוֹת סוּזָן כָּתְבָה מִכְתָּב לְמַתָּן.
4. מַתָּן קָם בְּשָׁעָה חָמֵשׁ בַּבּוֹקֶר וְסִידֵר אֶת הַחֶדֶר שֶׁלוֹ.
5. יַעֲקוֹב וּמַתָּן הָיוּ הַחֲבֵרִים הָרִאשׁוֹנִים בְּקִיבּוּץ רָמַת הַגָּלִיל.

כתוב את הַמִשְׁפָּטִים בַּסֵדֶר הַנָּכוֹן:

5. יַעֲקוֹב וּמַתָּן הָיוּ ______________________
3. ______________________

____

____

____

תַּרְגִּיל 2 EXERCISE

הַטֵה: Conjugate:

הוֹוֶה

סדר	ספר	שלם
אֲנִי מְסַדֵר	______	______
אַתָּה ______	מְסַפֵּר	______
הוּא ______	______	______
אֲנִי ______	______	מְשַׁלֶמֶת
אַתְּ ______	______	______
הִיא ______	______	______
אֲנַחְנוּ מְסַדְרִים		______
אַתֶּם ______	______	______
הֵם ______	______	______
אֲנַחְנוּ ______	______	מְשַׁלְמוֹת
אַתֶּן ______	______	______
הֵן ______	______	______

עָבָר

(אֲנִי) סִידַרְתִּי	______	______

(אַתָּה) ________	________	שִׁילַמְתָּ
(אַתְּ) ________	סִיפַּרְתְּ	________
(הוּא) סִידֵּר	________	________
(הִיא) ________	________	________
(אֲנַחְנוּ) סִידַּרְנוּ	________	________
(אַתֶּם) ________	________	שִׁילַמְתֶּם
(אַתֶּן) ________	סִיפַּרְתֶּן	________
(הֵם–הֵן) ________	________	________

	שֵׁם פְּעוּלָה
לְסַדֵּר	________

____

תַּרְגִּיל 3 EXERCISE

אֱמוֹר וּכְתוֹב: Say and write:

אֱמוֹר say כתוב (בְּזָכָר) Write

240 שֶׁקֶל מָאתַיִם אַרְבָּעִים שֶׁקֶל.

1088 שֶׁקֶל ________________________

2260 שֶׁקֶל ________________________

954 שֶׁקֶל ________________________

6849 שֶׁקֶל ________________________

קְרָא בְּקוֹל: Read aloud:

שְׁלוֹשָׁה אֲלָפִים מָאתַיִם חֲמִישִּׁים שֶׁקֶל

שְׁבַע מֵאוֹת שְׁלוֹשִׁים וְתִשְׁעָה שֶׁקֶל

אֶלֶף תְּשַׁע מֵאוֹת שְׁלוֹשִׁים וְאַרְבָּעָה שֶׁקֶל

שְׁמוֹנֶה מֵאוֹת שִׁבְעִים וּשְׁנַיִם שֶׁקֶל

חַבֵּר: Add:

3,250

____

____

____

סַךְ הַכֹּל ________

כְּתוֹב אֶת הַתַּאֲרִיכִים בְּמִלִּים: Write the dates in words:

א. דְגַנְיָה נוֹסְדָה בִּשְׁנַת 1910 (אֶלֶף תְּשַׁע מֵאוֹת וְעֶשֶׂר)
ב. הָעֲלִיָּה הָרִאשׁוֹנָה (The first Aliya) הָיְתָה בִּשְׁנַת 1882 (________)
עַד שְׁנַת 1904 (____________________________________)
ג. בָּעֲלִיָּה הָרִאשׁוֹנָה בָּאוּ לָאָרֶץ 25,000 (________) אֲנָשִׁים.
ד. הַקּוֹנְגְרֶס הַצִּיוֹנִי הָרִאשׁוֹן הָיָה בָּעִיר בָּאזֶל, בִּשְׁנַת 1897 (________)
ה. מְדִינַת יִשְׂרָאֵל קָמָה בַּ־15 (________________) בְּמַאי,
בִּשְׁנַת 1948 (____________________________________)

תַּרְגִּיל 4 EXERCISE

Translate: תַּרְגֵּם:

אֶתמוֹל קִיבַּלְתִּי מִכְתָּב מֵאָחוֹת בְּקִיבּוּץ גִּבְעַת בְּרֶנֶר. ________
צִלְצַלְתִּי לָהּ וְדִיבַּרְתִּי אִתָּהּ בַּטֶּלֶפוֹן. ________
הִיא סִיפְּרָה לִי שֶׁיֵּשׁ לָהּ חֶדֶר יָפֶה. ________
הִיא צְרִיכָה לְסַדֵּר אוֹתוֹ בְּעַצְמָהּ. ________
הַחֲבֵרִים בַּקִּיבּוּץ נֶחְמָדִים מְאוֹד. ________
הֵם בָּאִים לְבַקֵּר אוֹתָהּ. ________
גַּם הִיא בִּיקְּרָה אֵצֶל חֲבֵרִים. ________
לַחֲבֵר קִיבּוּץ אֵין כֶּסֶף. ________
הוּא לֹא מְקַבֵּל כֶּסֶף בְּעַד עֲבוֹדָה. ________
כָּל אֶחָד עוֹשֶׂה מַה שֶּׁהוּא יָכוֹל. ________
כָּל אֶחָד מְקַבֵּל מַה שֶּׁהוּא צָרִיךְ. ________
הָיִיתִי רוֹצֶה לִהְיוֹת עוֹד פַּעַם בִּירוּשָׁלַיִם. ________
מַה, פַּעַם כְּבָר הָיִיתָ? ________
לֹא, פַּעַם כְּבָר רָצִיתִי. ________

תַּרְגִּיל 5 EXERCISE

Tell about yourself: סַפֵּר עַל עַצְמְךָ:
(First say, then write) (אֱמוֹר קוֹדֶם, כְּתוֹב אַחַר כָּךְ)

מָתַי קִיבַּלְתָּ מִכְתָּב?

____

מִי כָּתַב לְךָ מִכְתָּב?

____

עִם מִי דִיבַּרְתָּ בַּטֶלֶפוֹן?

מָה אָמַרְתָּ? מָה אָמְרוּ לְךָ?

אֵיפֹה הָיִיתָ רוֹצֶה לִהְיוֹת עַכְשָׁיו?

EXERCISE 6 תַּרְגִיל

סִיפּוּר עַל מִכְתָּב.

מַרְק טְוֶוין (Mark Twain) סִיפֵּר עַל אָב וּבֵן:

הָאָב גָּר בִּסְקוֹטְלַנְד. הַבֵּן לָמַד בָּאוּנִיבֶרְסִיטָה שֶׁל אוֹקְספוֹרד. הַבֵּן צָרִיךְ הָיָה כֶּסֶף. הוּא כָּתַב מִכְתָּב לְאַבָּא שֶׁלּוֹ:

אַבָּא יָקָר,

בְּבַקָּשָׁה לִשְׁלוֹחַ לִי עֶשֶׂר לִירוֹת שְׁטֶרְלִינְג. אֵין לִי כֶּסֶף. אני צָרִיךְ לִקְנוֹת סְפָרִים. אֲנִי צָרִיךְ לִקְנוֹת אוֹכֶל.

שֶׁלְּךָ

הַבֵּן

נ.ב. (P.S.)

אַחֲרֵי שֶׁשָּׁלַחְתִּי אֶת הַמִּכְתָּב הִתְבַּיַּשְׁתִּי מְאוֹד. רַצְתִּי אַחֲרֵי הַדַּוָּר, אֲבָל כְּבָר לֹא רָאִיתִי אוֹתוֹ. הִתְפַּלַּלְתִּי שֶׁהַדַּוָּר יְאַבֵּד אֶת הַמִּכְתָּב.

אַחֲרֵי שָׁבוּעַ, הַבֵּן קִיבֵּל מִכְתָּב קָצָר מֵאַבָּא:

בֵּן יָקָר,

הִתְפַּלַּלְתָּ יָפֶה.

הַדַּוָּר אִיבֵּד אֶת הַמִּכְתָּב שֶׁלְּךָ.

שֶׁלְּךָ

אַבָּא

מִלִּים בַּמִּכְתָּב: Words in the letter:

לִירָה שְׁטֶרְלִינְג – pound sterling	הִתְפַּלַּלְתִּי – I prayed
הִתְבַּיַּשְׁתִּי – I was ashamed	יְאַבֵּד – he will lose
דַּוָּר – postman	אִיבֵּד – lost

עֲנֵה עַל הַשְׁאֵלוֹת: Answer the questions:

1. אֵיפֹה גָר אַבָּא? אַבָּא גָר בְּ _____

2. אֵיפֹה לָמַד הַבֵּן? _____

3. מַה בִּיקֵּשׁ הַבֵּן מֵאַבָּא? _____

4. מַה כָּתַב הַבֵּן בַּ־נ.ב. שֶׁל הַמִּכְתָּב? _____

5. מֶה עָנָה אַבָּא? _____

6. מָה אַתָּה חוֹשֵׁב? הַדַּוָּר בֶּאֱמֶת אִיבֵּד אֶת הַמִּכְתָּב? _____

יְחִידָה שְׁמוֹנֶה־עֶשְׂרֵה

A Kibbutz Member Goes Abroad
חֲבֵר קִיבּוּץ נוֹסֵעַ לְחוּץ לָאָרֶץ

בַּשְּׁבוּעַיִם הָאֵלֶּה מַתָּן הָיָה עָסוּק מְאוֹד.
הוּא קִיבֵּל דַּרְכּוֹן חָדָשׁ. חֲבֵרִים רַבִּים בָּאוּ לְבַקֵּר אוֹתוֹ. הֵם דִּיבְּרוּ אִיתּוֹ עַל הַנְּסִיעָה לְחוּץ לָאָרֶץ. חֲבֵרִים שֶׁהָיוּ בְּחוּץ לָאָרֶץ סִיפְּרוּ לוֹ עַל הֶעָרִים הַגְּדוֹלוֹת: נְיוּ־יוֹרְק, לוֹנְדוֹן, לוֹס־אַנְגֶ'לֶס:
אֵיפֹה כְּדַאי לִהְיוֹת.
מַה כְּדַאי לִרְאוֹת.
מַה צָרִיךְ לְבַקֵּר.
מַתָּן הָיָה שָׂמֵחַ. הוּא קִיבֵּל מִן הַקִּיבּוּץ אַלְפַּיִם שֶׁקֶל לַנְּסִיעָה וּלְמַתָּנוֹת.
הַחֲבֵרִים הָיוּ חֲבִיבִים מְאוֹד.
בָּאֲסֵיפָה שֶׁהָיְתָה בָּעֶרֶב לִפְנֵי הַנְּסִיעָה דִּיבֵּר יַעֲקוֹב:
"חֲבֵרוֹת וַחֲבֵרִים!
מָחָר בַּבּוֹקֶר הֶחָבֵר הַיָּקָר שֶׁלָּנוּ, מַתָּן, נוֹסֵעַ לְחוּץ לָאָרֶץ."
– מַה פִּתְאֹם לְחוּץ לָאָרֶץ? – שָׁאַל מִישֶׁהוּ.
"מַה יֵּשׁ" עָנָה יַעֲקוֹב "אָסוּר לוֹ לִנְסוֹעַ לְחוּץ לָאָרֶץ?
מִי הָיָה בֵּין הַחֲבֵרִים הָרִאשׁוֹנִים בְּרָמַת הַגָּלִיל? – מַתָּן!
מִי עָבַד קָשֶׁה מִן הַבּוֹקֶר עַד הָעֶרֶב? – מַתָּן!
עַכְשָׁיו אֲנִי אוֹמֵר לַחֲבֵרֵנוּ הַיָּקָר מַתָּן:
נְסִיעָה טוֹבָה, חָבֵר מַתָּן, שָׁלוֹם וּלְהִתְרָאוֹת!
– בְּרָאבוֹ! בְּרָאבוֹ! – קָרְאוּ כָּל הַחֲבֵרִים.
עַל הַשּׁוּלְחָנוֹת הָיוּ עוּגוֹת, מִיץ, תֵּה וְקָפֶה.
הַחֲבֵרִים אָכְלוּ וְשָׁתוּ. אַחַר־כָּךְ שָׁרוּ שִׁירֵי אֶרֶץ יִשְׂרָאֵל וְשִׁירֵי הַגָּלִיל עַד מְאוּחָר בַּלַּיְלָה.

אֵל יִבְנֶה הַגָּלִיל!
אֵל יִבְנֶה הַגָּלִיל!

סְמִיכוּת: שִׁירִים – שִׁירֵי־
שִׁירִים שֶׁל הַגָּלִיל – שִׁירֵי הַגָּלִיל
בָּנִים שֶׁל יִשְׂרָאֵל – בְּנֵי־יִשְׂרָאֵל

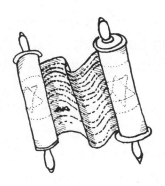

תּוֹרָה – תּוֹרַת־
תּוֹרָה שֶׁל מֹשֶׁה – תּוֹרַת־מֹשֶׁה
מְדִינָה שֶׁל יִשְׂרָאֵל – מְדִינַת יִשְׂרָאֵל
אֲרוּחָה שֶׁל עֶרֶב – אֲרוּחַת עֶרֶב

בַּיִת – בֵּית־
בַּיִת שֶׁל חוֹלִים – בֵּית חוֹלִים
חֶדֶר שֶׁל אוֹכֶל – חֲדַר אוֹכֶל

At Ben-Gurion Airport
בִּנְמַל תְּעוּפָה בֶּן־גּוּרִיוֹן

מַתָּן וְיַעֲקוֹב בָּאוּ מוּקְדָּם מְאוֹד לִנְמַל הַתְּעוּפָה בְּלוֹד.
הֵם קָמוּ בְּאַרְבַּע בַּבּוֹקֶר וְנָסְעוּ בַּמְּכוֹנִית שֶׁל הַקִּיבּוּץ.
בְּשֶׁבַע בַּבּוֹקֶר הֵם כְּבָר הָיוּ בִּנְמַל הַתְּעוּפָה.
הַשַּׁעַר הָיָה סָגוּר.

מָה לַעֲשׂוֹת?
מַתָּן רָאָה שׁוֹטֵר וְשָׁאַל אוֹתוֹ:
– סְלִיחָה, מַדּוּעַ הַשַּׁעַר סָגוּר?
– בּוֹקֶר טוֹב, אֲדוֹנִי – עָנָה הַשּׁוֹטֵר – הַשַּׁעַר לֹא סָגוּר.
אִם יֵשׁ לְךָ דַּרְכּוֹן וְכַרְטִיס־טִיסָה אתה יָכוֹל לְהִיכָּנֵס.
– הִנֵּה יֵשׁ לִי גַּם דַּרְכּוֹן וְגַם כַּרְטִיס־טִיסָה.
– אִם כֵּן, אתה יָכוֹל לְהִיכָּנֵס. הַשַּׁעַר פָּתוּחַ.
מַתָּן אָמַר שָׁלוֹם לַחֲבֵרוֹ יַעֲקוֹב וְנִכְנַס בַּשַּׁעַר.
בָּאוּלָם הָיוּ הַרְבֵּה מְאוֹד אֲנָשִׁים. לְכָל אֶחָד הָיְתָה מִזְוָדָה אוֹ שְׁתֵּי מִזְוָדוֹת.
מַתָּן שָׁאַל אֶת הַפָּקִיד:
– סְלִיחָה, מָתַי יוֹצֵא הַמָּטוֹס שֶׁלִּי?
הַפָּקִיד הִסְתַּכֵּל עַל הַכַּרְטִיס שֶׁל מַתָּן וְאָמַר:
– הַמָּטוֹס שֶׁלְּךָ יוֹצֵא בְּשָׁעָה שְׁמוֹנֶה וָחֵצִי. מִסְפַּר הַטִּיסָה שֶׁלְּךָ: שֵׁשׁ מֵאוֹת וְתֵשַׁע.
– אִם כֵּן, יֵשׁ לִי עוֹד זְמַן – אָמַר מַתָּן.
– כֵּן אֲדוֹנִי – אָמַר הַפָּקִיד – יֵשׁ לְךָ עוֹד הַרְבֵּה זְמַן.
אַתָּה יָכוֹל לִקְנוֹת מַתָּנָה בַּחֲנוּת שֶׁלָּנוּ. פֹּה לֹא מְשַׁלְּמִים מֶכֶס.
– תּוֹדָה רַבָּה!

מַתָּן הָלַךְ לַחֲנוּת.

– כַּמָּה עוֹלֶה הַשָּׁעוֹן הַזֶּה? – שָׁאַל מַתָּן.

– זֶה שָׁעוֹן טוֹב מְאוֹד. הוּא גַם שָׁעוֹן זוֹל.

– כַּמָּה הוּא עוֹלֶה?

– הוּא עוֹלֶה מָאתַיִם שֶׁקֶל. בָּעִיר הוּא עוֹלֶה יוֹתֵר: בָּעִיר הוּא עוֹלֶה מָאתַיִם
וַחֲמִישִׁים שֶׁקֶל.

– מָה עוֹד אֶפְשָׁר לִקְנוֹת פֹּה? – שָׁאַל מַתָּן.

– אַתָּה יָכוֹל לִקְנוֹת תִּיק יָפֶה. הוּא עוֹלֶה רַק מֵאָה וְעֶשְׂרִים שֶׁקֶל.

– כַּמָּה עוֹלֶה הַסֵּפֶר הַזֶּה?

– הַסֵּפֶר הַזֶּה עוֹלֶה....

"טִיסָה שֵׁשׁ מֵאוֹת וְתֵשַׁע! טִיסָה שֵׁשׁ מֵאוֹת וְתֵשַׁע!"

– סְלִיחָה – אָמַר מַתָּן – זֹאת הַטִּיסָה שֶׁלִּי. אֲנִי צָרִיךְ לָלֶכֶת.

– נְסִיעָה טוֹבָה, אֲדוֹנִי!

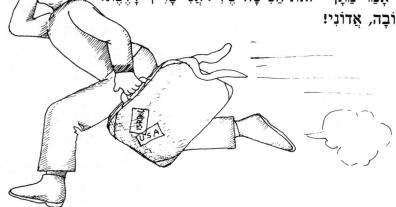

Words we have learned   מִלִּים שֶׁלָּמַדְנוּ

עָסוּק – busy	לְהִיכָּנֵס – to enter
דַּרְכּוֹן – passport	שׁוֹטֵר – policeman
נְסִיעָה – journey	אֲדוֹנִי – sir
מַתָּנָה – gift	אִם כֵּן – in that case
אֲסִיפָה – meeting, assembly	אוּלָם – hall
מִישֶׁהוּ – someone	מִזְוָדָה – suitcase
אָסוּר – forbidden	פָּקִיד – clerk
בֵּין – between, among	מָטוֹס – airplane
נְמַל־תְּעוּפָה – airport	טִיסָה – flight
שַׁעַר – gate (sháar)	מְחִיר – price
מֶכֶס – duty, customs (méches)	סַךְ הַכֹּל – total

STRUCTURE

1. Passive participle

בֵּינוֹנִי פָּעוּל

closed (m) סָגוּר

closed (f) סְגוּרָה

2. *smichut* (construct state) סְמִיכוּת

This is a changed form:

שִׁירִים becomes שִׁירֵי

תּוֹרָה becomes תּוֹרַת

בַּיִת becomes בֵּית

Out of these three words: הַשִּׁירִים שֶׁל הָאָרֶץ

שֶׁל is dropped and the first word is shortened. The הַ comes only before the second word: שִׁירֵי הָאָרֶץ

Patterns of speech and expressions:

Bon voyage!	נְסִיעָה טוֹבָה!
What is the matter?	מַה יֵּשׁ?
in that case	אִם כֵּן
How much does it cost?	כַּמָּה עוֹלֶה...?

Summary of the conjugations: סִיכּוּם הַנְּטִיּוֹת:

הוֹוֶה: אֲנִי

הִתְפַּעֵל	פִּיעֵל			פָּעַל
מִתְלַבֵּשׁ	מְדַבֵּר	גָּר	רוֹאֶה	כּוֹתֵב
מִתְפַּלֵּל	מְבַקֵּשׁ	קָם	קוֹנֶה	אוֹמֵר

עָבָר: (אֲנִי)

הִתְלַבַּשְׁתִּי	דִּיבַּרְתִּי	גַּרְתִּי	רָאִיתִי	כָּתַבְתִּי
הִתְפַּלַּלְתִּי	בִּיקַּשְׁתִּי	קַמְתִּי	קָנִיתִי	אָמַרְתִּי

pa'al, pi'el, hitpa'el are the three conjugations we have learned so far. As you can see, the endings are identical in spite of belonging to different conjugations.

תַּרְגִּיל 1 EXERCISE

בֵּינוֹנִי פָּעוּל. הַשְׁלֵם אֶת הֶחָסֵר.

The passive participle. Fill in the blanks.

אָ ס ו ּ ר לְ עַ שֵּׁ ן ! SMOKING FORBIDDEN!

הַפָּקִיד סָגַר אֶת הַבַּנְק; עַכְשָׁיו הַבַּנְק סָגוּר

מַתָּן כָּתַב מִכְתָּב; עַכְשָׁיו הַמִּכְתָּב כָּתוּב

הָרוֹפֵא פָּתַח אֶת הַחַלּוֹן; עַכְשָׁיו הַחַלּוֹן פָּתוּחַ

הַשּׁוֹטֵר אָסַר (forbade) אֶת הַדָּבָר; הַדָּבָר ____________

אִמָּא אוֹהֶבֶת אֶת הַיֶּלֶד; הַיֶּלֶד ________ עַל אִמּוֹ.

הָאִישׁ שָׁבַר אֶת הַכִּסֵּא; עַכְשָׁיו הַכִּסֵּא ____________

הַפָּקִיד סָפַר אֶת הַכֶּסֶף; הַכֶּסֶף סָפוּר

הַשּׁוֹטֵר יָדַע מִי הַגַּנָּב; הַגַּנָּב יָדוּעַ

כְּתוֹב מִשְׁפָּטִים דוֹמִים בִּנְקֵבָה וּבְרִיבּוּי:

Write similar sentencs in feminine and plural:

הַמּוֹכֵר סָגַר אֶת הַחֲנוּת; הַחֲנוּת סְגוּרָה

מַתָּן כָּתַב שְׁנֵי מִכְתָּבִים; הַמִּכְתָּבִים ____________

הָרוֹפֵא פָּתַח אֶת הַדֶּלֶת; הַדֶּלֶת ____________

הָאֵם אָהֲבָה אֶת הַיַּלְדָּה; הַיַּלְדָּה ____________

הַשּׁוֹטֵר אָסַר אֶת הָאֲסֵיפָה; הָאֲסֵיפָה ____________

אַבָּא שָׁבַר אֶת הַצַּלַּחַת; הַצַּלַּחַת ____________

הַפָּקִיד סָפַר אֶת הַשְּׁקָלִים; הַשְּׁקָלִים ____________

תַּרְגִּיל 2 EXERCISE

כְּתוֹב בְּמִלִּים: Write in words:

חֶשְׁבּוֹן Bill

מְעִיל (אֶלֶף מָאתַיִם וְאַרְבָּעִים שֶׁקֶל) 1240 שֶׁקֶל

שָׁעוֹן (____________) 780 שֶׁקֶל

סֵפֶר (____________) 70 שֶׁקֶל

נַעֲלַיִם (____________) 320 שֶׁקֶל

מִכְנָסַיִם (____________) 460 שֶׁקֶל

סך הכול Total ____ שֶׁקֶל

א. חַבֵּר בְּקוֹל: אֶפֶס, שְׁמוֹנֶה וְעוֹד... Add aloud

ב. כתוב שֶׁק Write a check (of the total)

בַּנְק עִירוֹנִי	City Bank
שַׁלְּמוּ לִפְקוּדַּת ______________	Pay to order
סַךְ ______________________________	
תַּאֲרִיךְ ______________	חֲתִימָה ______________

NOTE: From two to ten we use the plural form of the noun.

שְׁלוֹשָׁה שְׁקָלִים, עֲשָׂרָה שְׁקָלִים, אֲבָל...

From eleven up we use the singular form.

אַחַד עָשָׂר שֶׁקֶל, אֶלֶף שֶׁקֶל

תַּרְגִּיל EXERCISE 3

כֶּסֶף

זֶה שֶׁקֶל אֶחָד

אֵלֶּה חֲמִישָּׁה שְׁקָלִים

אֵלֶּה עֲשָׂרָה שְׁקָלִים

אֵלֶּה חֲמִישִּׁים שֶׁקֶל

זֹאת אֲגוֹרָה אַחַת

אֵלֶּה חָמֵשׁ אֲגוֹרוֹת

אֵלֶּה עֶשֶׂר אֲגוֹרוֹת

זֶה חֲצִי שֶׁקֶל

אָנוּ כּוֹתְבִים	אָנוּ אוֹמְרִים
ש' 2.10	שְׁנֵי שְׁקָלִים וְעֶשֶׂר אֲגוֹרוֹת
ש' 3.60	______________
ש' 15.00	______________
ש' 30.35	______________
ש' 4.18	______________

עֲנֵה עַל הַשְּׁאֵלוֹת:

כַּמָּה עוֹלֶה הַשָּׁעוֹן? (250.40 שקל)
הַשָּׁעוֹן עוֹלֶה מָאתַיִם חֲמִישִּׁים שֶׁקֶל וְאַרְבָּעִים אֲגוֹרוֹת

1. כַּמָּה עוֹלֶה הַמְּעִיל? (640.85 ש׳)
הַמְּעִיל _____

2. כַּמָּה עוֹלָה הַמִּזְוָדָה? (280.20 ש׳)
_____

3. כַּמָּה עוֹלָה הַשִּׂמְלָה? (612.50 ש׳)
_____

📼 תַּרְגִּיל 4 EXERCISE

Construct state:	סְמִיכוּת: *smichut:*
Write in two words:	כְּתוֹב בִּשְׁתֵּי מִלִּים:

אַנְשֵׁי שָׁלוֹם   אֲנָשִׁים שֶׁל שָׁלוֹם

_____ אֲרוּחָה שֶׁל בּוֹקֶר

_____ אֲסֵיפָה שֶׁל חֲבֵרִים

_____ בַּיִת שֶׁל חוֹלִים

_____ שִׁירִים שֶׁל הָאָרֶץ

_____

תַּרְגִּיל 5 EXERCISE

סַפֵּר עַל עַצְמְךָ: Tell about yourself:

1. מָתַי אתה קוֹנֶה מַתָּנוֹת? (יוֹם הוּלֶּדֶת, חַג, בַּר־מִצְוָה)
_____

2. בִּשְׁבִיל מִי אתה קוֹנֶה מַתָּנוֹת?
_____

3. אֵיזוֹ מַתָּנָה אתה קוֹנֶה?
_____

4. אֵיזוֹ מַתָּנָה הָיִיתָ רוֹצֶה לְקַבֵּל?
_____

5. מִי קוֹנֶה לְךָ מַתָּנוֹת?
_____

Let us play bingo: אנחנו עוֹשִׂים בִּינְגוֹ:

The bingo will not only be diverting as a game, but will be an excellent review of the verb.

Prepare a board of sixteen verbs in the *present* tense and 16 paper tags with the same words, in the *past* tense.

To play: cover the word on the board with a matching tag.

The rules of the game are given on page 23.

הוֹוֶה	עָבָר	הוֹוֶה	עָבָר
הוֹלֶכֶת	הָלְכָה	מְשַׁלֶּמֶת	שִׁילְמָה
מִתְעוֹרֵר	הִתְעוֹרֵר	קוֹנֶה	קָנָה
קָמִים	קָמוּ	אוֹמֵר	אָמַר
מִתְלַבֶּשֶׁת	הִתְלַבְּשָׁה	בָּאִים	בָּאוּ
מְדַבְּרוֹת	דִיבְּרוּ	מְבַקְּרִים	בִּיקְּרוּ
מִתְפַּלְלִים	הִתְפַּלְלוּ	חוֹשֵׁב	חָשַׁב
רוֹצָה	רָצְתָה	מְלַמְּדוֹת	לִימְּדוּ
גָרוֹת	גָרוּ	עוֹשָׂה	עָשְׂתָה

הוֹלֶכֶת	מְדַבְּרוֹת	קוֹנֶה	חוֹשֵׁב
מִתְעוֹרֵר	מִתְפַּלְלִים	מְשַׁלֶּמֶת	מְבַקְּרִים
קָמִים	רוֹצָה	אוֹמֵר	עוֹשָׂה
מִתְלַבֵּשׁ	גָרוֹת	בָּאִים	מְלַמְּדוֹת

יְחִידָה תְּשַׁע־עֶשְׂרֵה

Invitation to a Bar-Mitzva
הַזְמָנָה לְבַר מִצְוָה

דָּן בָּא הַבַּיְתָה. אַבָּא שֶׁל דָּן יָשַׁב עַל יַד הַטֶּלֶוִיזְיָה.
– שָׁלוֹם, אַבָּא – אָמַר דָּן – אֵיךְ אַתָּה מַרְגִּישׁ?
– תּוֹדָה, דָּן – אָמַר אַבָּא – אני מַרְגִּישׁ יוֹתֵר טוֹב הַיּוֹם.
דָּן רָאָה מִכְתָּב עַל הַשּׁוּלְחָן. הַמִּכְתָּב הָיָה בִּשְׁבִילוֹ.
דָּן לָקַח אֶת הַמִּכְתָּב, פָּתַח אֶת הַמַּעֲטָפָה וְקָרָא:

הַזְמָנָה

בְּנֵנוּ הַיָּקָר, **עָ מִ י ת,**
הִגִּיעַ לְמִצְווֹת.

נְקַבֵּל אוֹרְחִים בְּבֵיתֵנוּ, בִּרְחוֹב הַפְּרָחִים 23,
בְּיוֹם רִאשׁוֹן, א׳ נִיסָן (אַרְבָּעָה בְּאַפְּרִיל)
מִן הַשָּׁעָה 16.00 עַד הַשָּׁעָה 20.00
נִשְׂמַח לִרְאוֹת אֶתְכֶם אֶצְלֵנוּ.

דַּפְנָה וְיִגְאָל גַּנוֹר.

אַבָּא שֶׁל דָּן שָׁאַל:
– מָה הַמִּכְתָּב הַזֶּה?
– הַזְמָנָה לְבַר־מִצְוָה.
– הוֹ, חָשַׁבְתִּי שֶׁזֶּה חֶשְׁבּוֹן הַמַּיִם. מָתַי תְּשַׁלֵּם אֶת חֶשְׁבּוֹן הַמַּיִם, דָּן?
– אֲשַׁלֵּם מָחָר, אַבָּא. אוֹ אוּלַי אֲבַקֵּשׁ מִן הַמַּזְכִּירָה שֶׁלִּי שֶׁתְּשַׁלֵּם אֶת הַחֶשְׁבּוֹן.

How do we get there?
אֵיךְ מַגִּיעִים לְשָׁם?

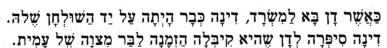

כַּאֲשֶׁר דָּן בָּא לַמִּשְׂרָד, דִּינָה כְּבָר הָיְתָה עַל יַד הַשּׁוּלְחָן שֶׁלָּהּ.
דִּינָה סִיפְּרָה לְדָן שֶׁהִיא קִיבְּלָה הַזְמָנָה לְבַר מִצְוָה שֶׁל עָמִית.
– גַּם אני קִיבַּלְתִּי הַזְמָנָה אֶתְמוֹל – אָמַר דָּן.
– אֵיךְ מַגִּיעִים לִרְחוֹב הַפְּרָחִים? אוּלַי אתה יוֹדֵעַ, דָּן?

– לֹא, אני לא יוֹדֵעַ אֵיךְ מַגִּיעִים לִרְחוֹב הַפְּרָחִים.
כְּדַאי לְצַלְצֵל לְיִגְאָל וְלִשְׁאוֹל אוֹתוֹ אֵיךְ מַגִּיעִים לַבַּיִת שֶׁלּוֹ.
– טוֹב. אֲחַפֵּשׂ אֶת מִסְפַּר הַטֶּלֶפוֹן שֶׁל יִגְאָל בְּסֵפֶר הַטֶּלֶפוֹנִים.
דִּינָה חִיפְּשָׂה בְּסֵפֶר הַטֶּלֶפוֹנִים וּמָצְאָה אֶת הַמִּסְפָּר.
הִיא צִלְצְלָה וְצִלְצְלָה.
לֹא הָיְתָה תְּשׁוּבָה.
– אֲנִי חוֹשֶׁבֶת שֶׁהֵם לֹא בַּבַּיִת – אָמְרָה דִּינָה.
– אַתְּ יוֹדַעַת מַה, דִּינָה? בְּהַפְסָקַת הַצָּהֳרַיִם נְטַיֵּל קְצָת בָּרְחוֹב.
נִשְׁאַל אֵיךְ מַגִּיעִים לִרְחוֹב הַפְּרָחִים.
– טוֹב מְאוֹד. אֲנִי אוֹהֶבֶת לְטַיֵּל בָּרְחוֹבוֹת בִּזְמַן הַפְסָקַת צָהֳרַיִם.
דִּינָה וְדָן יָצְאוּ מִן הַמִּשְׂרָד. בָּרְחוֹב פָּגְשׁוּ אִישׁ אֶחָד וְשָׁאֲלוּ אוֹתוֹ:
– סְלִיחָה, אֲדוֹנִי, אוּלַי אַתָּה יוֹדֵעַ אֵיךְ מַגִּיעִים לִרְחוֹב הַפְּרָחִים?
– דָּן? אַתָּה דָּן? אַתָּה לֹא מַכִּיר אוֹתִי? – אָמַר הָאִישׁ.
– ג׳וֹרְג׳! שֵׁשׁ שָׁנִים לֹא רָאִיתִי אוֹתְךָ!
דִּינָה עָמְדָה מִן הַצַּד.
ג׳וֹרְג׳ דִּיבֵּר וְדִיבֵּר.

דָּן שָׁמַע וְשָׁמַע.
דִּינָה עָמְדָה מִן הַצַּד וְחָשְׁבָה:
– עַד מָתַי הֵם יְדַבְּרוּ?
סוֹף סוֹף גָּמְרוּ לְדַבֵּר. ג׳וֹרְג׳ אָמַר "שָׁלוֹם" וְהָלַךְ.
– מִי זֶה הָיָה? – שָׁאֲלָה דִּינָה.
– זֶה הָיָה ג׳וֹרְג׳. לָמַדְנוּ יַחַד בָּאוּנִיבֶרְסִיטָה.
– אָז מַה?
– זָכַרְתִּי מַה שֶּׁכָּתַב דֵּייל קַרְנֶגִי. אִם אַתָּה רוֹצֶה לִהְיוֹת חָבִיב, אַתָּה צָרִיךְ רַק לִשְׁמוֹעַ.
– לֹא לְדַבֵּר?
– לֹא, לֹא לְדַבֵּר. רַק לִשְׁמוֹעַ. אֲנִי שָׁמַעְתִּי וְשָׁמַעְתִּי. עַכְשָׁיו אֲנִי יוֹדֵעַ מַה הוּא חוֹשֵׁב עָלַי.
– מַה הוּא חוֹשֵׁב עָלֶיךָ?
– הוּא חוֹשֵׁב שֶׁאֲנִי אָדָם חָבִיב וְנֶחְמָד.
– אֲבָל מָה אַתָּה חוֹשֵׁב עָלָיו, דָּן?
דָּן צָחַק וְאָמַר:
– אֲנִי חוֹשֵׁב שֶׁהוּא נוּדְנִיק גָּדוֹל.

דִּינָה אָמְרָה: – עַכְשָׁיו יֵשׁ לִי שְׁאֵלָה:
– אֵיךְ מַגִּיעִים לִרְחוֹב הַפְּרָחִים?
– כֵּן – אָמַר דָּן – אֵיךְ מַגִּיעִים לִרְחוֹב הַפְּרָחִים?

Conjugation (Future):		נְטִיָּה בֶּעָתִיד: דַּבֵּר
	יָחִיד:	
I will speak	אֲדַבֵּר	(אֲנִי)
you will speak (m)	תְּדַבֵּר	(אַתָּה)
you will speak (f)	תְּדַבְּרִי	(אַתְּ)
he will speak	יְדַבֵּר	(הוּא)
she will speak	תְּדַבֵּר	(הִיא)
	רִבּוּי:	
we will speak		נְדַבֵּר
you will speak		תְּדַבְּרוּ
they will speak		יְדַבְּרוּ
to speak		לְדַבֵּר

NOTE: There is a feminine form in the plural: תְּדַבֵּרְנָה
This form appears in the Bible and is still used today. But most people use the masculine plural form for both genders. It is also the official form used in "The Voice of Israel" broadcasts.
These verbs, like **דבר** also belong to *pi'el:*

pay	**שלם**	ask	**בקש**	receive	קבל
look	**חפש**	arrange	סדר	tell	ספר
ring	**צלצל**	mend	תקן	travel	טייל

They have arrived
הֵם הִגִּיעוּ לְשָׁם

הִגִּיעַ תַּאֲרִיךְ הַבַּר מִצְוָה.
בְּיוֹם רִאשׁוֹן, אַרְבָּעָה בְּאַפְּרִיל, יָצְאוּ דִּינָה וְדָן לַבַּיִת שֶׁל מִשְׁפַּחַת גַּנּוֹר.

אֲבָל...

הם עוֹד לא יָדעוּ אֵיךְ מַגִיעִים לִרְחוֹב הַפְּרָחִים.

– מַה נַעֲשֶׂה? – שָׁאֲלָה דִינָה.

– הִנֵה שׁוֹטֵר. נִשְׁאַל אוֹתוֹ – אָמַר דָן.

דָן וְדִינָה שָׁאֲלוּ אֶת הַשׁוֹטֵר:

– סְלִיחָה, אֵיךְ מַגִיעִים לִרְחוֹב הַפְּרָחִים?

– זֶה רָחוֹק מִפֹּה. יֵשׁ לָכֶם מְכוֹנִית?

– כֵּן, יֵשׁ לָנוּ מְכוֹנִית.

– זֶה יוֹתֵר טוֹב. נוֹסְעִים יָשָׁר. בָּרַמְזוֹר הָרִאשׁוֹן פּוֹנִים יָמִינָה. מַגִיעִים לְסוּפֶּרְמַרְקֶט גָדוֹל. שָׁם פּוֹנִים שְׂמֹאלָה. אַחַר כָּךְ נוֹסְעִים יָשָׁר ו...

– רֶגַע, סְלִיחָה!

– כֵּן? – שָׁאַל הַשׁוֹטֵר.

– אוֹמְרִים שֶׁעִם מַפָּה זֶה יוֹתֵר קַל.

– נָכוֹן – אָמַר הַשׁוֹטֵר – עִם מַפָּה זֶה יוֹתֵר קַל.

– אוּלַי יֵשׁ לְךָ מַפָּה? – שָׁאֲלָה דִינָה.

– בְּוַדַאי שֶׁיֵשׁ לִי מַפָּה – אָמַר הַשׁוֹטֵר – הִנֵה הִיא.

– יוֹפִי! – אָמַר דָן – סוֹף סוֹף אני יוֹדֵעַ אֵיךְ מַגִיעִים לִרְחוֹב הַפְּרָחִים. תּוֹדָה רַבָּה!

– עַל לֹא דָבָר – עָנָה הַשׁוֹטֵר – אֲבַקֵשׁ לִנְסוֹעַ לְאַט.

– אנחנו יוֹדְעִים – אָמַר דָן – כַּאֲשֶׁר מַגִיעִים לְרַמְזוֹר, מִסתַכְּלִים: אִם יֵשׁ אוֹר אָדוֹם, עוֹמְדִים. אִם יֵשׁ אוֹר יָרוֹק, נוֹסְעִים.

– אֱמֶת – אָמַר הַשׁוֹטֵר וְצָחַק – נְסִיעָה טוֹבָה!

מִלִים שֶׁלָמַדְנוּ Words we have learned

מַגִיעִים – one arrives
מַעֲטָפָה – envelope
הַזְמָנָה – invitation
נִשְׂמַח – we will be happy
נִשְׁאַל – we will ask
חִיפֵּשׂ – looked for
תְּשׁוּבָה – answer
טִיֵל – go for a walk

בְּוַדַאי – sure, of course	נוּדְנִיק – nagger (colloquial)
יוֹפִי – good!, beauty	קָצָר – short
לְאַט – slowly	אוֹר – light
יָרֵחַ – moon	יָשָׁר – straight
שֶׁמֶשׁ – sun	רַמְזוֹר – traffic light
לִפְעָמִים – sometimes	פּוֹנִים – one turns
חוּפְשָׁה – vacation	מַפָּה – map

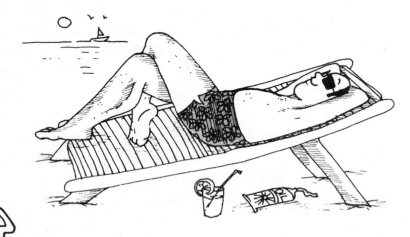

STRUCTURE

1. FUTURE TENSE: The future is formed by adding one of these four prefixes: א, ת, נ, י

The *nikud* (vocalization) varies somewhat in different conjugations.

2. The expression: "one hears" takes in Hebrew the form of plural without a subject: שׁוֹמְעִים

Patterns of speech and expressions:

He became bar-mitzva	הִגִיעַ לְמִצְווֹת
I ask (request)	אֲנִי מְבַקֵשׁ מ...
How do you get to...?	אֵיךְ מַגִיעִים ל...
on the side	מִן הַצַד
So what? (colloquial)	אָז מָה?

The Hebrew Calendar: הַלּוּחַ הָעִבְרִי:

הַלּוּחַ הָעִבְרִי הוּא לוּחַ יָרֵחַ וְלֹא לוּחַ שֶׁמֶשׁ.
הֶחֳדָשִׁים הָעִבְרִיִּים הֵם יוֹתֵר קְצָרִים:
יֵשׁ חֳדָשִׁים עִם 29 יוֹם.
יֵשׁ חֳדָשִׁים עִם 30 יוֹם.
גַּם הַשָּׁנָה הָעִבְרִית יוֹתֵר קְצָרָה.
פַּעַם בִּשְׁנָתַיִם אוֹ פַּעַם בְּשָׁלוֹשׁ שָׁנִים יֵשׁ בַּשָּׁנָה שְׁלוֹשָׁה־עָשָׂר חֳדָשִׁים.
לַשָּׁנָה עִם שְׁלוֹשָׁה־עָשָׂר חֳדָשִׁים קוֹרְאִים: שָׁנָה מְעוּבֶּרֶת
שֵׁם הַחוֹדֶשׁ הַשְּׁלוֹשָׁה־עָשָׂר הוּא אֲדָר ב'.

תַּרְגִיל 1 EXERCISE

עֲנֵה עַל הַשְּׁאֵלוֹת: Answer the questions:

א.   כַּמָּה יָמִים יֵשׁ בַּחוֹדֶשׁ הָעִבְרִי? _____

ב.   מַה זֹאת שָׁנָה מְעוּבֶּרֶת? _____

ג.   מַה שֵׁם הַחוֹדֶשׁ הַשְּׁלוֹשָׁה־עָשָׂר? _____

תַּרְגִיל 2 EXERCISE

הַטֵּה בְּעָתִיד: Conjugate in future:

mend תקן	receive קבל	pay שלם	
_____	_____	אֲשַׁלֵם	(אֲנִי)
_____	תְּקַבֵּל	_____	(אַתָּה)
תְּתַקְּנִי	_____	_____	(אַתְּ)
_____	_____	יְשַׁלֵם	(הוּא)
_____	תְּקַבֵּל	_____	(הִיא)
נְתַקֵּן	_____	_____	(אֲנַחְנוּ)
_____	_____	תְּשַׁלְמוּ	(אַתֶּם)
_____	יְקַבְּלוּ	_____	(הֵם–הֵן)

תַּרְגִּיל 3 EXERCISE

כתוב בֶּעָתִיד: Write in future:

א. דָּן אָמַר לְדִינָה:

מָחָר (צלצל) תְּצַלְצְלִי לְאִישׁ הַטֶּלֶפוֹנִים, ו(בקש) ________________
מִמֶּנּוּ שֶׁיָּבוֹא מָחָר ו(תקן) ________________ אֶת הַטֶּלֶפוֹן.

ב. מָה אָמַרְתִּי לָךְ, דִינָה?

דִינָה: מָחָר (צלצל) אֲצַלְצֵל לְאִישׁ הַטֶּלֶפוֹנִים, ו(בקש) ________________
מִמֶּנּוּ שֶׁיָּבוֹא בְּשָׁעָה עֶשֶׂר ו(תקן) ________________ אֶת הַטֶּלֶפוֹן.

ג. דִינָה אָמְרָה לְדָן:

בַּשָּׁבוּעַ הַבָּא אֲנִי (קבל) אֲקַבֵּל חוּפְשָׁה ו(טייל) ________ בְּמֶקְסִיקוֹ.
אַחַר כָּךְ (ספר) ________ לְךָ אֵיךְ הָיָה.

ד. מָה אָמַרְתִּי לְךָ דָן?

דָן: בַּשָּׁבוּעַ הַבָּא (קבל) תְּקַבְּלִי חוּפְשָׁה ו(טייל) ________________
בְּמֶקְסִיקוֹ. אַחַר כָּךְ (ספר) ________________ לִי, אֵיךְ הָיָה.

תַּרְגִּיל 4 EXERCISE

מֵעָבָר לֶעָתִיד: From past into future:

א. הֵם דִּיבְּרוּ אֶתְמוֹל עַל הַבַּר מִצְוָה מָחָר יְדַבְּרוּ עַל הַבַּר מִצְוָה.
ב. אֶתְמוֹל דַּפְנָה קִיבְּלָה שִׂמְלָה חֲדָשָׁה ________________
ג. יִגְאָל קִיבֵּל מִדַּפְנָה שָׁעוֹן חָדָשׁ ________________
ד. יִגְאָל סִיפֵּר לְסוּזָן עַל הַקִּיבּוּץ ________________
ה. דָּן תִּיקֵּן אֶת הַתִּיק ________________
ו. הֵן חִיפְּשׂוּ מַתָּנוֹת לְבַר מִצְוָה ________________
ז. דַּפְנָה שָׁאֲלָה: "יִגְאָל, מָתַי דִּיבַּרְתָּ עִם סוּזָן?" ________________

תַּרְגִּיל 5 EXERCISE

מִזָּכָר לִנְקֵבָה: Masculine into feminine:

א. בַּשָּׁבוּעַ הַבָּא יִגְאָל יְשַׁלֵּם אֶת הַחֶשְׁבּוֹן	א. בַּשָּׁבוּעַ הַבָּא דַּפְנָה תְּשַׁלֵּם אֶת הַחֶשְׁבּוֹן
ב. עָמִית, מָתַי תְּסַדֵּר אֶת הַחֶדֶר?	ב. עֵינַת, מָתַי ________ אֶת הַחֶדֶר
ג. בַּשָּׁבוּעַ הַבָּא הוּא יְקַבֵּל אֶת הַכֶּסֶף	ג. בַּשָּׁבוּעַ הַבָּא ________ אֶת הַכֶּסֶף

EXERCISE 6 תַּרְגִּיל

אֵיךְ מַגִּיעִים מ... ל...? How do you get from... to...?

אֵיךְ מַגִּיעִים מִן הַתַּחֲנָה הַמֶּרְכָּזִית לַכְּנֶסֶת?

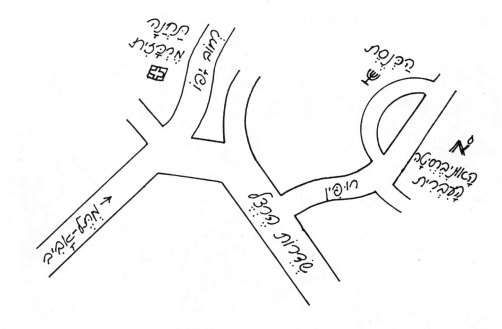

EXERCISE 7 תַּרְגִּיל

תַּרְגֵּם: Translate:

1. אֵיךְ אוֹמְרִים בְּאַנְגְּלִית: "בּוֹקֶר טוֹב"? ______
2. אוֹמְרִים שֶׁבְּתֵל־אָבִיב חַם מְאוֹד. ______
3. אֲנִי רוֹצֶה לָדַעַת אֵיפֹה לוֹמְדִים עִבְרִית. ______
4. אֵיךְ עוֹשִׂים עוּגָה טוֹבָה? ______

יְחִידָה עֶשְׂרִים

What will she wear?
מָה הִיא תִּלְבַּשׁ?

יוֹם שִׁישִׁי בַּבּוֹקֶר.

יוֹמַיִם לִפְנֵי הַבַּר־מִצְוָה שֶׁל עָמִית. דַּפְנָה עוֹד לֹא יוֹדַעַת אֵיזוֹ שִׂמְלָה הִיא תִּלְבַּשׁ.

– מָה אֲנִי אֶלְבַּשׁ? – הִיא שׁוֹאֶלֶת.

– אִמָּא – אוֹמֶרֶת שִׁירָה – אַתְּ תִּלְבְּשִׁי אֶת הַשִּׂמְלָה הַכְּחוּלָּה שֶׁלָּךְ. גַּם אֲנִי אֶלְבַּשׁ אֶת הַשִּׂמְלָה הַכְּחוּלָּה שֶׁלִּי. זֶה יִהְיֶה יָפֶה מְאוֹד.

– לֹא כְּדַאי, שֶׁגַּם אִמָּא וְגַם אַתְּ תִּלְבְּשׁוּ שְׂמָלוֹת כְּחוּלוֹת – אָמַר עָמִית.

– עָמִית – אָמְרָה דַּפְנָה – מָה אַתָּה עוֹשֶׂה פֹּה? מָתַי תִּלְמַד אֶת הַבְּרָכָה לַתּוֹרָה?

– אֶלְמַד אוֹתָהּ אַחַר כָּךְ. עַכְשָׁיו אֲנִי רוֹצֶה לִנְסוֹעַ עִם אַבָּא לִנְמַל הַתְּעוּפָה לְהָבִיא אֶת דּוֹד מַתָּן.

– מָתַי תִּכְתּוֹב אֶת הַשִּׁעוּרִים?

– אֵין לִי שִׁעוּרִים.

– אִם אַתֶּם רוֹצִים לִנְסוֹעַ לִנְמַל הַתְּעוּפָה, הִגִּיעַ הַזְּמַן שֶׁתִּתְרַחֲצוּ וְתִתְלַבְּשׁוּ יָפֶה.

– מַה נִּלְבַּשׁ, אִמָּא? – שָׁאֲלָה עֵינַת – צָרִיךְ הַיּוֹם מְעִיל גֶּשֶׁם?

– לֹא צָרִיךְ מְעִיל גֶּשֶׁם – אָמְרָה שִׁירָה – הַיּוֹם יוֹם יָפֶה. לֹא יוֹרֵד גֶּשֶׁם.

– בֶּאֱמֶת? יֵשׁ הַיּוֹם שֶׁמֶשׁ?

דַּפְנָה הָלְכָה לַחַלּוֹן וְהִסְתַּכְּלָה. הָיָה יוֹם יָפֶה. הַשָּׁמַיִם הָיוּ כְּחוּלִּים.

– כֵּן. הַיּוֹם יוֹם יָפֶה.

מִישֶׁהוּ צִלְצֵל בַּדֶּלֶת.

– אִמָּא, מְצַלְצְלִים בַּדֶּלֶת – אָמְרוּ הַיְלָדִים.

– מִי יִפְתַּח אֶת הַדֶּלֶת, יְלָדִים?

– אֲנִי אֶפְתַּח, אֲנִי אֶפְתַּח! – אָמְרוּ הַיְלָדִים בְּיַחַד.

זֶה הָיָה יִגְאָל. הוּא אָמַר:

– יְלָדִים, אִם לֹא תִּתְלַבְּשׁוּ מִיָּד, נְאַחֵר.

הַיְלָדִים הִתְלַבְּשׁוּ מַהֵר וְיָצְאוּ מִן הַבַּיִת.

דַּפְנָה נִשְׁאֲרָה לְבַדָּהּ. הִיא יָשְׁבָה וְחָשְׁבָה:

”אֵיזוֹ שִׂמְלָה אֶלְבַּשׁ לַבַּר מִצְוָה?“

Conjugation of *pa'al* (future):			נְטִיָּה בֶּעָתִיד שֶׁל פָּעַל: למד
	רִבּוּי		יָחִיד
we will learn	נִלְמַד	I will learn	אֶלְמַד
you will learn	תִּלְמְדוּ	you will learn (m)	תִּלְמַד
they will learn	יִלְמְדוּ	you will learn (f)	תִּלְמְדִי
		he will learn	יִלְמַד
to learn	לִלְמוֹד	she will learn	תִּלְמַד

Conjugation of *hitpa'el* (future):	נְטִיָּה בְּעָתִיד שֶׁל הִתְפַּעֵל: לבש
	יָחִיד
I will dress myself	אֶתְלַבֵּשׁ
you will dress yourself (m)	תִּתְלַבֵּשׁ
you will dress yourself (f)	תִּתְלַבְּשִׁי
he will dress himself	יִתְלַבֵּשׁ
she will dress herself	תִּתְלַבֵּשׁ
	רִבּוּי
we will dress ourselves	נִתְלַבֵּשׁ
you will dress yourselves	תִּתְלַבְּשׁוּ
they will dress themselves	יִתְלַבְּשׁוּ
to dress oneself	לְהִתְלַבֵּשׁ

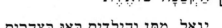

The Little Girl Asks
הַקְּטַנָּה שׁוֹאֶלֶת

יִגְאָל, מַתָּן וְהַיְלָדִים בָּאוּ בַּצָּהֳרַיִם. מַתָּן הֵבִיא מַתָּנוֹת יָפוֹת:
לְדַפְנָה וְיִגְאָל הֵבִיא צַלַּחַת לְסֵדֶר פֶּסַח.
לַעֲמִית הֵבִיא טַלִּית וּתְפִילִּין מִירוּשָׁלַיִם.

– לֹא הָיִיתָ צָרִיךְ לִקְנוֹת כָּל כָּךְ הַרְבֵּה מַתָּנוֹת – אָמְרָה לוֹ דַפְנָה.

– הִנֵּה עוֹד מְעַט סֵדֶר פֶּסַח. אַתְּ צְרִיכָה צַלַּחַת לְסֵדֶר פֶּסַח.

– הַצַּלַּחַת יָפָה מְאוֹד – אָמְרָה עֵינַת.

– מִי יִשְׁאַל אֶת אַרְבַּע הַקּוּשְׁיוֹת בְּלֵיל הַסֵּדֶר? – שָׁאַל מַתָּן.
– שִׁירָה תִּשְׁאַל – אָמַר עָמִית – הִיא הַקְּטַנָּה בְּיוֹתֵר.
– נָכוֹן – אָמְרָה שִׁירָה – אֲנִי אֶשְׁאַל אֶת אַרְבַּע הַקּוּשְׁיוֹת.
– אַתְּ יוֹדַעַת אֶת כָּל אַרְבַּע הַקּוּשְׁיוֹת?
– בְּוַדַּאי שֶׁאֲנִי יוֹדַעַת. אֲנִי כְּבָר גְּדוֹלָה, נָכוֹן, אִמָּא?

מַדּוּעַ צָחַק מַתָּן?

– דּוֹד מַתָּן – שָׁאַל יִגְאָל – אֵיךְ הָיְתָה הַנְּסִיעָה?
– הָיְתָה נְסִיעָה נְעִימָה. לֹא הָיָה חוֹם. בַּמָּטוֹס הָיוּ מְעַט אֲנָשִׁים. הָיָה שֶׁקֶט.
– יֵשׁ לְךָ מַזָּל שֶׁלֹּא יָרַד גֶּשֶׁם הַיּוֹם. לִפְעָמִים גַּם קַר וְצָרִיךְ מְעִיל גֶּשֶׁם.
– אִם כֵּן, אֲנִי שָׂמֵחַ שֶׁלֹּא יָרַד גֶּשֶׁם – אָמַר מַתָּן – אֵין לִי מְעִיל גֶּשֶׁם. אֵין לִי אֲפִילוּ מִטְרִיָּה – אָמַר מַתָּן וְצָחַק.
– לָמָּה אַתָּה צוֹחֵק, דּוֹד מַתָּן? – שָׁאֲלוּ הַיְלָדִים.
– כַּאֲשֶׁר יָצָאתִי מִן הַמָּטוֹס רָאִיתִי אִישׁ זָקֵן. לָאִישׁ הָיְתָה מִטְרִיָּה.
אָמַרְתִּי לוֹ: ״סְלִיחָה, אֲדוֹנִי. הַיּוֹם יוֹם יָפֶה. הַשָּׁמַיִם כְּחוּלִים. יֵשׁ שֶׁמֶשׁ. לָמָּה לְךָ מִטְרִיָּה?״
״אֲנִי אִישׁ זָקֵן מְאוֹד. קָשֶׁה לִי לָלֶכֶת. אֲנִי צָרִיךְ מַקֵּל. אֲבָל אִם אֲנִי הוֹלֵךְ עִם מַקֵּל, אֲנָשִׁים אוֹמְרִים:
'הִנֵּה אִישׁ זָקֵן!'
״אֲבָל לָמָּה לְךָ מִטְרִיָּה?״ שָׁאַלְתִּי אוֹתוֹ.
״אִם יֵשׁ לִי מִטְרִיָּה, אֲנִי לֹא צָרִיךְ מַקֵּל״.
״אֲבָל מָה אוֹמְרִים אֲנָשִׁים כַּאֲשֶׁר יֵשׁ לְךָ מִטְרִיָּה בְּיוֹם שֶׁמֶשׁ?״
״הָאֲנָשִׁים לֹא אוֹמְרִים: 'אֵיזֶה אִישׁ זָקֵן.' הֵם רַק אוֹמְרִים:
'אֵיזֶה אִישׁ טִיפֵּשׁ!'״
״וְזֶה יָפֶה?״ שָׁאַלְתִּי אֶת הָאִישׁ.
״כֵּן, זֶה יָפֶה מְאוֹד,״ עָנָה הָאִישׁ הַזָּקֵן.
– לָכֵן צָחַקְתִּי – גָּמַר מַתָּן אֶת הַסִּיפּוּר.
אֲבָל הַיְלָדִים לֹא צָחֲקוּ.

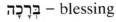

Words we have learned מִילִים שֶׁלָּמַדְנוּ

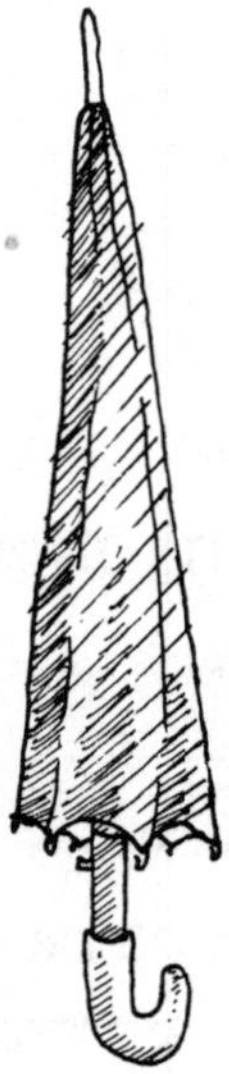

בְּרָכָה – blessing
לְהָבִיא – to bring
גֶּשֶׁם – rain (géshem)
שָׁמַיִם – sky (shamáyim)
מִטְרִיָּה – umbrella
הֵבִיא – brought
טַלִּית – prayer shawl
גֶּבֶר – man (géver)
מֶזֶג אֲוִיר – weather (mézeg avir)
רוּחַ – wind (rúach)
מְעִיל גֶּשֶׁם – raincoat
מַקֵּל – walking stick
טִיפֵּשׁ – fool
מַתְאִים – fits
קוּשְׁיָה – difficult question
סֵדֶר פֶּסַח – Seder (Passover service)
רֵיק – empty, deserted
חַכֵּה – wait
יָרוֹק – green
מְבוּגָר – adult

STRUCTURE

1. The *nikud* (vocalization) of the prefixes in the future tense is similar in most conjugations:

The first person singular is "e" אֶ

all the others are "i" תִ, יִ, נִ

2. The following nouns occur only in the plural:

מַיִם, שָׁמַיִם, חַיִּים

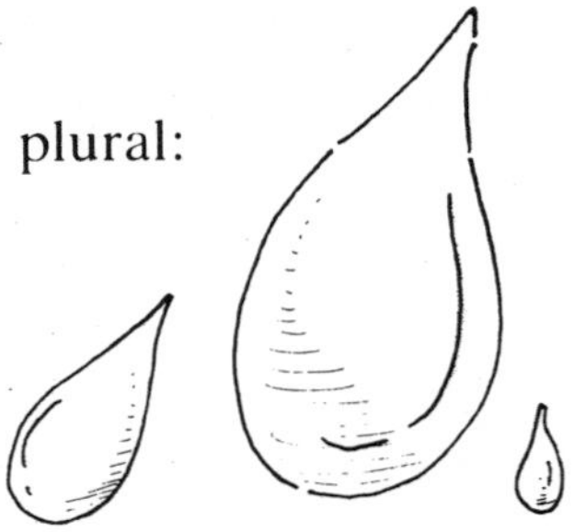

Their adjectives match accordingly:

cold water מַיִם קָרִים

a good life חַיִּים טוֹבִים

Patterns of speech and expressions:

Why not?	לָמָּה לֹא?
all in all	בְּסַךְ הַכֹּל
the time has come	הִגִּיעַ הַזְּמַן
you are lucky	יֵשׁ לְךָ מַזָּל
it rains, it is raining	יוֹרֵד גֶּשֶׁם
it becomes you, it fits you	מַתְאִים לְךָ

תַּרְגִּיל 1 EXERCISE

הַטֵּה:

dress לבש — look הסתכל

יָחִיד

(אֲנִי) אֶלְבַּשׁ ______

(אַתָּה) ______ תִּסְתַּכֵּל

(אַתְּ) תִּלְבְּשִׁי ______

(הוּא) ______ ______

(הִיא) ______ תִּסְתַּכֵּל

רִיבּוּי

(אֲנַחְנוּ) נִלְבַּשׁ ______

(אַתֶּם–אַתֶּן) ______ ______

(הֵם–הֵן) ______ יִסְתַּכְּלוּ

תַּרְגִּיל 2 EXERCISE

הִיא שׁוֹאֶלֶת – הוּא עוֹנֶה: She asks, he answers:

? הַשִּׂמְלָה שֶׁלִּי יָפָה? הַתִּיק שֶׁלִּי יָפֶה?
הַמְּעִיל שֶׁלִּי יָפֶה? הַנַּעֲלַיִם שֶׁלִּי יָפוֹת?

☒ כֵּן. לֹא.

? מַדּוּעַ?

☒ מִפְּנֵי שֶׁמַּתְאִים לָךְ. מִפְּנֵי שֶׁמַּתְאִים לְצֶבַע הָעֵינַיִם שֶׁלָּךְ.
מִפְּנֵי שֶׁלֹּא מַתְאִים לָךְ. מִפְּנֵי שֶׁלֹּא מַתְאִים לְצֶבַע הַשִּׂמְלָה.

______________________________ ?
______________________________ ☒
______________________________ ?
______________________________ ☒

______________________________ ?
______________________________ ☒
______________________________ ?
______________________________ ☒

______________________________ ?
______________________________ ☒
______________________________ ?
______________________________ ☒

______________________________ ?
______________________________ ☒
______________________________ ?
______________________________ ☒

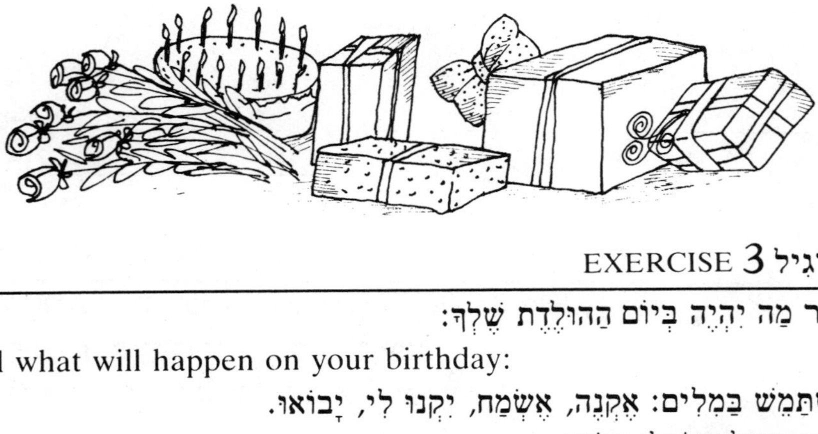

תַּרְגִּיל 3 EXERCISE

סַפֵּר מַה יִהְיֶה בְּיוֹם הַהוּלֶדֶת שֶׁלְּךָ:

Tell what will happen on your birthday:

הִשְׁתַּמֵּשׁ בַּמִּלִּים: אֶקְנֶה, אֶשְׂמַח, יִקְנוּ לִי, יָבוֹאוּ.

בְּיוֹם הַהוּלֶדֶת שֶׁלִּי יָבוֹאוּ ______________________________

____

____

____

EXERCISE 4 תַּרְגִּיל

What is it like today? מֶזֶג אֲוִיר: אֵיזֶה יוֹם הַיּוֹם?

מַה לּוֹבֵשׁ הָאִישׁ?

____

מַדּוּעַ?

____

הַיּוֹם ______________

מַה יֵּשׁ לָאִישׁ?

לָאִישׁ

____

מַדּוּעַ? מִפְּנֵי

____

הַיּוֹם ______________

EXERCISE 5 תַּרְגִּיל

מִזָּכָר לִנְקֵבָה:

בְּעוֹד שָׁבוּעַ תִּשְׁכַּח מַה שֶּׁאָמַרְתִּי.

בְּעוֹד שָׁבוּעַ תִּשְׁכְּחִי מַה שֶּׁאָמַרְתִּי.

הוּא לֹא יִשְׁאַל אֶת הַמּוֹרָה.

הִיא לֹא ________ אֶת הַמּוֹרָה.

יִגְאָל: מָתַי הַבֵּן שֶׁלְּךָ יִתְרַחֵץ וְיִתְלַבֵּשׁ?

יִגְאָל: מָתַי הַבַּת שֶׁלְּךָ ______________________

עָמִית, מָתַי תִּלְמַד?

עֵינַת, ______________________

מָחָר אַתָּה תִּכְתּוֹב לַקִּיבּוּץ?

מָחָר אַתְּ ______________________

עוֹד מְעַט הוּא יִלְבַּשׁ אֶת הַמְּעִיל הֶחָדָשׁ.

עוֹד מְעַט הִיא ______________________

EXERCISE 6 תַּרְגִּיל

Review of colors: חֲזָרָה עַל הַצְּבָעִים:

Statistics סְטָטִיסְטִיקָה

בְּעִיר אַחַת בְּיִשְׂרָאֵל שָׁאֲלוּ אֶת הָאֲנָשִׁים מָה הֵם עוֹשִׂים בַּלַּיְלָה, כַּאֲשֶׁר הָרְחוֹב רֵיק, אֲבָל הָרַמְזוֹר אָדוֹם.

46% (אֲחוּזִים) עָנוּ, שֶׁהֵם עוֹבְרִים אֶת הָרְחוֹב, גַּם בְּאוֹר אָדוֹם.

42% עָנוּ שֶׁהֵם מְחַכִּים לְאוֹר יָרוֹק, אֲפִילוּ כְּשֶׁהָרְחוֹב רֵיק.

12% לֹא יָדְעוּ לַעֲנוֹת.

אֲנָשִׁים צְעִירִים עוֹבְרִים בְּאוֹר אָדוֹם יוֹתֵר מֵאֲנָשִׁים מְבוּגָּרִים.

עֲנֵה עַל הַשְּׁאֵלוֹת:

א. מָה אתה עוֹשֶׂה כַּאֲשֶׁר הָרְחוֹב רֵיק, אֲבָל יֵשׁ אוֹר אָדוֹם?

____

ב. בְּאֵיזֶה אוֹר אָסוּר לַעֲבוֹר אֶת הָרְחוֹב?

____

ג. מַה צֶּבַע הַשָּׁמַיִם?

____

ד. מָה הַצֶּבַע שֶׁל הַשִּׂמְלָה שֶׁל דַּפְנָה?

____

ה. מָה הַצֶּבַע שֶׁל הֶחָלָב?

____

ו. אֵיזֶה קָפֶה אַתָּה אוֹהֵב לִשְׁתּוֹת?

____

מבחן 4 Test

(יחידות שש־עשרה עַד עשרים) (Units 16–20)

חלק א • A Part

כתוב בְּאַנְגְּלִית: Write in English:

1. כְּאֵב רֹאשׁ ______
2. תִּיק ______
3. כֶּסֶף ______
4. אַחַר כָּךְ ______
5. אָסוּר ______
6. מִישֶׁהוּ ______
7. שֶׁמֶשׁ ______
8. הַזְמָנָה ______
9. מְבוּגָּר ______
10. גֶּשֶׁם ______

Part B • חלק ב

Write in Hebrew: כתוב בְּעִבְרִית:

1. The time has come. ______________ .1
2. How do you feel? ______________ .2
3. What's new? ______________ .3
4. How much does it cost? ______________ .4
5. How do you get to...? ______________ .5

Part C • חלק ג

Write as indicated: כְּתוֹב אַחֶרֶת:

.1 כתוב בָּרַבִּים: שׁוּלְחָן ______________

.2 כתוב בְּמִלָּה אַחַת: דוֹדָה שֶׁלִּי ______________

.3 כתוב בְּמִספָּר זוּגִי: שְׁתֵּי פְּעָמִים ______________

.4 כתוב בְּמִלִּים: שְׁנַת 1984 ______________

.5 כתוב בִּסְמִיכוּת: תַּלְמִידִים שֶׁל בֵּית סֵפֶר. ______________

Part D • חלק ד

What is the right answer? מָה הַתְּשׁוּבָה הַנְּכוֹנָה?

מָחָר עָמִית ______ יָפֶה, מִפְּנֵי שֶׁהוּא ______ בְּבֵית סֵפֶר חָדָשׁ.

☐ יִתְלַבֵּשׁ ☐ תִּלְמַד

☐ תִּתְלַבְּשִׁי ☐ יִלְמְדוּ

☐ יִתְלַבְּשׁוּ ☐ יִלְמַד

מָחָר הָאִישָּׁה ______ מִכְתָּב, שֶׁהִיא צְרִיכָה ______ אֶת הַחֶשְׁבּוֹן.

☐ תְּקַבֵּל ☐ מְשַׁלֶּמֶת

☐ תְּקַבְּלִי ☐ לְשַׁלֵּם

☐ יְקַבֵּל ☐ שִׁילְמוּ

SCORE:

Part A. each correct answer 3 points total 30 points
Part B. each correct answer 6 points total 30 points
Part C. each correct answer 4 points total 20 points
Part D. each correct answer 5 points total 20 points
Answers: page 260. 100 points

יְחִידָה עֶשְׂרִים וְאַחַת

After the Bar-Mitzva
אַחֲרֵי הַבַּר מִצְוָה

יוֹם הַבַּר מִצְוָה הָיָה יָפֶה מְאוֹד.
עָמִית לָבַשׁ חולְצָה לְבָנָה.
הַרְבֵּה חֲבֵרִים שֶׁל יִגְאָל מִבֵּית הַחוֹלִים "צִיּוֹן" בָּאוּ. גַּם פְּרוֹפֶסוֹר סְמִית בָּא.
עָמִית קִיבֵּל הַרְבֵּה מַתָּנוֹת יָפוֹת: תִּיקִים, עֵטִים, כֶּסֶף, וְסֵפֶר עַל אַסְטְרוֹנוֹמְיָה,
שֶׁהֵבִיא לוֹ דוֹקְטוֹר שַׁפִּירָא.
סוּזָן הֵבִיאָה מַתָּנָה יָפָה וְגַם עוּגָה שֶׁהִיא עָשְׂתָה בְּעַצְמָהּ. הָעוּגָה הָיְתָה טְעִימָה מְאוֹד.
דַּפְנָה שָׁאֲלָה: אֵיךְ עוֹשִׂים אֶת הָעוּגָה הַזֹּאת?
סוּזָן אָמְרָה: אִם אַתְּ רוֹצָה, אֶכְתּוֹב לָךְ אֵיךְ עוֹשִׂים אֶת הָעוּגָה. הִנֵּה:

לוֹקְחִים:
שֵׁשׁ בֵּיצִים
כּוֹס סוּכָּר
כּוֹס וָחֵצִי קֶמַח
כַּפִּית מִיץ לִימוֹן

דּוֹד מַתָּן הָיָה שָׂמֵחַ מְאוֹד
הוּא לָקַח בַּקְבּוּק מָלֵא יַיִן
שָׁתָה קְצָת יַיִן וְשָׁר בְּקוֹל רָם:
עָמִית בָּחוּר כְּאֶרֶז
עָמִית בָּחוּר כְּאֶרֶז
(to the tune of "For he is a jolly good fellow")
כָּל הָאוֹרְחִים שָׁרוּ:
עָמִית בָּחוּר כְּאֶרֶז
כּוּלָּנוּ פֶּה אֶחָד.
מַתָּן רָאָה אֶת דָּן וְאֶת דִּינָה וְאָמַר:
– אַתֶּם אֲנָשִׁים צְעִירִים וְיָפִים. אַתֶּם נְשׂוּאִים?
דִּינָה לֹא אָמְרָה כְּלוּם. אֲבָל דָּן אָמַר: עוֹד לֹא!

דִינָה הִסְתַּכְּלָה עַל דָן בְּעֵינַיִם גְדוֹלוֹת. גַם עַכְשָׁיו דִינָה לֹא אָמְרָה כְּלוּם.
לִפְנֵי שֶׁהָאוֹרְחִים הָלְכוּ הַבַּיְתָה אָמַר יִגְאָל:
"יְדִידַי הַיְקָרִים!
תּוֹדָה לָכֶם שֶׁבָּאתֶם לֶחָג שֶׁל הַמִשְׁפָּחָה.
בְּעוֹד חֲמִישָׁה חֳדָשִׁים אֲנַחְנוּ חוֹזְרִים אַרְצָה.
נִשְׂמַח מְאוֹד אִם תָּבוֹאוּ אֵלֵינוּ, אֶל בֵּיתֵנוּ בְּתֵל־אָבִיב.
הַבַּיִת שֶׁלָנוּ יִהְיֶה תָּמִיד פָּתוּחַ."

Declension of the noun in plural: נְטִיָיה שֶׁל הַשֵׁם בְּרִיבּוּי:

friends	יְדִידִים	friend	יָדִיד
my friends	יְדִידַי	my friend	יְדִידִי
your (m) friends	יְדִידֶיךָ	your (m) friend	יְדִידְךָ
your (f) friends	יְדִידַיִךְ	your (f) friend	יְדִידֵךְ
his friends	יְדִידָיו	his friend	יְדִידוֹ
her friends	יְדִידֶיהָ	her friend	יְדִידָהּ
our friends	יְדִידֵינוּ	our friend	יְדִידֵנוּ
your (m. pl.) friends	יְדִידֵיכֶם	your (m. pl.) friend	יְדִידְכֶם
your (f. pl.) friends	יְדִידֵיכֶן	your (f. pl.) friend	יְדִידְכֶן
their (m) friends	יְדִידֵיהֶם	their (m) friend	יְדִידָם
their (f) friends	יְדִידֵיהֶן	their (f) friend	יְדִידָן

Some prepositions take the suffixes of the declension in singular, while others – the suffixes of the plural:

plural:	singular
לְפָנַי, אַחֲרַיי, אֵלַיי, עָלַיי	בִּשְׁבִילִי, שֶׁלִי, לְבַדִי.
הַנְטִיָה בָּרִיבּוּי כְּמוֹ: יְ דִ י דִ י ם	הַנְטִיָה בַּיָחִיד כְּמוֹ: יָ דִ י ד

Tell me who your friends are, — אֱמוֹר לִי מִי הֵם יְדִידֶיךָ,
and I will tell you who you are. — וְאוֹמַר לְךָ מִי אַתָּה.

Dr. Shapiro's Pajamas
הַפִּיגָ׳מָה שֶׁל דוֹקְטוֹר שַׁפִּירָא

רַק מְעַט אוֹרְחִים נִשְׁאֲרוּ.
דוֹד מַתָּן דִיבֵּר עִם סוּזָן:
– כָּתַבְתְּ לִי, שֶׁאַתְּ רוֹצָה לַעֲבוֹד אֶצְלֵנוּ בַּקִיבּוּץ.
– כֵּן. אֲנִי רוֹצָה מְאוֹד לָבוֹא אֲלֵיכֶם לַקִיבּוּץ.
– דִיבַּרְתִּי עִם חֲבֵרִים בַּקִיבּוּץ וְהֵם יִשְׂמְחוּ שֶׁתָּבוֹא אֵלֵינוּ אָחוֹת. אֲבָל...
– אֲבָל מָה?
– אֲבָל הַחֲבֵרִים לֹא יוֹדְעִים אִם אַתְּ רוֹצָה לָבוֹא רַק לִזְמַן קָצָר, אוֹ אַתְּ רוֹצָה לַעֲלוֹת וְלָגוּר אֶצְלֵנוּ.
– אֲנִי עוֹד לֹא יוֹדַעַת בְּעַצְמִי. אִם אֶפְשָׁר, אָבוֹא לְשָׁנָה, אֶרְאֶה. אֲנִי רוֹצָה לְהַכִּיר אֶת הַחַיִּים בַּקִיבּוּץ. אַחַר כָּךְ אֶרְאֶה.
– זֶה בְּסֵדֶר, סוּזָן. גַּם אֲנִי חוֹשֵׁב כָּךְ. אַתְּ בַּחוּרָה טוֹבָה. חָשׁוּב שֶׁבַּקִיבּוּץ תִּהְיֶה אָחוֹת כָּמוֹךְ.
– דַפְנָה – אָמְרָה סוּזָן – הַדוֹד שֶׁלָּךְ הוּא אִישׁ נֶחְמָד מְאוֹד. אֲנִי חוֹשֶׁבֶת שֶׁיִּהְיֶה נָעִים לַעֲבוֹד בַּקִיבּוּץ עִם חֲבֵרִים כָּאֵלֶּה.
דוֹקְטוֹר שַׁפִּירָא יָשַׁב וְשָׁמַע. אַחַר כָּךְ אָמַר:
– רוֹפְאִים אַתֶּם לֹא צְרִיכִים בַּקִיבּוּץ שֶׁלָּכֶם?
– צְרִיכִים, צְרִיכִים! אַתָּה רוֹצֶה לָבוֹא? בְּבַקָּשָׁה, נִשְׂמַח מְאוֹד.
– עָלַיי לַחְשׁוֹב עוֹד. עַכְשָׁיו אֲנִי צָרִיךְ לָלֶכֶת הַבַּיְתָה. הַשָּׁעָה מְאוּחֶרֶת.
– אֲבָל בַּחוּץ יוֹרֵד גֶּשֶׁם. אוּלַי אַתֶּם רוֹצִים לִישׁוֹן אֶצְלֵנוּ? – שָׁאֲלָה דַפְנָה – יֵשׁ לָנוּ מָקוֹם.
– אֲנִי רוֹצָה לִישׁוֹן עִם סוּזָן – אָמְרָה עֵינַת – טוֹב, אִמָּא?
הֵם יָשְׁבוּ וְדִיבְּרוּ עַד שָׁעָה מְאוּחֶרֶת.
– אֵיפֹה דוֹקְטוֹר שַׁפִּירָא? – שָׁאַל פִּתְאוֹם יִגְאָל.
– וַדַּאי שָׁכַח וְהָלַךְ הַבַּיְתָה – אָמְרָה סוּזָן.
– מַה לַּעֲשׂוֹת? – אָמְרָה דַפְנָה – נִישַׁן בְּלִי דוֹקְטוֹר שַׁפִּירָא.

בְּשָׁעָה אַחַת בַּלַּיְלָה צִלְצְלוּ בַּדֶּלֶת.
יִגְאָל אָמַר: מִי זֶה יָכוֹל לִהְיוֹת בְּשָׁעָה כָּל־כָּךְ מְאוּחֶרֶת?
יִגְאָל קָם מֵהַמִּיטָּה וּפָתַח אֶת הַדֶּלֶת. בַּחוּץ עָמַד דוֹקְטוֹר שַׁפִּירָא, כּוּלוֹ רָטוֹב מִן הַגֶּשֶׁם.

– מַה קָרָה, דוֹקְטוֹר שַׁפִּירָא – שָׁאַל יִגְאָל – אֵיפֹה הָיִיתָ?
– הָלַכְתִּי הַבַּיְתָה לְהָבִיא אֶת הַפִּיגָ'מָה שֶׁלִּי.

Words we have learned מִלִּים שֶׁלָּמַדְנוּ

נָשׂוּי (נְשׂוּאָה) – married
תָּבוֹאוּ – you will come (pl.)
פִּיגָ'מָה – pajamas
לִישׁוֹן – to sleep
מָקוֹם – place
נִישַׁן – we will sleep
רָטוֹב – wet
לִשְׁמִירָה – for keeping
קָצִין – officer

חוּלְצָה – shirt
טְעִימָה – tasty (f)
קֶמַח – flour (kémach)
לִימוֹן – lemon
מוּכָן – ready
אֶרֶז – cedar tree (érez)
בַּקְבּוּק – bottle
יַיִן – wine (yáyin)
מָלֵא – full
קוֹל – voice

STRUCTURE

1. In the suffixed declension of plural nouns we add a *yod* י in the spelling:

our teacher מוֹרֵנוּ
our teachers מוֹרֵינוּ

2. Some prepositions are declined as if they were plural:

עָלֵינוּ

3.　Please note: that = ‏...שֶׁ‎　　when = ‏...כְּשֶׁ‎

Patterns of speech and expressions:

a good fellow	בָּחוּר כְּאֶרֶז
unanimously	פֶּה אֶחָד
not yet	עוֹד לֹא
I have to think	עָלַי לַחְשׁוֹב
loudly, aloud	בְּקוֹל רָם

תַּרְגִּיל 1 EXERCISE

הַטֵּה:

after ‏אַחֲרֵי‎	סְפָרִים books
	סְפָרַי
_____	_____
_____	_____
אַחֲרָיו	_____
	סְפָרֶיהָ
אַחֲרֵינוּ	_____
	סִפְרֵיכֶן
_____	_____
_____	_____

תַּרְגִּיל 2 EXERCISE

סַפֵּר בִּנְקֵבָה:　Change to the feminine:

בָּחוּר אֶחָד הָלַךְ בָּרחוֹב. _בַּחוּרַה אַחַת_ ____

הוּא רָצָה לִקְנוֹת חָלָב וְלֶחֶם. ____

פִּתְאוֹם רָאָה שֶׁהוֹלְכִים אַחֲרָיו ____

הוּא יָדַע שֶׁעָלָיו לַחְשׁוֹב מַהֵר ____

הוּא לָקַח אֶת סְפָרָיו בְּיָדָיו וְהִסְתַּכֵּל ____

הוּא צָחַק כַּאֲשֶׁר רָאָה אֶת יְדִידָיו ____

EXERCISE 3 תַּרְגִּיל

סִיפּוּר עַל מְעִיל   A story about a coat

רְאוּבֵן וְשִׁמְעוֹן הָלְכוּ לְבֵית קָפֶה. הֵם נָתְנוּ אֶת מְעִילֵיהֶם לַמֶּלְצַר לִשְׁמִירָה.
רְאוּבֵן נָתַן מְעִיל יָשָׁן. שִׁמְעוֹן נָתַן מְעִיל חָדָשׁ.
הֵם אָכְלוּ וְשָׁתוּ. אַחֲרֵי הָאֲרוּחָה בָּאוּ לָקַחַת אֶת מְעִילֵיהֶם. רְאוּבֵן נָתַן לָאִישׁ עֲשָׂרָה דוֹלָרִים.

– אַתָּה מְשׁוּגָע, רְאוּבֵן! – אָמַר שִׁמְעוֹן – רָאִיתָ כַּמָּה כֶּסֶף נָתַתָּ לוֹ?

– וְאַתָּה רָאִיתָ אֵיזֶה מְעִיל יָפֶה הוּא נָתַן לִי?

סַדֵּר אֶת הַמִּשְׁפָּטִים לְפִי סֵדֶר: Put the sentences in proper order:

1. רְאוּבֵן נָתַן לַמֶּלְצַר הַרְבֵּה כֶּסֶף.
2. אַחֲרֵי הָאֲרוּחָה בָּאוּ לָקַחַת אֶת מְעִילֵיהֶם.
3. הֵם נָתְנוּ אֶת הַמְּעִילִים לִשְׁמִירָה.
4. רְאוּבֵן! – אָמַר שִׁמְעוֹן – רָאִיתָ כַּמָּה כֶּסֶף נָתַתָּ לוֹ?
5. רְאוּבֵן וְשִׁמְעוֹן הָלְכוּ לְבֵית־קָפֶה.

1. ______________________________
2. ______________________________
3. ______________________________
4. ______________________________
5. ______________________________

EXERCISE 4 תַּרְגִּיל

עֲנֵה עַל הַשְּׁאֵלוֹת: Answer the questions:

אֵלֶּה הֵם סְפָרֶיךָ?
לֹא. אֵלֶּה לֹא סְפָרַי. אֵלֶּה סְפָרָיו.

1. סְלִיחָה, גְּבֶרֶת: אֵלֶּה עֵטַיִךְ? (כֵּן) ______________________
2. אֲנִי שׁוֹאֵל אִם אֵלֶּה יְלָדָיו (לֹא) ______________________
3. שְׁנֵי הַגְּבָרִים הָאֵלֶּה הוֹלְכִים אַחֲרֵיכֶן? (כֵּן) ______________________
4. דָּן, הָאִישׁ הַזֶּה עוֹמֵד לְפָנֶיךָ? (כֵּן) ______________________
5. עֵינַת, בָּאוּ אֲלֵיכֶם אוֹרְחִים? (לֹא) ______________________

תַּרְגִּיל 5 EXERCISE

אמור וכתוב בְּמִלָּה אַחַת: Say and write it in one word:

בְּגָדִים שֶׁלּוֹ בְּגָדָיו

יְדִידִים שֶׁלִּי ______

מְעִילִים שֶׁלָּךְ ______

לִפְנֵי (אַתָּה) ______

אֶל (אֲנַחְנוּ) ______

יְלָדִים שֶׁלָּהּ ______

אַחֲרֵי (הִיא) ______

תַּרְגִּיל 6 EXERCISE

תַּרְגֵּם: Translate:

הַקָּצִין הַיִּשְׂרְאֵלִי אוֹמֵר: "אַחֲרַיי!" ______

עֲלֵיכֶם לַעֲבוֹד מַהֵר, מִפְּנֵי שֶׁבָּאִים אֵלֵינוּ אוֹרְחִים. ______

עָלֵינוּ לִזְכּוֹר תָּמִיד אֶת יְדִידֵינוּ. ______

מִי הָאֲנָשִׁים שֶׁבָּאוּ אַחֲרֵיכֶם? ______

אֵלֶּה חֲבֵרֵינוּ מִן הָעֲבוֹדָה. ______

שַׂמְתִּי עַל הַשּׁוּלְחָן אֶת סְפָרַי וּמַחְבְּרוֹתַי. ______

סוּזָן שָׁאֲלָה: הֵם דִּיבְּרוּ עָלַי? ______

לֹא – עָנָה יִגְאָל – הֵם לֹא דִּיבְּרוּ עָלַיִךְ. ______

הֵם דִּיבְּרוּ עַל הַיְלָדִים. הֵם מְדַבְּרִים עֲלֵיהֶם כָּל הַזְּמַן. ______

תַּרְגִּיל 7 EXERCISE

אֵיךְ עוֹשִׂים עוּגַת שׁוֹקוֹלָד?

______

______

______

______

______

______

______

______

______

בטיחות
Vespa Rally
סיירת בטיחות

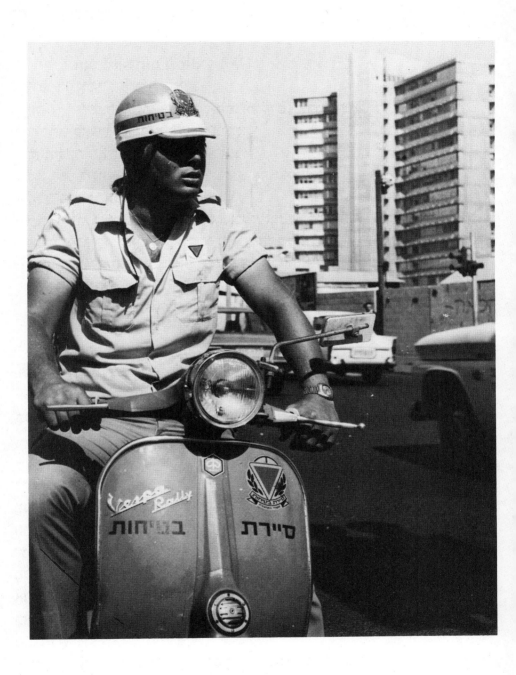

יְחִידָה עֶשְׂרִים וּשְׁתַּיִם

Why did Dan say "not yet"?

מַדּוּעַ דָּן אָמַר: "עוֹד לֹא"?

מָחָר... – חָשְׁבָה דִּינָה – מָחָר אָקוּם מוּקְדָם. אָבוֹא לַמִּשְׂרָד. אֵשֵׁב עַל יַד הַשּׁוּלְחָן. כַּאֲשֶׁר דָּן יָבוֹא אֶשְׁאַל אוֹתוֹ:

"מֶה חָשַׁבְתָּ כַּאֲשֶׁר אָמַרְתָּ: 'עוֹד לֹא'?"

– מַה יֵּשׁ, דִּינָה – שָׁאֲלָה אִמָּא – מַדּוּעַ אַתְּ לֹא שְׁקֵטָה.

– הַכֹּל בְּסֵדֶר, אִמָּא – עָנְתָה דִּינָה.

– לֹא, דִּינָה. קָרָה מַשֶּׁהוּ: הִנֵּה לֹא אָכַלְתְּ אֶת הַמָּרָק.

– אֲנִי לֹא יְכוֹלָה לֶאֱכוֹל אֶת הַמָּרָק. אֵין בּוֹ מֶלַח.

– גַּם הַבָּשָׂר לֹא טָעִים? גַּם אֶת הַבָּשָׂר לֹא אָכַלְתְּ, אַתְּ רַק מְשַׂחֶקֶת עִם הַמַּזְלֵג. מַה קָּרָה, דִּינָה?

– אִמָּא, מָתַי הַדּוֹד וְהַדּוֹדָה יָבוֹאוּ מִחוּץ לָאָרֶץ? הֵם נָסְעוּ שָׁם לַחוֹרֶף, נָכוֹן?

– דִּינָה!

– קִיבַּלְתְּ מֵהֶם מִכְתָּב?

– דִּינָה! אַתְּ מְנַסָּה לְדַבֵּר עַל מַשֶּׁהוּ אַחֵר.

– כֵּן, אִמָּא. אֲנִי יוֹדַעַת אֲבָל אֲנִי לֹא יְכוֹלָה לְסַפֵּר לָךְ עַכְשָׁיו. אֲסַפֵּר לָךְ מָחָר. בְּסֵדֶר?

– טוֹב, בִּתִּי (בַּת שֶׁלִּי) מָחָר יָבוֹא יוֹם חָדָשׁ. מָחָר נְדַבֵּר עַל זֶה. לַיְלָה טוֹב.

– לַיְלָה טוֹב, אִמָּא.

דִּינָה יָשְׁנָה מְעַט מְאוֹד בַּלַּיְלָה.

בַּבּוֹקֶר קָמָה מוּקְדָם וְהָלְכָה לַמִּשְׂרָד.

הִיא יָשְׁבָה עַל יַד הַשּׁוּלְחָן וְכָתְבָה בַּיּוֹמָן שֶׁלָּהּ:

"יוֹם שְׁלִישִׁי, שִׁשָּׁה בְּאַפְּרִיל.

מָה אֶכְתּוֹב הַיּוֹם?

אֲנִי לֹא יְכוֹלָה לִכְתּוֹב. כָּל הַזְּמַן אֲנִי חוֹשֶׁבֶת: מַדּוּעַ דָּן אָמַר לְמַתָּן 'עוֹד לֹא', כַּאֲשֶׁר מַתָּן שָׁאַל אוֹתוֹ אִם אֲנַחְנוּ נְשׂוּאִים?"

נִכְנַס דָּן.

– בּוֹקֶר טוֹב, דִּינָה. רְאִי אֵיזֶה יוֹם יָפֶה. הַשָּׁמַיִם כְּחוּלִים.

דִּינָה שָׁאֲלָה אֶת דָּן: –מַדּוּעַ אַתָּה כָּל כָּךְ עַלִּיז הַיּוֹם?

– מִיָּד אֲסַפֵּר לָךְ. אֲבָל קוֹדֶם אֲנִי רוֹצֶה לִשְׁאוֹל אוֹתָךְ שְׁאֵלָה.

– בְּבַקָּשָׁה, דָּן.
– אַתְּ מַסְכִּימָה לְקַבֵּל מִמֶּנִּי מַתָּנָה קְטַנָּה, דִּינָה?
– מִמְּךָ אֲנִי מַסְכִּימָה לְקַבֵּל מַתָּנָה. אֲבָל מַתָּנָה קְטַנָּה.
דָּן הוֹצִיא חֲבִילָה קְטַנָּה בְּצֶבַע צָהוֹב. הוּא פָּתַח אֶת הַחֲבִילָה.
– מַה זֶּה, דָּן, טַבַּעַת? מַה פִּתְאוֹם טַבַּעַת?
– דִּינָה – דָּן כְּבָר לֹא צָחַק. הוּא דִּיבֵּר בְּשֶׁקֶט – אַתְּ מַסְכִּימָה לִהְיוֹת אִשְׁתִּי?
לְדִינָה הָיוּ דְּמָעוֹת בָּעֵינַיִם: –
– כֵּן, דָּן – הִיא אָמְרָה בְּשֶׁקֶט – כֵּן, יַקִּירִי.

עָתִיד: פְּעָלִים שֶׁל הֲבָרָה אַחַת: / Future: verbs of one syllable:

בּוֹא	come	גוּר	live
שִׁיר	sing	שִׂים	put
קוּם	get up	רוּץ	run

(אֲנִי)	אָבוֹא I will come	אָקוּם I will get up	אָשִׁיר I will sing
(אַתָּה)	תָּבוֹא	תָּקוּם	תָּשִׁיר
(אַתְּ)	תָּבוֹאִי	תָּקוּמִי	תָּשִׁירִי
(הוּא)	יָבוֹא	יָקוּם	יָשִׁיר
(הִיא)	תָּבוֹא	תָּקוּם	תָּשִׁיר
(אֲנַחְנוּ)	נָבוֹא	נָקוּם	נָשִׁיר
(אַתֶּם)	תָּבוֹאוּ	תָּקוּמוּ	תָּשִׁירוּ
(הֵם–הֵן)	יָבוֹאוּ	יָקוּמוּ	יָשִׁירוּ

Rejoicing in the Ganor Family
הַשִּׂמְחָה גַּם בְּמִשְׁפַּחַת גָּנוֹר

שָׁבוּעַ לִפְנֵי חַג הַפֶּסַח.
דַּפְנָה וְיִגְאָל רָצוּ לְהַזְמִין אֶת כָּל יְדִידֵיהֶם לְסֵדֶר פֶּסַח.
דּוֹד מַתָּן אָמַר: זֶה יָפֶה, דַּפְנָה: יָבוֹאוּ, יִרְאוּ וְיִשְׂמְחוּ.
דַּפְנָה אָמְרָה: מַה יִרְאוּ? שֶׁאֲנַחְנוּ עוֹשִׂים רַק סֵדֶר פֶּסַח אֶחָד?
– מַדּוּעַ?
– מִפְּנֵי שֶׁפֹּה הַיְּהוּדִים עוֹשִׂים שְׁנֵי סְדָרִים, לֹא רַק סֵדֶר פֶּסַח אֶחָד.

–נָכוֹן – אָמַר מַתָּן. הֵם יָבוֹאוּ וְיִשְׂמְחוּ אִתָּנוּ בְּלֵיל סֵדֶר אֶחָד.
אַחַר כָּךְ יַעֲשׂוּ סֵדֶר פֶּסַח שֵׁנִי בְּבַיִת שֶׁלָּהֶם.

בַּחֲדַר הַיְלָדִים הַשִּׂמְחָה הָיְתָה גְדוֹלָה:
שִׁירָה רָצָה, עֵינַת עָמְדָה עַל הַשּׁוּלְחָן וְעָמִית צָעַק: שֶׁקֶט! שֶׁקֶט!
– אַתֶּם רוֹצִים שֶׁאָשִׁיר שִׁיר חָדָשׁ? – שָׁאֲלָה עֵינַת.
– אֵיזֶה שִׁיר תָּשִׁירִי?
"הִיא תִּלְבַּשׁ פִּיגָ'מַת מֶשִׁי כְּשֶׁהִיא תָּבוֹא".
–אֲנִי לֹא יוֹדַעַת אֶת הַשִּׁיר הַזֶּה. אַתְּ תָּשִׁירִי קוֹדֶם וַאֲנַחְנוּ נִלְמַד מִמֵּךְ?
– בְּסֵדֶר – אָמְרָה עֵינַת וְשָׁרָה:

הִיא תִּלְבַּשׁ פִּיגָ'מַת מֶשִׁי כְּשֶׁהִיא תָּבוֹא
כְּשֶׁהִיא תָּבוֹא
הִיא תִּלְבַּשׁ פִּיגָ'מַת מֶשִׁי כְּשֶׁהִיא תָּבוֹא
כְּשֶׁהִיא תָּבוֹא.

הַיְלָדִים שָׁרוּ יַחַד:
הִיא תִּלְבַּשׁ פִּיגָ'מַת מֶשִׁי
הִיא תִּלְבַּשׁ פִּיגָ'מַת מֶשִׁי
הִיא תִּלְבַּשׁ פִּיגָ'מַת מֶשִׁי
כְּשֶׁהִיא תָּבוֹא.

– יוֹפִי – אָמַר עָמִית – יֵשׁ לַשִּׁיר הַזֶּה עוֹד מִלִּים?
– כֵּן – אָמְרָה עֵינַת: "הִיא תִּשְׁתֶּה חָלָב עִם וִיסְקִי כְּשֶׁהִיא תָּבוֹא!"
עָמִית אָמַר: – הַמִּלִּים הָאֵלֶּה לֹא כָּל כָּךְ יָפוֹת.
– יֵשׁ לְךָ מִלִּים אֲחֵרוֹת? – שָׁאֲלָה עֵינַת.
– כֵּן – אָמַר עָמִית – אֲנִי חוֹשֵׁב שֶׁיּוֹתֵר יָפֶה לָשִׁיר:
הִיא תָּגוּר בִּירוּשָׁלַיִם כְּשֶׁהִיא תָּבוֹא
כְּשֶׁהִיא תָּבוֹא.
דַּפְנָה פָּתְחָה אֶת הַדֶּלֶת שֶׁל חֲדַר הַיְלָדִים וְאָמְרָה:
– שֶׁמֶשׁ בַּשָּׁמַיִם. מָתַי כְּבָר תָּקוּמוּ? מָתַי תִּתְלַבְּשׁוּ? מַהֵר: אַחַת! שְׁתַּיִם!
שָׁלוֹשׁ! – וְסָגְרָה אֶת הַדֶּלֶת.

– מָה אַתְּ רוֹצָה מֵהֶם? – שָׁאַל יִגְאָל.
– בֶּאֱמֶת, מָה אֲנִי רוֹצָה מֵהֶם? – עָנְתָה דַּפְנָה וְכָעֲסָה.
אֲנִי רוֹאֶה שֶׁאַתְּ בֶּאֱמֶת יְהוּדִיָּה טוֹבָה. אַתְּ עוֹנָה עַל שְׁאֵלָה בִּשְׁאֵלָה אַחֶרֶת.
– וּמַדּוּעַ לֹא לַעֲנוֹת בִּשְׁאֵלָה? – עָנְתָה דַּפְנָה.
– כְּמוֹ שָׁלוֹם עֲלֵיכֶם – אָמַר מַתָּן וְכוּלָּם צָחֲקוּ.

* שָׁלוֹם עֲלֵיכֶם הָיָה סוֹפֵר וְהוּמוֹרִיסְט יְהוּדִי. שְׁמוֹ הָיָה: שָׁלוֹם רַבִּינוֹבִיץ.
נוֹלַד בִּשְׁנַת 1859 בְּרוּסְיָה, מֵת בְּ־1916 בַּאֲמֶרִיקָה.

Words we have learned מִלִּים שֶׁלָּמַדְנוּ

שָׁקֵט (שְׁקֵטָה) – quiet
בִּכְלָל – at all
מֶלַח – salt (mélach)
שִׂחֵק – play
חוֹרֶף – winter (chóref)
לְ... (חוֹרֶף) – for... (the winter)
נִסָּה – try
טַבַּעַת – ring (tabáat)
מֶשִׁי – silk (méshi)
רְאִי! – see! (f)
הוֹצִיא – took out
חֲבִילָה – package
צָהוֹב – yellow
יַקִּירִי – my dear
שִׂמְחָה – joy, happiness
סֵדֶר פֶּסַח – Passover Sèder
מִלָּה (מִלִּים) – word(s)
לָבָן – white
חוּם – brown

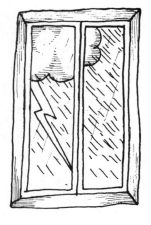

STRUCTURE

1. The Future Tense of the one syllable verb: All the four prefixes א, ת, י, נ receive a *kamatz*.

אָבוֹא אָגוּר אָשִׁיר

תָּבוֹא	תָּגוּר	תָּשִׁיר
יָבוֹא	יָגוּר	יָשִׁיר

2. The declension of מִן "from" מִמֶּנִי (מן אני)

Patterns of speech and expressions:

to request (of...)	לְבַקֵּשׁ מ...
for the winter (for the year)	לַחוֹרֶף (לַשָּׁנָה)
What on earth?	מַה פִּתְאוֹם?
to answer with a question	לַעֲנוֹת בִּשְׁאֵלָה

EXERCISE 1 תַּרְגִּיל

Conjugate in the future: הַטֵּה בֶּעָתִיד:

	שים	גור	קום
(אֲנִי)	אָשִׂים	________	________
(אַתָּה)	________	________	________
(אַתְּ)	________	________	תָּקוּמִי
(הוּא)	________	יָגוּר	________
(הִיא)	________	________	________
(אֲנַחְנוּ)	נָשִׂים	________	________
(אַתֶּם–אַתֶּן)	________	________	תָּקוּמוּ
(הֵם–הֵן)	________	יָגוּרוּ	________

EXERCISE 2 תַּרְגִּיל

The declension of: נְטִיָּה: מִמֶּנִי (מִן)

מִמֶּנִי ________	מִמֶּנּוּ (מֵאִתָּנוּ) ________
מִמְּךָ ________	מִכֶּם ________
מִמֵּךְ ________	מִכֶּן ________
מִמֶּנּוּ ________	מֵהֶם ________
מִמֶּנָּה ________	מֵהֶן ________

הַשְׁלֵם אֶת הַמִּשְׁפָּטִים (מִמֶּנִּי, מִכֶּם וְעוֹד...)

אִמָּא שֶׁלָּךְ בְּתֵל־אָבִיב. קִיבַּלְתְּ מִכְתָּב ______?
לָקַחְתָּ סֵפֶר (מִן אֲנִי) ______. הֵן בַּחוּרוֹת טוֹבוֹת. בִּיקַּשְׁתִּי (מִן הֵן) ______ לָגוּר אֶצְלֵנוּ. דַּפְנָה, מָה הָאִישׁ הַזֶּה רוֹצֶה (מִן אַתְּ) ______?
בָּאתִי לָקַחַת (מִן אַתָּה) ______ אֶת הַסֵּפֶר שֶׁלִּי.
דַּפְנָה וְדִינָה: אֲנִי יָכוֹל לְקַבֵּל (מִן אַתֶּן) ______ אֶת מִסְפַּר הַטֶּלֶפוֹן שֶׁלָּכֶן?
עֵינַת וְשִׁירָה צוֹעֲקוֹת. בִּיקַּשְׁתִּי (מִן הֵן) ______ לִהְיוֹת שְׁקֵטוֹת.

EXERCISE 3 תַּרְגִּיל

Each sentence has two empty spaces.
Insert in the first space a word from list א, and in the second – a word from list ב:

	א	ב			א	ב
דוּגְמָה: דָּן	יָבוֹא	אֲלֵיכֶם	מָחָר			
1. (הוא)	______	______	מָחָר		תָּבוֹא	אֵלֵינוּ
2. דִּינָה	______	______	מָחָר		נָבוֹא	אֲלֵיהֶם
3. (אני)	______	______	מָחָר		יָבוֹאוּ	אֵלַי
4. (אתה)	______	______	בְּעוֹד שָׁבוּעַ		תָּבוֹאוּ	אֵלָיו
5. (אתם)	______	______	מָחָר		אָבוֹא	אֲלֵיכֶם
6. (אתן)	______	______	בְּעוֹד שָׁבוּעַ		תָּבוֹאִי	אֵלֶיהָ

EXERCISE 4 תַּרְגִּיל

עֲנֵה עַל הַשְּׁאֵלוֹת: Answer the questions:

1. מַה שָּׁאֲלָה אִמָּא אֶת דִּינָה? ______
2. אֵיפֹה יָשְׁבָה דִּינָה וְכָתְבָה? ______
3. מַה קָּנָה לָהּ דָּן? ______
4. אֵיזֶה צֶבַע הָיָה לַחֲבִילָה? ______

EXERCISE 5 תַּרְגִּיל

חֲזָרָה עַל צְבָעִים: Review: Find the colors:

מְצָא אֶת הַצְּבָעִים: אָדוֹם, כָּחוֹל, יָרוֹק, לָבָן, שָׁחוֹר, צָהוֹב, חוּם.

א	ד	ו	ם	ג	ב	צ	שׁ
ג	ז	י	ר	ו	ק	ה	ל
צ	ע	ח	ו	מ	ד	ו	ה
כ	ח	ו	ל	ט	ל	ב	נ
ק	ר	ש	ת	ש	ח	ו	ר

צְבָעִים בְּזָכָר, בִּנְקֵבָה וּבְרִבּוּי:

Colors in masculine, feminine, and plural:

הוּא יָרוֹק   הִיא יְרוּקָה
הֵם יְרוּקִים

הוּא אָדוֹם   הִיא אֲדוּמָה
הֵם אֲדוּמִים

הוּא צָהוֹב   הִיא צְהוּבָּה
הֵם צְהוּבִּים

הוּא שָׁחוֹר   הִיא שְׁחוֹרָה
הֵם שְׁחוֹרִים

הוּא לָבָן   הִיא לְבָנָה
הֵם לְבָנִים

הוּא כָּחוֹל   הִיא כְּחוּלָה
הֵם כְּחוּלִים

מָה הַצֶּבַע שֶׁלָּהֶם?

הַכּוּשִׁים הֵם ______. הָאִינְדִיאָנִים הֵם ______.

הַסִינִים הֵם ______. הָאַנְגְלִים הֵם ______.

וּמִי הֵם הַיְרוּקִים? הָעוֹלִים הַחֲדָשִׁים.

מָה הַצֶּבַע שֶׁל:

הֶחָלָב? הֶחָלָב הוּא לָבָן.

הַקָּפֶה? ______

הַבֵּיצָה? ______

הָעֵץ? ______

הַפֶּרַח? ______

הַשֵּׂעָר שֶׁלְּךָ? ______

הַחוּלְצָה שֶׁלְּךָ? ______

hair – שֵׂעָר flower – פֶּרַח

תַּרְגִּיל 6 EXERCISE

תַּרְגֵּם:

אִם שׁוֹאֲלִים שְׁאֵלָה עוֹנִים תְּשׁוּבָה. ____________________

לֹא עוֹנִים עַל שְׁאֵלָה אַחַת בִּשְׁאֵלָה אַחֶרֶת. ____________________

הַיְהוּדִי עוֹנֶה תָּמִיד עַל שְׁאֵלָה בִּשְׁאֵלָה. ____________________

בֶּאֱמֶת, לָמָה לֹא? ____________________

מָה אַתָּה מְבַקֵּשׁ מִמֶּנִּי? ____________________

אֲנִי מְבַקֵּשׁ מִמְּךָ לַעֲזוֹר לִי לִלְמוֹד עִבְרִית. ____________________

מָה עוֹשֶׂה אַבָּא שֶׁלְּךָ בַּחוֹרֶף? ____________________

הוּא נוֹסֵעַ לְפְלוֹרִידָה? ____________________

לֹא, הוּא נוֹסֵעַ לְקָלִיפוֹרְנְיָה, לַחוֹרֶף. ____________________

בַּחוֹרֶף קַר מְאוֹד אֶצְלֵנוּ. ____________________

לְכַמָּה זְמַן הוּא נוֹסֵעַ? ____________________

הוּא נוֹסֵעַ רַק לִשְׁלוֹשָׁה חֳדָשִׁים. ____________________

אֵין לוֹ כֶּסֶף לִנְסוֹעַ לְשָׁנָה שְׁלֵמָה. ____________________

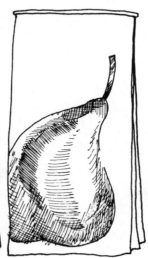

____________ ____________ ____________

מָה הַצֶּבַע שֶׁלָּהֶם?

UNIT 23
יְחִידָה עֶשְׂרִים וְשָׁלוֹשׁ

Matan Goes to The Seashore
מַתָּן הוֹלֵךְ לִשְׂפַת הַיָּם

עֶרֶב פֶּסַח.
אֶתְמוֹל יִגְאָל קִיבֵּל יוֹם חוּפְשָׁה. הוּא רָצָה לַעֲזוֹר לְדַפְנָה.
כּוּלָּם עָבְדוּ: הַיְלָדִים נִיקּוּ אֶת הַבַּיִת. יִגְאָל קָנָה מַצּוֹת וְיַיִן בִּשְׁבִיל הַסֵּדֶר.
הוּא גַּם הֵבִיא פֵּירוֹת יְרָקוֹת וּבָשָׂר. דַּפְנָה בִּישְּׁלָה אֶת הָאוֹכֶל לְסֵדֶר פֶּסַח.
הַיּוֹם קָמוּ כּוּלָּם מוּקְדָּם. מַתָּן רָצָה לָלֶכֶת עִם הַיְלָדִים לִשְׂפַת הַיָּם.
בְּלִי הַיְלָדִים יִהְיֶה לְדַפְנָה יוֹתֵר קַל לִגְמוֹר אֶת הָעֲבוֹדָה.
אֲבָל הַיְלָדִים עוֹד לֹא קָמוּ.
מַתָּן וְדַפְנָה נִכְנְסוּ לַחֲדַר הַיְלָדִים. מַתָּן אָמַר בְּקוֹל רָם:
– בּוֹקֶר טוֹב, יְלָדִים!
הַיְלָדִים לֹא הִתְעוֹרְרוּ.

– מַתָּן, אַתָּה יוֹדֵעַ אֶת הַשִּׁיר קוּקוּרִיקוּ? שָׁאֲלָה דַּפְנָה.
– כֵּן – אָמַר מַתָּן – אַתְּ רוֹצָה שֶׁאָשִׁיר אוֹתוֹ?
– כֵּן, שִׁיר אוֹתוֹ!
מַתָּן שָׁר בְּקוֹל חָזָק מְאוֹד:
קוּם עֲמִית חָבִיב
דַּי כְּבָר, דַּי לִישׁוֹן.
אַתָּה צָרִיךְ לָקוּם,
צִלְצֵל כְּבָר הַשָּׁעוֹן!
דַּפְנָה צָחֲקָה וְשָׁרָה יַחַד עִם מַתָּן:
קוּקוּרִיקוּ – רִיקוּ!
הַתַּרְנְגוֹל קָרָא,
קוּמוּ, קוּמוּ, קוּמוּ!
לְכוּ לָעֲבוֹדָה!
הַיְלָדִים הִתְעוֹרְרוּ וְקָמוּ מִן הַמִּיטָּה. רַק שִׁירָה הַקְּטַנָּה עוֹד יְשֵׁנָה. דַּפְנָה עָמְדָה
עַל יַד הַמִּיטָּה שֶׁלָּהּ וְשָׁרָה בְּשֶׁקֶט:
קוּמִי, יַלְדָּתִי,
דַּי, מַסְפִּיק לִישׁוֹן,

קוּמִי הִתְרַחֲצִי,
אִכְלִי בְּתֵיאָבוֹן!
שִׁירָה הִתְעוֹרְרָה. עַכְשָׁיו הַיְלָדִים שָׁרוּ יַחַד עִם מַתָּן וְדַפְנָה:
קוּמוּ, קוּמוּ, קוּמוּ!
דַּי מַסְפִּיק לִישׁוֹן.
קוּמוּ, קוּמוּ, קוּמוּ!
צִלְצֵל כְּבָר הַשָּׁעוֹן.
הַיְלָדִים קָמוּ מִן הַמִּיטָּה. הֵם הִתְרַחֲצוּ, הִתְלַבְּשׁוּ וְאָכְלוּ אֲרוּחַת־בּוֹקֶר. דַּפְנָה הֵכִינָה בִּשְׁבִילָם כֶּסֶף וְאוֹכֶל. כַּאֲשֶׁר הַיְלָדִים הָיוּ מוּכָנִים הִיא אָמְרָה לָהֶם:
– עָמִית, קַח אֶת הַכֶּסֶף!
– שִׁירָה, שִׂימִי אֶת הָאֹכֶל בַּתִּיק!
– עֵינַת, קְחִי אֶת הַתִּיק!
– בְּסֵדֶר, שָׁלוֹם, אִמָּא.
– מָתַי תָּבוֹאוּ?
– נָבוֹא בַּצָּהֳרַיִם.

עָתִיד (יָחִיד)	צִוּוּי	עָתִיד (יְחִידָה)	צִוּוּי	עָתִיד (רִבּוּי)	צִוּוּי
(אֲנִי) אָקוּם		(אֲנִי) אָקוּם		(אֲנַחְנוּ) נָקוּם	
(אַתָּה) תָּקוּם	קוּם!	(אַתְּ) תָּקוּמִי	קוּמִי	(אַתֶּם) תָּקוּמוּ	קוּמוּ
(הוּא) יָקוּם		(הִיא) תָּקוּם		(הֵם) יָקוּמוּ	

Going by Bus

נוֹסְעִים בְּאוֹטוֹבּוּס

מַתָּן וְהַיְלָדִים עָמְדוּ בַּתַּחֲנָה וְחִיכּוּ לָאוֹטוֹבּוּס.
– בְּאֵיזֶה אוֹטוֹבּוּס נוֹסְעִים? – שָׁאַל מַתָּן אֶת עָמִית.
– אֲנִי חוֹשֵׁב שֶׁנּוֹסְעִים בְּמִסְפָּר שְׁמוֹנֶה.
בְּרֶגַע זֶה הִגִּיעַ אוֹטוֹבּוּס מִסְפָּר שְׁמוֹנֶה.
מַתָּן קָנָה אַרְבָּעָה כַּרְטִיסִים. הוּא נָתַן לַנֶּהָג כֶּסֶף וְקִיבֵּל עוֹדֶף.
מַתָּן אָמַר לַנֶּהָג: אֲנַחְנוּ נוֹסְעִים לִשְׂפַת הַיָּם. בְּאֵיזוֹ תַּחֲנָה עָלֵינוּ לָרֶדֶת?
– יִהְיֶה בְּסֵדֶר אֲדוֹנִי – אָמַר הַנֶּהָג.
– יְלָדִים, יֵשׁ לָכֶם מָקוֹם לָשֶׁבֶת? – שָׁאַל מַתָּן.
– כֵּן – אָמְרָה שִׁירָה – יֵשׁ פֹּה מָקוֹם פָּנוּי.
– אֲנַחְנוּ צְרִיכִים יוֹתֵר מִמָּקוֹם אֶחָד. אֲנַחְנוּ אַרְבָּעָה.

– הִנֵּה – אָמַר עָמִית – יֵשׁ פֹּה שְׁנֵי מְקוֹמוֹת פְּנוּיִים. שְׁבוּ, בְּבַקָּשָׁה. אֲנִי אֶעֱמוֹד.
– אֵיזֶה גֶ'נְטֶלְמֶן – אָמְרָה עֵינַת.

Conjugation of the verb with a third root consonant *hey* in *pi'el*	נְטִיַּת פּוֹעַל עִם ה' בַּסּוֹף. (בִּנְיַן פִּיעֵל)

הוֹוֶה

יָחִיד	יְחִידָה	רַבִּים	רַבּוֹת
אֲנִי מְנַקֶּה	אֲנִי מְנַקָּה	אֲנַחְנוּ מְנַקִּים	אֲנַחְנוּ מְנַקּוֹת
אַתָּה מְנַקֶּה	אַתְּ מְנַקָּה	אַתֶּם מְנַקִּים	אַתֶּן מְנַקּוֹת
הוּא מְנַקֶּה	הִיא מְנַקָּה	הֵם מְנַקִּים	הֵן מְנַקּוֹת

עָתִיד

יָחִיד

(אֲנִי) אֲנַקֶּה	I will clean
(אַתָּה) תְּנַקֶּה	you will clean (m)
(אַתְּ) תְּנַקִּי	you will clean (f)
(הוּא) יְנַקֶּה	he will clean
(הִיא) תְּנַקֶּה	she will clean

רִיבּוּי

(אֲנַחְנוּ) נְנַקֶּה	we will clean
(אַתֶּם–אַתֶּן) תְּנַקּוּ	you will clean
(הֵם–הֵן) יְנַקּוּ	they will clean
לְנַקּוֹת	to clean

עָבָר

יָחִיד

(אֲנִי) נִיקִּיתִי	I cleaned	(הוּא) נִיקָּה	he cleaned
(אַתָּה) נִיקִּיתָ	you cleaned	(הִיא) נִיקְּתָה	she cleaned
(אַתְּ) נִיקִּית	you cleaned		

	רִיבּוּי
we cleaned	(אֲנַחְנוּ) נִיקִינוּ
you cleaned	(אַתֶּם) נִיקִיתֶם
you cleaned	(אַתֶּן) נִיקִיתֶן
they cleaned	(הֵם–הֵן) נִיקוּ

עַל שְׂפַת הַיָּם

אַחֲרֵי נְסִיעָה אֲרוּכָּה יָרְדוּ מַתָּן וְהַיְלָדִים מִן הָאוֹטוֹבּוּס. הֵם בָּאוּ אֶל שְׂפַת הַיָּם. הַיְלָדִים הִתְרַחֲצוּ בַּיָּם וְשִׂיחֲקוּ עַד הַצָּהֳרַיִם. בַּצָּהֳרַיִם הִתְלַבְּשׁוּ וְהָלְכוּ הַבַּיְתָה.

Words we have learned מִלִּים שֶׁלָּמַדְנוּ

נִיקָּה – he cleaned
פֵּירוֹת – fruits
יְרָקוֹת – vegetables
מַצָּה – unleavened bread
לֵיל סֵדֶר – Passover eve
חָזָק – strong
שְׂפַת יָם – seashore, beach
תַּרְנְגוֹל – rooster
לְכוּ! – go!
תַּחֲנָה – (bus) stop, station
חַכֵּה! – wait!

לָרֶדֶת – to go down
נֶהָג – driver
עוֹדֶף – change (ódef)
שְׁבוּ! – sit!
אָרוֹךְ (אֲרוּכָּה) – long
פָּנוּי – unoccupied, free
בַּחוּץ – outside
בִּפְנִים – inside
יִתֵּן – will give
צָבַע – painted
נְיָר – paper

STRUCTURE

1. The IMPERATIVE צִיווּי in *pa'al* and *pi'el* is usually formed thus: Take the second person of the future; drop the prefix ת , you have the imperative: (תָּ)קוּם – קוּם! (תָּ)קוּמִי – קוּמִי!

2. Conjugation of the verb נִסָּה (חִכָּה, נִקָּה)
is very similar to קנה (in *pa'al*) in Unit 15, the only difference being that the *pa'al* has the pattern *a–a*, While the *pi'el* has the pattern *i–a*: חִיכָּה – קָנָה.

Patterns of Speech and expressions:

to wait for	לְחַכּוֹת ל...
used to (go)	הָיָה עוֹשֶׂה (הָיָה הוֹלֵךְ)
everything will be fine	יִהְיֶה בְּסֵדֶר
too much, too many	יוֹתֵר מִדַּי

טַבְלַת הֶעָתִיד וְהַצִּיווּי (פָּעַל, פִּיעֵל)

	למד	ציווי	כתב	ציווי	שים	ציווי	קנה	ציווי	צייר	ציווי
(אַתָּה)	תִּלְמַד	לְמַד!	תִּכְתּוֹב	כְּתוֹב!	תָּשִׂים	שִׂים!	תִּקְנֶה	קְנֵה!	תְּצַיֵּר	צַיֵּר!
(אַתְּ)	תִּלְמְדִי	לִמְדִי!	תִּכְתְּבִי	כִּתְבִי!	תָּשִׂימִי	שִׂימִי!	תִּקְנִי	קְנִי!	תְּצַיְּרִי	צַיְּרִי!
(אַתֶּם)	תִּלְמְדוּ	לִמְדוּ!	תִּכְתְּבוּ	כִּתְבוּ!	תָּשִׂימוּ	שִׂימוּ!	תִּקְנוּ	קְנוּ!	תְּצַיְּרוּ	צַיְּרוּ!

BUT: אֲבָל: הִתְפַּעֵל

(אַתָּה)	תִּתְלַבֵּשׁ	הִתְלַבֵּשׁ!
(אַתְּ)	תִּתְלַבְּשִׁי	הִתְלַבְּשִׁי!
(אַתֶּם)	תִּתְלַבְּשׁוּ	הִתְלַבְּשׁוּ!

EXERCISE 1 תַּרְגִּיל

Say and write: אֱמוֹר וּכְתוֹב:

try נסה   wait חכה

עָבָר

(אֲנִי) נִיסִּיתִי ______________

(אַתָּה) ______________ ______________

(אַתְּ) ______ חִיכִּית
(הוּא) ______ ______
(הִיא) נִיסְתָה ______
(אֲנַחְנוּ) ______ חִיכִּינוּ
(אַתֶּם) ______ ______
(אַתֶּן) נִיסִיתֶן ______
(הֵם–הֵן) ______ ______

עָתִיד

(אֲנִי) אֲנַסֶּה ______
(אַתָּה) ______ ______
(אַתְּ) ______ תְּחַכִּי
(הוּא) יְנַסֶּה ______
(הִיא) ______ ______
(אֲנַחְנוּ) ______ נְחַכֶּה
(אַתֶּם–אַתֶּן) ______ ______
(הֵם–הֵן) יְנַסּוּ ______
______

לְנַסּוֹת

תַּרְגִּיל 2 EXERCISE

דּוֹד מַתָּן צָבַע עִם הַיְלָדִים כּוֹס לְיַיִן בִּשְׁבִיל לֵיל הַסֵּדֶר. הוּא אָמַר לָהֶם מַה לַּעֲשׂוֹת, אֲבָל בֶּעָתִיד וְלֹא בַּצִּוּוּי:

Uncle Matan painted with the children a wine-glass for the Seder. He told them what to do, but he said it in the future tense instead of in the imperative:

יְלָדִים – אָמַר מַתָּן – נַעֲשֶׂה כּוֹס יָפָה לְלֵיל הַסֵּדֶר.
– בִּשְׁבִיל אַרְבַּע כּוֹסוֹת? – שָׁאֲלָה עֵינַת.
הִנֵּה כָּךְ:
תִּקְחוּ כּוֹס. עָמִית, אַתָּה תִּקַּח נְיָר וְתִצְבַּע אוֹתוֹ. עֵינַת, אַתְּ תִּקְחִי צֶבַע אָדוֹם וְצֶבַע כָּחוֹל. עָמִית וְעֵינַת, אַתֶּם תָּשִׂימוּ אֶת הַנְּיָר בַּכּוֹס. עָמִית, אַתָּה תְּנַקֶּה אֶת הַכּוֹס.
–אֲנִי רוֹצָה לְנַקּוֹת אֶת הַכּוֹס –אָמְרָה שִׁירָה.

– בְּסֵדֶר. אַתְּ תְּנַקִּי אֶת הַכּוֹס. עַכְשָׁיו תָּשִׂימוּ אֶת הַנְּיָיר בִּפְנִים,
וְתִצְבְּעוּ אֶת הַכּוֹס בַּחוּץ.
– בְּאֵיזֶה צֶבַע לִצְבּוֹעַ? – שָׁאֲלָה עֵינַת.
– בְּצֶבַע כָּחוֹל וְאָדוֹם. אֲבָל תַּעֲשׂוּ אֶת זֶה יָפֶה.

כְּתוֹב אֶת הַסִּיפּוּר בְּצִיווּי: Write the story in the imperative:
(Change each underlined word from future to imperative)
הִנֵּה כָּךְ:

_קְחוּ כּוֹס._ _____

_____

_____

_____

_____

תַּרְגִיל 3 EXERCISE

סַפֵּר עַל נְסִיעָה בְּאוֹטוֹבּוּס: Tell about a ride on the bus:
הִשְׁתַּמֵּשׁ בַּמִּלִּים: לָרֶדֶת, עָלִיתִי, כֶּסֶף, עוֹדֶף, תַּחֲנָה, כַּרְטִיס.

_____

_____

_____

_____

תַּרְגִיל 4 EXERCISE

חֲזָרָה עַל סְמִיכוּת: Review of *smichut*

Eve of Shabbat	לֵיל (עֶרֶב) שַׁבָּת
Eve of Passover	עֶרֶב פֶּסַח

א.   מָה אַתָּה עוֹשֶׂה בְּלֵיל שַׁבָּת? _____

ב.   הָיִיתָ פַּעַם בְּבֵית־חוֹלִים? _____

ג.   מָה אוֹכְלִים בְּעֶרֶב פֶּסַח? _____

ד. בְּאֵיזֶה בֵּית־סֵפֶר לָמַדְתָּ? ______________________________

____

ה. מִי קוֹנֶה כַּרְטִיסֵי נְסִיעָה? ______________________________

____

ו. אַתָּה יוֹדֵעַ מִי כָּתַב אֶת הַסֵּפֶר "מְדִינַת הַיְהוּדִים"? (כן)(לֹא) ____________

____

EXERCISE 5 תַּרְגִּיל

The Imperative: צִיוּוּי:

Many of the ancient Hebrew proverbs are in the imperative:

Shammai in the "Sayings of the Fathers": שַׁמַּאי, "פִּרְקֵי אָבוֹת":

"Say little and do a lot." "אֱמוֹר מְעַט וַעֲשֵׂה הַרְבֵּה"

אַבְרָהָם אָבִינוּ

בַּתּוֹרָה (בְּרֵאשִׁית י"ח) מְסַפְּרִים, כִּי אַבְרָהָם אָבִינוּ אָמַר מְעַט אֲבָל עָשָׂה הַרְבֵּה. הִנֵּה הַסִּיפּוּר:

הָיָה יוֹם חַם מְאוֹד. אַבְרָהָם יָשַׁב בַּחוּץ. פִּתְאוֹם רָאָה שְׁלוֹשָׁה אֲנָשִׁים עוֹמְדִים עַל יָדוֹ.

מִיָּד קָם אַבְרָהָם, רָץ אֲלֵיהֶם וְהִזְמִין אוֹתָם לֶאֱכוֹל.

מָה הוּא אָמַר? הוּא אָמַר שֶׁיִּתֵּן לָהֶם מְעַט מַיִם וּמְעַט לֶחֶם.

מָה הוּא עָשָׂה? הוּא נָתַן לָהֶם בָּשָׂר וְעוּגוֹת.

סַדֵּר אֶת הַמִּשְׁפָּטִים לְפִי הַסֵּדֶר:

א. אַבְרָהָם רָאָה שְׁלוֹשָׁה אֲנָשִׁים עוֹמְדִים עַל יָדוֹ.

ב. בַּתּוֹרָה יֵשׁ סִיפּוּר עַל אַבְרָהָם אָבִינוּ.

ג. אַבְרָהָם נָתַן לָהֶם בָּשָׂר וְעוּגוֹת.

ד. הָיָה יוֹם חַם. אַבְרָהָם יָשַׁב בַּחוּץ.

ה. אַבְרָהָם אָמַר לָאֲנָשִׁים שֶׁיִּתֵּן לָהֶם מְעַט מַיִם.

EXERCISE 6 תַּרְגִּיל

מַדּוּעַ שֵׁם הַסִּיפּוּר "אֱמוֹר מְעַט וַעֲשֵׂה הַרְבֵּה"?

____

____

UNIT 24
יְחִידָה עֶשְׂרִים וְאַרְבַּע

Daddy, don't be sad!
אַבָּא, אַל תִּהְיֶה עָצוּב!

דָּן אָמַר לְדִינָה:

– בּוֹאִי, נֵלֵךְ לְבַקֵּר אֶת אַבָּא שֶׁלִּי.

– טוֹב, דָּן, אֲנִי רוֹצָה לְהַכִּיר אוֹתוֹ. אֲבָל מַה יִּהְיֶה עִם הַמִּשְׂרָד?

– אֵין דָּבָר. הַיּוֹם חַג. נִסְגּוֹר אֶת הַמִּשְׂרָד יוֹתֵר מוּקְדָּם.

הֵם סָגְרוּ אֶת הַמִּשְׂרָד וְנָסְעוּ בַּמְּכוֹנִית הַחֲדָשָׁה שֶׁל דָּן.

עַל יַד הַבַּיִת אָמַר דָּן לְדִינָה:

– חַכִּי רֶגַע בַּמְּכוֹנִית, דִּינָה. אֵלֵךְ לִרְאוֹת אִם אַבָּא בַּבַּיִת וּמִיָּד אֵרֵד אֵלַיִךְ.

– לֹא, דָּן! אֲנִי לֹא אֵשֵׁב לְבַדִּי בַּמְּכוֹנִית. נֵלֵךְ יַחַד. אַתָּה מַסְכִּים?

– בְּסֵדֶר, בּוֹאִי נֵלֵךְ יַחַד.

אַבָּא שֶׁל דָּן יָשַׁב לְבַדּוֹ בַּבַּיִת וְקָרָא סֵפֶר.

– שָׁלוֹם, אַבָּא, בְּבַקָּשָׁה לְהַכִּיר: זֹאת דִּינָה בְּלוּם.

– נָעִים מְאוֹד, דּוֹקְטוֹר גּוֹרְדוֹן – אָמְרָה דִּינָה.

אַבָּא שֶׁל דָּן הָיָה עָצוּב. הוּא הָיָה כָּל הַיּוֹם לְבַדּוֹ בַּבַּיִת.

עַכְשָׁיו הוּא אָמַר: – נָעִים לְהַכִּיר אוֹתָךְ, גְּבֶרֶת בְּלוּם.

אַבָּא הִסְתַּכֵּל עַל דָּן וְלֹא אָמַר כְּלוּם.

דָּן הֵבִין. הוּא אָמַר: – אַבָּא, דִּינָה וַאֲנִי עוֹמְדִים לְהִתְחַתֵּן.

אַבָּא שֶׁל דָּן הִסְתַּכֵּל עַל דִּינָה. עַכְשָׁיו הוּא הָיָה עוֹד יוֹתֵר עָצוּב.

– מַזָּל טוֹב! – אָמַר אַבָּא – מָתַי תִּתְחַתְּנוּ? אֵיפֹה תָּגוּרוּ?

– נָגוּר כּוּלָּנוּ יַחַד. אַל תִּהְיֶה עָצוּב, אַבָּא. לֹא תָּגוּר לְבַדְּךָ!

אַבָּא שֶׁל דָּן שָׂמַח:

– טוֹב מְאוֹד, יְלָדִים. אֲנִי שָׂמֵחַ שֶׁנָּגוּר בְּיַחַד.

דִּינָה שָׁאֲלָה אֶת אַבָּא שֶׁל דָּן: –אוּלַי אַתָּה מַכִּיר אֶת דּוֹקְטוֹר שַׁפִּירָא?

– כֵּן, כֵּן, – אָמַר אַבָּא שֶׁל דָּן – אֲנִי מַכִּיר אוֹתוֹ.

– דּוֹקְטוֹר שַׁפִּירָא הוּא הַדּוֹד שֶׁלִּי – אָמְרָה דִּינָה.

– הָא! דּוֹקְטוֹר שַׁפִּירָא הוּא הַדּוֹד שֶׁלָּךְ? הוּא אָדָם נֶחְמָד מְאוֹד. הוּא שָׁר יָפֶה. אֲנַחְנוּ מִתְפַּלְּלִים יַחַד. מַה שְּׁלוֹם דּוֹדָה שָׂרָה?

– הִיא עוֹבֶדֶת קָשֶׁה מְאוֹד – עָנְתָה דִּינָה – הִיא אִישָּׁה טוֹבָה. הִיא אוֹהֶבֶת לַעֲזוֹר.

– גַם אַתְּ בַּחוּרָה טוֹבָה מְאוֹד – אָמַר אַבָּא שֶׁל דָּן.
– תּוֹדָה רַבָּה, דוֹקְטוֹר גוֹרְדוֹן – אָמְרָה דִינָה.
– אַל תִּקְרְאִי לִי דוֹקְטוֹר גוֹרְדוֹן. שְׁמִי יוֹסֵף.
דָּן אָמַר: – אַבָּא, אֲנַחְנוּ צְרִיכִים כְּבָר לָלֶכֶת.
– אַל תֵּלְכוּ עוֹד – בִּיקֵּשׁ מֵהֶם אַבָּא –שְׁבוּ קְצָת אִתִּי.
–אֲנַחְנוּ צְרִיכִים לָלֶכֶת. אֲבָל נִתְרָאֶה כּוּלָּנוּ אֵצֶל מִשְׁפַּחַת גַּנּוֹר בְּסֵדֶר פֶּסַח.
– לְהִתְרָאוֹת, יְלָדִים. חַג שָׂמֵחַ! – אָמַר אַבָּא.

Conjugation in the Future Tense of: נְטִיָּה בֶּעָתִיד שֶׁל: הלך

יָחִיד		צִיוּוּי		צִוּוּי שְׁלִילִי	
(אֲנִי) אֵלֵךְ	I will go				
(אַתָּה) תֵּלֵךְ	you will go	לֵךְ!	Go!	אַל תֵּלֵךְ!	Don't go!
(אַתְּ) תֵּלְכִי	you will go	לְכִי!	Go!	אַל תֵּלְכִי!	Don't go!
(הוּא) יֵלֵךְ	he will go				
(הִיא) תֵּלֵךְ	she will go				
רִיבּוּי					
(אֲנַחְנוּ) נֵלֵךְ	we will go				
(אַתֶּם–אַתֶּן) תֵּלְכוּ	you will go	לְכוּ!	Go!		
(הֵם–הֵן) יֵלְכוּ	they will go			אַל תֵּלְכוּ!	Don't go!

to go – לָלֶכֶת

The verbs: הַפְּעָלִים: יצא ירד ישב
are conjugated in the future tense in the same way:

אֵצֵא	אֵרֵד	אֵשֵׁב
לָצֵאת	לָרֶדֶת	לָשֶׁבֶת

Passover Seder at the Ganors'
סֵדֶר פֶּסַח אֵצֶל מִשְׁפַּחַת גַּנּוֹר

בַּחֲדַר הָאוֹרְחִים שֶׁל מִשְׁפַּחַת גַּנּוֹר עָמַד שׁוּלְחָן עָרוּךְ. עַל הַשּׁוּלְחָן הָיְתָה מַפָּה לְבָנָה. עַל הַמַּפָּה הָיוּ נֵרוֹת שֶׁל חַג.
עַל הַדֶּלֶת הָיָה כָּתוּב: בְּרוּכִים הַבָּאִים.

הַיְלָדִים הָיוּ שְׁקֵטִים וַחֲבִיבִים. הֵם עָמְדוּ עַל יַד הַשּׁוּלְחָן וְחִיכּוּ לָאוֹרְחִים. רַק עָמִית יָשַׁב.

– עָמִית, אַל תֵּשֵׁב פֹּה! תֵּן אֶת הַמָּקוֹם לְאַבָּא – אָמְרָה דַפְנָה – שִׁירָה, שְׁבִי עַל יַד עֵינַת.

מַתָּן שָׁאַל אֶת דַּפְנָה: – אַתְּ חוֹשֶׁבֶת שֶׁסוּזָן תָּבוֹא?

– כֵּן. הִיא תָּבוֹא עִם דִינָה וְדָן. גַּם אַבָּא שֶׁל דָּן יָבוֹא יַחַד עִם דוֹקְטוֹר שַׁפִּירָא. כּוּלָּם יָבוֹאוּ.

– טוֹב מְאוֹד – שָׂמַח מַתָּן.

– דוֹד מַתָּן – שָׁאֲלָה פִּתְאוֹם עֵינַת – מָה הַמִּסְפָּר הַכָּחוֹל עַל הַיָּד שֶׁלְּךָ?

– הָיִיתִי בְּמַחֲנֵה רִיכּוּז. זֶה הָיָה בְּגֶרְמַנְיָה שֶׁל הַנָּאצִים. אֲבָל בָּרַחְתִּי מִשָּׁם. בִּשְׁנַת אֶלֶף תְּשַׁע מֵאוֹת אַרְבָּעִים וְשֶׁבַע נָסַעְתִּי בָּאֳנִיָּה ״יְצִיאַת אֵירוֹפָּה״ לְאֶרֶץ יִשְׂרָאֵל. הָאַנְגְּלִים לֹא נָתְנוּ לָנוּ לָרֶדֶת מִן הָאֳנִיָּה.

– זֹאת הָאֳנִיָּה ״אֶקְסוֹדוּס״? – שָׁאַל עָמִית.

– כֵּן, עָמִית. אֵיךְ יָדַעְתָּ?

– קָרָאתִי סִיפּוּר עַל הָאֳנִיָּה הַזֹּאת וְעַל הַמַּעְפִּילִים.

– מַה זֶּה מַעְפִּיל? – רָצְתָה עֵינַת לָדַעַת.

– זֶה עוֹלֶה שֶׁרָצָה לָבוֹא לָאָרֶץ, אֲבָל הָאַנְגְלִים לֹא נָתְנוּ לוֹ לָבוֹא.

– אַתָּה הָיִיתָ מַעְפִּיל? הָיִיתָ גַּם בְּגֵיטוֹ? – שָׁאֲלָה עֵינַת.

בְּרֶגַע זֶה בָּאוּ הָאוֹרְחִים.

– חַג שָׂמֵחַ! חַג שָׂמֵחַ!

– בְּרוּכִים הַבָּאִים!

כּוּלָּם יָשְׁבוּ עַל יַד הַשּׁוּלְחָן.

– הַיּוֹם אָסוּר לֶאֱכוֹל לֶחֶם. נָכוֹן, אִמָּא? – אָמְרָה שִׁירָה הַקְּטַנָּה – לֶחֶם זֶה חָמֵץ.

– נָכוֹן – אָמְרָה דַּפְנָה. – דוֹקְטוֹר שַׁפִּירָא, בְּבַקָּשָׁה לַעֲשׂוֹת קִידּוּשׁ.

דוֹקְטוֹר שַׁפִּירָא עָשָׂה קִידּוּשׁ בְּקוֹל נָעִים.

אַחַר כָּךְ הַיְלָדִים שָׁאֲלוּ אֶת אַרְבַּע הַקּוּשְׁיוֹת.

דַּפְנָה הִגִּישָׁה אֶת הָאוֹכֶל.

– יֵשׁ הַיּוֹם הַרְבֵּה מָנוֹת – אָמַר עָמִית – אֲנִי אוֹהֵב אֶת לֵיל הַסֵּדֶר.

– כֵּן, אֲנִי יוֹדַעַת שֶׁאַתָּה אוֹהֵב לֶאֱכוֹל הַרְבֵּה – צָחֲקָה עֵינַת.

– עַכְשָׁיו נִשְׁתֶּה גַּם יַיִן שֶׁל אַרְבַּע הַכּוֹסוֹת – אָמַר מַתָּן.

בְּסוֹף הַסֵּדֶר אָמַר דוֹקְטוֹר שַׁפִּירָא:

״לְשָׁנָה הַבָּאָה בִּירוּשָׁלַיִם!״

דָּן אָמַר: — אוּלַי עוֹד הַשָּׁנָה נִהְיֶה בִּירוּשָׁלַיִם.

— מַה? מָה אָמַרְתָּ? — שָׁאֲלוּ כּוּלָּם אֶת דָּן.

— דִּינָה וַאֲנִי עוֹמְדִים לְהִתְחַתֵּן. אַחֲרֵי הַחֲתוּנָּה נִסַּע לְטִיּוּל לְיִשְׂרָאֵל.

— מַזָּל טוֹב! מַזָּל טוֹב! — אָמְרוּ כּוּלָּם לְדָן וְדִינָה.

דוֹד מַתָּן הִתְחִיל לָשִׁיר:

הִנֵּה מַה טּוֹב וּמַה נָּעִים
הִנֵּה מַה טּוֹב וּמַה נָּעִים
הִנֵּה מַה טּוֹב וּמַה נָּעִים
שֶׁבֶת אַחִים גַּם יָחַד.

To the tune of:
"Glory, Glory, Hallelujah"

Declension of כל in the plural:	נְטִיָּה שֶׁל כֹּל בְּרִבּוּי:
all of us	כּוּלָּנוּ
all of you (m)	כּוּלְּכֶם
all of you (f)	כּוּלְּכֶן
all of them (m)	כּוּלָּם
all of them (f)	כּוּלָּן

Words we have learned מִלִּים שֶׁלָּמַדְנוּ

עָצוּב — sad
הֵבִין — he understood
נִתְרָאֶה — we will see each other
מַפָּה — table cloth
נֵר (נֵרוֹת) — candle
מַחֲנֵה רִיכּוּז — concentration camp
בָּרַח — escaped
נִמְצָא — exists, is (here)

עוֹלֶה — immigrant
מַעְפִּיל — illegal immigrant
גֵּיטוֹ — ghetto
חָמֵץ — not kosher for Pesach
קִידּוּשׁ — kiddush
נִיסַּע — we will travel
אֳנִיָּה — ship

STRUCTURE

1. The negative imperative צִיוּוּי שְׁלִילִי is formed simply enough: add the word אַל (don't) to the second person of the future tense:

אַל תֵּלֵךְ! אַל תִּכְתּוֹב!

2. The conjugation of the verbs:

הלך ישב ירד יצא

is regular in the present and past tenses, but irregular in the future tense.

Patterns of speech and expressions:

to the north of...	מִצָּפוֹן ל...
in memory of, after	עַל שֵׁם
Welcome!	בְּרוּכִים הַבָּאִים!
they didn't let us	לֹא נָתְנוּ לָנוּ
going to..., about to...	עוֹמְדִים ל...
Happy Holiday!	חַג שָׂמֵחַ!

EXERCISE 1 תַּרְגִּיל

Conjugate in the future tense: הַטֵּה בֶּעָתִיד:

go out יצא	sit ישב	go down ירד
	יָחִיד	
______	______	(אֲנִי) אֵרֵד
______	תֵּשֵׁב	(אַתָּה) ______
תֵּצְאִי	______	(אַתְּ) ______
______	______	(הוּא) יֵרֵד
______	______	(הִיא) ______
	רִיבּוּי	
______	נֵשֵׁב	(אֲנַחְנוּ) ______
תֵּצְאוּ	______	(אַתֶּם–אַתֶּן) ______
______	______	(הֵם–הֵן) ______

EXERCISE 2 תַּרְגִּיל

A chain of questions and answers: שַׁרְשֶׁרֶת שֶׁל שְׁאֵלוֹת וּתְשׁוּבוֹת:

[?] הַיֶּלֶד כְּבָר הָלַךְ?

[–] לֹא, הוּא עוֹד לֹא הָלַךְ.

[?] מָתַי הוּא יֵלֵךְ?

[×] הוּא יֵלֵךְ בְּעוֹד שָׁעָה.

Use these questions: הִשְׁתַּמֵּשׁ בִּשְׁאֵלוֹת אֵלֶּה:

א. אִמָּא יָשְׁבָה? ג. אֲנַחְנוּ כָּתַבְנוּ?

ב. אַבָּא וְאִמָּא יָצְאוּ? ד. אַתֶּם יְרַדְתֶּם?

א. [?] __________________________________

[–] __________________________________

[?] __________________________________

[×] __________________________________

ב. [?] __________________________________

[–] __________________________________

[?] __________________________________

[×] __________________________________

ג. [?] __________________________________

[–] __________________________________

[?] __________________________________

[×] __________________________________

ד. [?] __________________________________

[–] __________________________________

[?] __________________________________

[×] __________________________________

EXERCISE 3 תַּרְגִּיל

Parts of the body (review): (חֲזָרָה עַל חֶלְקֵי הַגּוּף):

With what do we do this? בְּמָה אָנוּ עוֹשִׂים זֹאת?

הַיַּלְדָּה הוֹלֶכֶת לְבֵית הַסֵּפֶר ____________________

אַבָּא מְתַקֵּן אֶת הַטֶּלֶוִיזְיָה ______________________

אִמָּא שׁוֹמַעַת קוֹנְצֶרְט ______________________

דָּן רָץ לַמְּכוֹנִית ______________________

דִּינָה רוֹאָה אֶת דָּן ______________________

הַיֶּלֶד עוֹבֵד בַּגַּן ______________________

אֲנִי שׁוֹמֵעַ אֶת הַטֶּלֶפוֹן ______________________

דִּינָה כּוֹתֶבֶת מִכְתָּב ______________________

תַּרְגִּיל 4 EXERCISE

Change from positive to negative or from negative to positive:

עֲשֵׂה! Do!	אַל תַּעֲשֶׂה! Don't!
א. שֵׁב!	______________
ב. שִׂימִי!	______________
ג. ______________	אַל תָּקוּמִי!
ד. ______________	אַל תֵּלְכִי!
ה. סַפְּרִי לוֹ!	______________
ו. ______________	אַל תְּסַדְּרוּ אֶת הַחֶדֶר!
ז. בַּקֵּשׁ מִמֶּנּוּ!	______________
ח. סְגוֹר אֶת הַדֶּלֶת!	______________
ט. ______________	אַל תָּשִׁירוּ אֶת הַשִּׁיר הַזֶּה!
י. כְּתוֹב אֶת הַמִּכְתָּב!	______________

תַּרְגִּיל 5 EXERCISE

קִיבּוּץ "לוֹחֲמֵי הַגֵּיטָאוֹת" The kibbutz "The Ghetto Fighters"

בַּגָּלִיל הַמַּעֲרָבִי יֵשׁ קִיבּוּץ: "לוֹחֲמֵי

הַגֶּיטָאוֹת". הַקִּיבּוּץ נִמְצָא מִצָּפוֹן לְחֵיפָה וּמִדָּרוֹם לְנַהֲרִיָּה. הַקִּיבּוּץ נוֹסַד בִּשְׁנַת 1949 עַל יְדֵי אֲנָשִׁים, שֶׁהָיוּ פַּרְטִיזָנִים בַּמִּלְחָמָה, בִּזְמַן הִיטְלֶר. הֵם בָּאוּ מִמִּזְרַח פּוֹלִין (Poland) וּמְלִיטָא (Lithuania). בַּקִּיבּוּץ יֵשׁ מוּזֵיאוֹן הַשּׁוֹאָה עַל שֵׁם יִצְחָק קַצֶּנֶלְסוֹן.

צָפוֹן	north
דָּרוֹם	south
מִזְרָח	east
מַעֲרָב	west
עַל יְדֵי	by
מִלְחָמָה	war
שׁוֹאָה	holocaust
מוּזֵיאוֹן	museum

מַעֲרָבִי western,
וְכָךְ: צְפוֹנִי, דְּרוֹמִי, מִזְרָחִי.

עֲנֵה עַל הַשְּׁאֵלוֹת:

א.   אֵיפֹה קִיבּוּץ "לוֹחֲמֵי הַגֶּיטָאוֹת"? _____

_____

ב.   כְּתוֹב אֶת הַשָּׁנָה 1949 בְּמִלִּים: _____

_____

ג.   אֵיזוֹ עִיר נִמְצֵאת מִצָּפוֹן לַקִּיבּוּץ? _____

_____

ד.   אֵיזוֹ עִיר נִמְצֵאת מִדָּרוֹם לַקִּיבּוּץ? _____

_____

ה.   עַל שֵׁם מִי מוּזֵיאוֹן הַשּׁוֹאָה בַּקִּיבּוּץ? _____

_____

ו.   אֵיזוֹ עִיר נִמְצֵאת מִצָּפוֹן לְנְיוּ־יוֹרק? _____

_____

ז.   אֵיזוֹ אֶרֶץ נִמְצֵאת מִדָּרוֹם לְאַנְגְּלִיָּה? _____

_____

EXERCISE 6 תַּרְגִּיל

מִשְׂחַק מִלִּים Word game

Here is a word of two letters: הִנֵּה מִלָּה בַּת שְׁתֵּי אוֹתִיּוֹת: שב

מוֹסִיפִים לִשְׁתֵּי אוֹתִיּוֹת אֵלֶּה עוֹד אוֹת. בְּעַד כָּל אוֹת מְקַבְּלִים נְקוּדָה. כַּמָּה נְקוּדוֹת אַתָּה יָכוֹל לְקַבֵּל?

Each letter you add, forming a new word, gets you a point.

דוּגְמָה: בק Example:

בִּיקוּר	3	נקודות
בּוֹקֶר	2	נקודות
בַּקָּשָׁה	3	נקודות
בְּדִיּוּק	3	נקודות
	11	נקודות

מִשְׂחַק מִלִּים:

שב

__________ ______ נקודות

__________ ______ נקודות

__________ ______ נקודות

__________ ______ נקודות

__________ ______ נקודות

EXERCISE 7 תַּרְגִּיל

תַּרְגֵּם:

מִי הֵם הָאֲנָשִׁים הָאֵלֶּה? ____________________

אֵלֶּה אֲנָשִׁים מִן הַדָּרוֹם. ____________________

הֵם בָּאוּ לַמּוּזֵיאוֹן עַל שֵׁם רוֹקֶפֶלֶר. ____________________

לָמָּה הֵם לֹא נִכְנָסִים? ____________________

הַשּׁוֹטֵר לֹא נוֹתֵן לָהֶם לְהִכָּנֵס, מִפְּנֵי שֶׁאֵין לָהֶם כַּרְטִיסִים. ____________________

מָה הֵם עוֹמְדִים לַעֲשׂוֹת עַכְשָׁיו? ____________________

אֲנִי חוֹשֵׁב שֶׁהֵם יִקְנוּ כַּרְטִיסִים. ____________________

בִּנְמַל הַתְּעוּפָה הָיָה כָּתוּב: ״בְּרוּכִים הַבָּאִים״ ____________________

מִי עוֹמֵד לָבוֹא? אֲנִי לֹא יוֹדֵעַ. ____________________

אֲנִי חוֹשֵׁב שֶׁאֵלֶּה הֵם אֲנָשִׁים חֲשׁוּבִים מְאוֹד (אח״ם – V.I.P.) ____________________

מַדּוּעַ פּוֹנֶה יְהוּדִי לַמִּזְרָח, כַּאֲשֶׁר הוּא מִתְפַּלֵּל? ____________________

מִפְּנֵי שֶׁיְּרוּשָׁלַיִם הִיא בַּמִּזְרָח. בִּירוּשָׁלַיִם הָיָה בֵּית הַמִּקְדָּשׁ. ____________________

UNIT 25
יְחִידָה עֶשְׂרִים וְחָמֵשׁ

Everyone wants to go
כּוּלָם רוֹצִים לִנְסוֹעַ

דּוֹקְטוֹר שַׁפִּירָא וְדוֹדָה שָׂרָה עוֹמְדִים לִנְסוֹעַ לְטִיּוּל.
לְאָן? לְיִשְׂרָאֵל, כַּמּוּבָן.
הַשָּׁעָה הָיְתָה שֶׁבַע וָחֵצִי בַּבּוֹקֶר. דּוֹקְטוֹר שַׁפִּירָא נִכְנַס לַחֶדֶר שֶׁל שָׂרָה וְאָמַר:
– בּוֹקֶר טוֹב, דּוֹדָה שָׂרָה. יֵשׁ לִי חֲדָשׁוֹת.
– כֵּן? – שָׁאֲלָה שָׂרָה – מָה הַחֲדָשׁוֹת?
– קוּמִי, הִתְלַבְּשִׁי! בְּעוֹד שְׁלוֹשָׁה שָׁבוּעוֹת בְּדִיּוּק נִיסַע לִירוּשָׁלַיִם.
– אִם נִיסַע בְּעוֹד שְׁלוֹשָׁה שָׁבוּעוֹת, אֲנִי צְרִיכָה לְהִתְלַבֵּשׁ כְּבָר עַכְשָׁיו? – צָחֲקָה שָׂרָה.

– שָׂרָה, בֶּאֱמֶת! צָרִיךְ לְהָכִין אֶת הַכֹּל: בְּגָדִים, נַעֲלַיִם, מִזְוָדוֹת. צָרִיךְ לְהַתְחִיל כְּבָר עַכְשָׁיו, אַתְּ יוֹדַעַת.
– מֹשֶׁה – עָנְתָה לוֹ שָׂרָה – בְּעוֹד חוֹדֶשׁ יִהְיֶה רֹאשׁ הַשָּׁנָה. צָרִיךְ לִכְתּוֹב בְּרָכוֹת לְשָׁנָה טוֹבָה לְכָל יְדִידֵינוּ. צָרִיךְ לְהַתְחִיל כְּבָר עַכְשָׁיו, אַתָּה יוֹדֵעַ.
דּוֹקְטוֹר שַׁפִּירָא לֹא עָנָה. הוּא נִכְנַס לַחֶדֶר הַשֵּׁנִי וְסָגַר אֶת הַדֶּלֶת. דּוֹדָה שָׂרָה כָּעֲסָה מְאוֹד.

אַחֲרֵי רֶבַע שָׁעָה בָּא דּוֹקְטוֹר שַׁפִּירָא עִם הַרְבֵּה מִכְתָּבִים בַּיָּד.
– מַה זֶּה? – שָׁאֲלָה שָׂרָה – מָתַי כָּתַבְתָּ כָּל כָּךְ הַרְבֵּה מִכְתָּבִים?
– לִפְנֵי שָׁנָה – עָנָה דּוֹקְטוֹר שַׁפִּירָא.
– מַה?
– כֵּן. כָּתַבְתִּי אֶת הַמִּכְתָּבִים עוֹד בַּשָּׁנָה שֶׁעָבְרָה. אֲבָל שָׁכַחְתִּי לִשְׁלוֹחַ אוֹתָם. עַכְשָׁיו אֵלֵךְ לַדּוֹאַר, אֶקְנֶה בּוּלִים וְאֶשְׁלַח אֶת כָּל הַמִּכְתָּבִים.
– טוֹב מְאוֹד – צָחֲקָה שָׂרָה – אֲבָל אַל תִּשְׁכַּח לִשְׁלוֹחַ מִכְתָּבִים גַּם לַחֲבֵרִים הַחֲדָשִׁים שֶׁלָּנוּ: לְמִשְׁפַּחַת גַּנּוֹר בְּתֵל־אָבִיב וּלְמַתָּן רַבִּינוֹבִיץ בַּקִּיבּוּץ. כְּתוֹב גַּם תַּאֲרִיךְ חָדָשׁ עַל הַמִּכְתָּבִים!
– נָכוֹן, נָכוֹן. הִנֵּה אֲנִי כּוֹתֵב.
– אַל תִּשְׁכַּח לִשְׁלוֹחַ אֶת הַבְּרָכוֹת הַפַּעַם.
דּוֹקְטוֹר שַׁפִּירָא יָשַׁב עַל יַד הַשּׁוּלְחָן. לָקַח נְיָר וָעֵט וְכָתַב:

חָבֵר מַתָּן הַיָּקָר,

עָבְרוּ יוֹתֵר מֵחֲמִישָּׁה חֳדָשִׁים מִלֵּיל הַסֵּדֶר. אֲנִי יוֹדֵעַ שֶׁהָאָחוֹת סוּזָן נָסְעָה לַקִּיבּוּץ וְהִיא עוֹבֶדֶת שָׁם בַּמִּרְפָּאָה.

שָׂרָה וַאֲנִי וְגַם דִּינָה וְדָן נִיסַע לָאָרֶץ לְרֹאשׁ הַשָּׁנָה. תּוֹדָה שֶׁהִזְמַנְתָּ אוֹתָנוּ לַקִּיבּוּץ. נִשְׂמַח לָבוֹא לְבַקֵּר אוֹתְךָ. אֲנִי רוֹצֶה מְאוֹד לִרְאוֹת גַּם אֶת סוּזָן.

אֲנִי מְאַחֵל לְכוּלְּכֶם שָׁנָה טוֹבָה. לְהִתְרָאוֹת בְּקָרוֹב.

שֶׁלְּךָ,

שָׂרָה וּמֹשֶׁה שַׁפִּירָא.

דּוֹקְטוֹר שַׁפִּירָא שָׂם אֶת הַמִּכְתָּב בַּמַּעֲטָפָה וְכָתַב אֶת הַכְּתוֹבֶת עַל הַמַּעֲטָפָה:

לִכְבוֹד
מַר מַתָּן רַבִּינוֹבִיץ
קִיבּוּץ רָמַת־הַגָּלִיל
דּוֹאַר נָע, הַגָּלִיל הַמַּעֲרָבִי
יִשְׂרָאֵל

אַחַר כָּךְ לָקַח אֶת הַמִּכְתָּבִים וְהָלַךְ לַדּוֹאַר.
הַשָּׁנָה הוּא לֹא שָׁכַח לִשְׁלוֹחַ אֶת מִכְתְּבֵי הַבְּרָכָה לְרֹאשׁ הַשָּׁנָה.

צִיוּוּי שֶׁל הִתְפַּעֵל: Imperative of *hitpa'el*

הִתְלַבֵּשׁ!	הִתְרַחֵץ!	הִסְתַּכֵּל!	אַל תִּסְתַּכֵּל!
הִתְלַבְּשִׁי!	הִתְרַחֲצִי!	הִסְתַּכְּלִי!	אַל תִּסְתַּכְּלִי!
הִתְלַבְּשׁוּ!	הִתְרַחֲצוּ!	הִסְתַּכְּלוּ!	אַל תִּסְתַּכְּלוּ!

מִפִּרְקֵי אָבוֹת From the *Sayings of the Fathers*

רַבִּי מֵאִיר אוֹמֵר: Rabbi Meir says:

אַל תִּסְתַּכֵּל בַּקַּנְקַן אֶלָּא בְּמַה שֶּׁיֵּשׁ בּוֹ.

Don't look at the jug but at what is in it.

i.e.: Don't judge by externals

At the Hotel
בַּמָּלוֹן

שְׁבוּעַיִים לִפְנֵי רֹאשׁ הַשָּׁנָה דָּן וְדִינָה הִתְחַתְּנוּ. הָיוּ אוֹרְחִים רַבִּים. הַחֲתוּנָּה הָיְתָה יָפָה מְאוֹד. דָּן סָגַר אֶת הַמִּשְׂרָד שֶׁלּוֹ. הֵם לָקְחוּ חוּפְשָׁה לְחוֹדֶשׁ שָׁלֵם.
דָּן עָשָׂה אֶת כָּל הַסִּידּוּרִים: הִזְמִין מָקוֹם בַּמָּלוֹן, סִידֵּר אֶת הַדַּרְכּוֹנִים, קָנָה כַּרְטִיסֵי טִיסָה לְיִשְׂרָאֵל.

דָּן וְדִינָה בָּאוּ לַמָּלוֹן.

– הַמָּלוֹן יָפֶה מְאוֹד, דָּן, – אָמְרָה דִּינָה.
– כֵּן, זֶה הַמָּלוֹן הַטּוֹב בְּיוֹתֵר בָּעִיר.
– הוּא יוֹתֵר טוֹב מִן הַמָּלוֹן בּוֹ הָיְתָה הַחֲתוּנָּה שֶׁלָּנוּ.

בָּא הַפָּקִיד:
– עֶרֶב טוֹב. אֲנִי יָכוֹל לַעֲזוֹר לָכֶם?
– עֶרֶב טוֹב – עָנָה דָּן – הִזְמַנּוּ חֶדֶר.
– מַה שִּׁמְכֶם, בְּבַקָּשָׁה?
– דִּינָה וְדָן גּוֹרְדּוֹן.
– הִנֵּה מָצָאתִי. יֵשׁ לָכֶם חֶדֶר יָפֶה בַּקּוֹמָה הַשְּׁלִישִׁית.
– תּוֹדָה רַבָּה. אֶפְשָׁר לְקַבֵּל אֶת הַמַּפְתֵּחַ שֶׁל הַחֶדֶר?
– כֵּן, בְּבַקָּשָׁה. הִנֵּה מַפְתֵּחַ מִסְפָּר 312. כַּמָּה מִזְוָדוֹת יֵשׁ לָכֶם?
– יֵשׁ לָנוּ אַרְבַּע מִזְוָדוֹת.
– כֵּן, אֲנִי רוֹאֶה. הָאִישׁ שֶׁלָּנוּ יִקַּח אֶת הַמִּזְוָדוֹת.
– כַּמָּה מַגָּבוֹת יֵשׁ בַּחֶדֶר? – שָׁאַל דָּן.
– יֵשׁ שְׁתֵּי מַגָּבוֹת גְּדוֹלוֹת וְאַרְבַּע מַגָּבוֹת קְטַנּוֹת. גַּם סַבּוֹן יֵשׁ. אֶשְׁלַח מִיָּד עוֹד מַגָּבוֹת, אִם אַתֶּם רוֹצִים.
– לֹא. לֹא צָרִיךְ – אָמַר דָּן – תּוֹדָה רַבָּה וְלַיְלָה טוֹב.
– סְלִיחָה, דּוֹקְטוֹר גּוֹרְדּוֹן. מָה הַכְּתוֹבֶת שֶׁלָּכֶם?
– הַכְּתוֹבֶת שֶׁלָּנוּ: רְחוֹב קוֹלוּמְבּוּס מִסְפָּר 3. – אָמַר דָּן.
– יֵשׁ הָעֶרֶב סֶרֶט יָפֶה בַּמָּלוֹן שֶׁלָּנוּ – אָמַר הַפָּקִיד – אַתֶּם רוֹצִים לִרְאוֹת סֶרֶט?
– לֹא, תּוֹדָה. הָעֶרֶב לֹא. אוּלַי בְּפַעַם אַחֶרֶת.

דָּן וְדִינָה עָלוּ לַחֶדֶר שֶׁלָּהֶם יָד בְּיָד. הֵם יָצְאוּ לַמִּרְפֶּסֶת וְהִסְתַּכְּלוּ עַל הַשָּׁמַיִם. הָיָה לֵיל יָרֵחַ.
– זֶה יִהְיֶה טִיּוּל נֶהְדָּר – אָמְרָה דִּינָה.
– זֶה יִהְיֶה הַטִּיּוּל הַיָּפֶה בְּיוֹתֵר שֶׁטִּיַּלְתִּי פַּעַם – אָמַר דָּן.

By changing the vowels slightly you derive a noun from a verb:

story	סִיפּוּר	told	סִיפֵּר
arrangement	סִידּוּר	arranged	סִידֵּר
drawing	צִיוּר	drew	צִיֵּר
visit	בִּיקּוּר	visited	בִּיקֵּר
repair	תִּיקּוּן	repaired	תִּיקֵּן
trip	טִיּוּל	went on a trip	טִיֵּל
ringing	צִלְצוּל	rang	צִלְצֵל

NOTE: Contrary to other languages, Hebrew favours repetitions:

אִמָּא סִיפְּרָה סִיפּוּר   צַיָּר צִיֵּר צִיּוּר

The prophet Isaiah,a grand master of the language, says:

Take counsel together ... עוּצוּ עֵצָה ...

Speak the word ... דַּבְּרוּ דָבָר ...

STRUCTURE

1. The verbal noun is derived from the verb.

he told a tale סִיפֵּר סִיפּוּר

2. To form an adverb – put a *bet* before the word:

exactness דִּיּוּק

exactly בְּדִיּוּק

3. The imperative of the *hitpa'el* begins with a *he:*

הִסְתַּכֵּל! הִסְתַּכְּלִי!

4. Verbs ending with a *chet* or *ayin* are vocalized with a *patach*:

שׁוֹלַחַת, לִשְׁלוֹחַ, יוֹדַעַת.

Patterns of speech and expressions:

Happy New Year!	שָׁנָה טוֹבָה!
New Year's greetings	בְּרָכוֹת לְשָׁנָה טוֹבָה
May I have...?	אֶפְשָׁר לְקַבֵּל ...?
this time	הַפַּעַם
Compare: this morning, this year,	וְכֵן: הַבּוֹקֶר, הַשָּׁנָה

Words we have learned מִלִּים שֶׁלָּמַדְנוּ

לְאָן?	– where to?	מַגֶּבֶת	– towel (magévet)
כַּמּוּבָן	– of course	מְאַחֵל	– wish (verb)
בְּרָכוֹת	– greetings	בְּקָרוֹב	– shortly
חֲדָשׁוֹת	– news	סִידּוּר	– arrangement
דּוֹאַר	– post (dó'ar)	הִזְמִין	– invited
בּוּל	– postage stamp	מָצָאתִי	– I found
כְּתוֹבֶת	– address (któvet)	חָרוּץ	– diligent
סֶרֶט	– movie, film (séret)	עָצֵל	– lazy
מִרְפֶּסֶת	– balcony (mirpéset)	סַבּוֹן	– soap

תַּרְגִּיל 1 EXERCISE 1

עֲשֵׂה תּוֹאַר הַפּוֹעַל עִם בּ Form an adverb, using the

truly, really	בֶּאֱמֶת	truth	אֱמֶת
exactly	_____ בּ	exactness	דִּיּוּק
_____	_____	cheap	זוֹל
_____	_____	quiet	שֶׁקֶט
_____	_____	carefulness	זְהִירוּת
_____	_____	near	קָרוֹב

תַּרְגִּיל 2 EXERCISE 2

עֲנֵה בְּתוֹאַר הַפּוֹעַל. Answer with an adverb.

א. אֵיזוֹ בַּחוּרָה הִיא סוּזָן? (really)
הִיא *בֶּאֱמֶת* בַּחוּרָה טוֹבָה.

ב. אֵיךְ צָרִיךְ לִנְסוֹעַ בִּמְכוֹנִית? (carefully)
בִּמְכוֹנִית צָרִיךְ לִנְסוֹעַ _____.

310

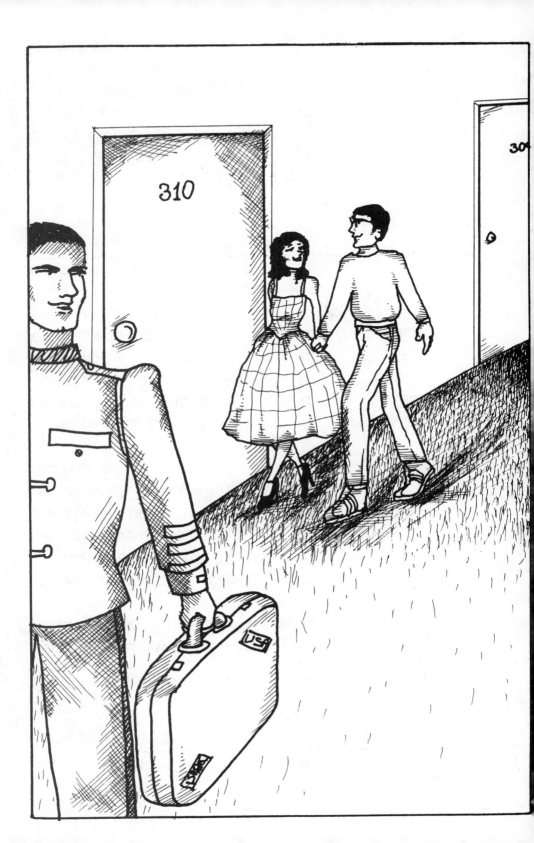

ג. מָה הַשָּׁעָה עַכְשָׁיו? (exactly)
הַשָּׁעָה ______________________

ד. בְּאֵיזֶה מְחִיר קָנִית אֶת הַשִּׂמְלָה? (cheaply)
קָנִיתִי אוֹתָהּ ______________________

ה. אֵיךְ מְדַבְּרִים כְּשֶׁאַבָּא יָשֵׁן? (quietly)
כְּשֶׁאַבָּא יָשֵׁן ______________________

ו. מָתַי אַתָּה נוֹסֵעַ לְיִשְׂרָאֵל? (shortly)
אֲנִי נוֹסֵעַ ______________________

תַּרְגִּיל 3 EXERCISE

הַשְׁלֵם: Fill in:

אִם לֹא עַכְשָׁיו – אָז מָחָר

א. אִם לֹא כָּתַבְתָּ הַיּוֹם אָז תִּכְתֹּב מָחָר
ב. אִם לֹא הִתְרַחַצְתֶּם הַיּוֹם אָז ______ מָחָר
ג. אִם הֵם לֹא הָלְכוּ הַיּוֹם אָז ______ מָחָר
ד. אִם לֹא סִידַּרְתִּי הַיּוֹם אָז ______ מָחָר
ה. אִם לֹא לָבַשְׁתְּ אֶת הַשִּׂמְלָה הַיָּפָה הַיּוֹם אָז ______ אוֹתָהּ מָחָר
ו. אִם לֹא קְנִיתֶן הַיּוֹם אָז ______ מָחָר

אִישׁ חָרוּץ אוֹמֵר:
"אַל תַּעֲשֶׂה מָחָר מַה שֶּׁאַתָּה יָכוֹל לַעֲשׂוֹת הַיּוֹם."
אִישׁ עָצֵל אוֹמֵר:
"אַל תַּעֲשֶׂה מָחָר מַה שֶּׁאַתָּה יָכוֹל לַעֲשׂוֹת בַּשָּׁבוּעַ הַבָּא."

1. מָתַי אִישׁ חָרוּץ עוֹשֶׂה אֶת הָעֲבוֹדָה? ______________________
2. מָתַי אִישׁ עָצֵל עוֹשֶׂה אֶת הָעֲבוֹדָה? ______________________

מִפִּרְקֵי אָבוֹת From the *Sayings of the Fathers*
הִלֵּל הַזָּקֵן אוֹמֵר: Hillel the Wise says:

וְאִם לֹא עַכְשָׁיו – אֵימָתַי? If not now – when?

תַּרְגִּיל 4 EXERCISE

סַפֵּר עַל הַטִּיּוּל שֶׁלְּךָ: Tell about your trip:

_____ לְאָן נָסַעְתָּ?

_____ עִם מִי נָסַעְתָּ?

_____ מַה לָּקַחְתָּ אִתְּךָ?

_____ בְּאֵיזוֹ אֶרֶץ הָיִיתָ?

_____ מַה קָנִיתָ?

_____ כַּמָּה כֶּסֶף עָלָה הַטִּיּוּל?

_____ מָה רָאִיתָ?

_____ לְאָן אַתָּה רוֹצֶה לִנְסוֹעַ בְּקָרוֹב?

תַּרְגִיל 5 EXERCISE

חֲזָרָה עַל מִסְפָּרִים   Numbers (review)

(Units 9, 12, 17)   (יְחִידוֹת: 9, 12, 17)

א.   כְּתוֹב כָּל מִסְפָּר שְׁלִישִׁי עַד שְׁלוֹשִׁים בִּנְקֵבָה:

a.   Write every third number in the feminine:

_____ שָׁלוֹשׁ... שֵׁשׁ...

b.   Count backwards   ב.   סְפוֹר אֲחוֹרַנִית מֵעֶשְׂרִים עַד עֶשֶׂר, בְּזָכָר:

_____ עֶשְׂרִים... תִּשְׁעָה־עָשָׂר... שְׁמוֹנָה־עָשָׂר...

c.   Play with a friend: ג.   שַׂחֵק עִם חָבֵר:

לוֹקְחִים מִסְפָּר וּמוֹסִיפִים אַרְבַּע. מִי שֶׁטּוֹעֶה רִאשׁוֹן, מַפְסִיד.

Take a number. Add "four". The first to make a mistake

loses.

_____ שְׁתַּיִם וְעוֹד אַרְבַּע = שֵׁשׁ. וְעוֹד אַרְבַּע =

a.   Shopping   ד.   קָנִיּוֹת:

קָנִיתִי רַדְיוֹ בְּ־325 שֶׁקֶל.

נָתַתִּי לַסּוֹחֵר 500 שֶׁקֶל.

הוּא נָתַן לִי עוֹדֶף 175 שֶׁקֶל.

כְּתוֹב אֶת הַסִּיפּוּר בְּמִלִּים:

_____ קָנִיתִי...

_____

_____

ה. כְּתוֹב חֶשְׁבּוֹן בַּכֶּסֶף שֶׁל הָאָרֶץ, בָּהּ אַתָּה גָר.

קִילוֹ בָּשָׂר עוֹלֶה ____________

לִיטֶר חָלָב עוֹלֶה ____________

לֶחֶם עוֹלֶה ____________

קָפֶה עוֹלֶה ____________

סַךְ הַכֹּל ____________

נָתַתִּי לַסּוֹחֵר ____________

קִיבַּלְתִּי עוֹדֶף ____________

מבחן 5 Test

(Units 21–25)

Part A • חֵלֶק א

כְּתוֹב בְּאַנְגְלִית: Write in English:

1. בַּקְבּוּק ____________
2. מָקוֹם ____________
3. מֶלַח ____________
4. חֲבִילָה ____________
5. תַּחֲנָה ____________
6. נָהָג ____________
7. בָּרַח ____________
8. מִזְרָח ____________
9. בְּקָרוֹב ____________
10. מָצָאתִי ____________

Part B • חֵלֶק ב

בִּיטוּיִים בְּעִבְרִית: Expressions in Hebrew:

1. unanimously ____________ .1
2. for a year ____________ .2
3. too much ____________ .3
4. welcome ____________ .4
5. this time ____________ .5

חֵלֶק ג • Part C

כְּתוֹב בְּצוּרָה אַחֶרֶת: Write in a different form:

1. כְּתוֹב בִּשְׁתֵּי מִלִּים: מוֹרֵיךְ ______________________
2. כְּתוֹב בֶּעָבָר: הִיא מְנַקָּה אֶת הַחֶדֶר. ______________________
3. כְּתוֹב בַּהוֹוֶה: הֵם דִּיבְּרוּ כָּל הַזְּמַן. ______________________
4. כְּתוֹב בַּצִּיוּוּי: תֵּשֵׁב וְתִכְתּוֹב אֶת הַמִּכְתָּב. ______________________
5. כְּתוֹב בֶּעָתִיד: אַתְּ הוֹלֶכֶת לְטַיֵּל. ______________________
6. כְּתוֹב בְּמִלָּה אַחַת: שְׁנֵי יָמִים. ______________________

חֵלֶק ד • Part D

מָה הַתְּשׁוּבָה הַנְּכוֹנָה? What is the right answer?

1. מָה הֵם עוֹשִׂים? הֵם ______________________
   - ☐ הֵם מְחַכִּים לָאוֹטוֹבּוּס.
   - ☐ הֵם עוֹמְדִים וְאוֹכְלִים.
   - ☐ הֵם נוֹסְעִים בָּאוֹטוֹבּוּס.
2. מָה הַהֵפֶךְ (opposite) שֶׁל: גָּדוֹל ________ רָחוֹק ________

גָּדוֹל	רָחוֹק
☐ זוֹל	☐ קָרוֹב
☐ קָטָן	☐ קָטָן
☐ חָזָק	☐ נָעִים

SCORE:

Part A, each correct answer 3 points, total 30 points
Part B, each correct answer 6 points, total 30 points
Part C, each correct answer 4 points, total 24 points
Part D, each correct answer 8 points, total 16 points

100 points

RATING:

60 poor, 61–70 fair, 71–80 good, 81–90 very good, 91–100 exceptional.

Answers: page 261.

UNIT 26

יְחִידָה עֶשְׂרִים וְשֵׁשׁ

A Meeting in the Kibbutz

פְּגִישָׁה בַּקִּיבּוּץ

לִפְנֵי רֹאשׁ הַשָּׁנָה בָּאוּ אוֹרְחִים רַבִּים לְקִיבּוּץ רָמַת הַגָּלִיל. מַתָּן הִזְמִין אֶת דַּפְנָה, אֶת יִגְאָל וְאֶת הַיְלָדִים לְבַלּוֹת אֶת הֶחָג בַּקִּיבּוּץ. גַּם דָּן וְדִינָה בָּאוּ. הָאָחוֹת סוּזָן הִזְמִינָה אֶת דוֹקְטוֹר שַׁפִּירָא וְאֶת דוֹדָה שָׂרָה.
בַּחֲדַר הָאוֹכֶל מַתָּן פָּגַשׁ אֶת חֲבֵרוֹ, יַעֲקוֹב. יַעֲקוֹב הָיָה עַכְשָׁיו מַזְכִּיר הַקִּיבּוּץ. מַתָּן שָׁאַל אֶת יַעֲקוֹב:

– אַתָּה חוֹשֵׁב שֶׁהִזְמַנְתִּי יוֹתֵר מִדַּי אוֹרְחִים לֶחָג?

– מָה אַתָּה מְדַבֵּר, מַתָּן – כָּעַס יַעֲקוֹב – כּוּלָּנוּ הִסְכַּמְנוּ שֶׁאַתָּה תַּזְמִין אֶת הָאֲנָשִׁים הָאֵלֶּה. הֵם חֲבֵרִים שֶׁלְּךָ. חוּץ מִזֶּה, גַּם סוּזָן הִזְמִינָה אוֹתָם. גַּם סוּזָן הִיא עַכְשָׁיו חֲבֵרָה שֶׁלָּנוּ.

– טוֹב. אָז הַכֹּל בְּסֵדֶר.

– כֵּן, מַתָּן. לֹא אִכְפַּת לָנוּ בִּכְלָל. אֲנַחְנוּ שְׂמֵחִים מְאוֹד שֶׁהֵם בָּאוּ.
בְּרֶגַע זֶה בָּאוּ שָׂרָה וְדוֹקְטוֹר שַׁפִּירָא.

– שָׁלוֹם, מַתָּן – אָמַר דוֹקְטוֹר שַׁפִּירָא. – יָפֶה שֶׁהִזְמַנְתָּ אוֹתָנוּ לַקִּיבּוּץ. אֲנַחְנוּ רוֹאִים קִיבּוּץ בַּפַּעַם הָרִאשׁוֹנָה בַּחַיִּים. פֹּה יָפֶה מְאוֹד. הָרִים סָבִיב. בַּמִּזְרָח רוֹאִים אֶת הַכִּנֶּרֶת. בַּמַּעֲרָב רוֹאִים אֶת הַיָּם. הָאָרֶץ יָפָה מְאוֹד.

– אֲנִי שָׂמֵחַ – אָמַר יַעֲקוֹב.

– מָתַי נִרְאֶה אֶת גַּן הַפֵּירוֹת שֶׁל הַקִּיבּוּץ? – שָׁאֲלָה שִׁירָה.

– מָתַי שֶׁתִּרְצִי – עָנָה מַתָּן.

– יֵשׁ לָנוּ זְמַן – אָמְרָה דַּפְנָה – גַּם מָחָר נִהְיֶה פֹּה. אֲנַחְנוּ עוֹד לֹא נוֹסְעִים.

– אֲבָל, אִמָּא, אֲנַחְנוּ רוֹצִים לִרְאוֹת אֶת הַפֵּירוֹת הַיָּפִים – אָמְרָה עֵינַת.

– כּוּלָּם אוֹמְרִים שֶׁבְּרָמַת הַגָּלִיל יֵשׁ פֵּירוֹת נֶהֱדָרִים – אָמַר עָמִית – אַתָּה מַסְכִּים לָלֶכֶת עַכְשָׁיו, דּוֹד מַתָּן?
דּוֹד מַתָּן הִסְכִּים.
בֵּין הַקִּיבּוּץ וְהַגַּן הָיְתָה דֶּרֶךְ צָרָה וְיָפָה. בַּגַּן הָיוּ עֵצִים יְרוּקִים וַעֲלֵיהֶם פֵּירוֹת רַבִּים. הַיָּפִים בְּיוֹתֵר הָיוּ הַתַּפּוּחִים. הַתַּפּוּחִים הָיוּ גְּדוֹלִים וַאֲדוּמִים.

– תַּפּוּחַ אָדוֹם כָּזֶה יָפֶה לָשִׂים עַל הַדֶּגֶל בְּשִׂמְחַת־תּוֹרָה – אָמַר דוֹקְטוֹר

שַׁפִּירָא. – כְּשֶׁהָיִיתִי יֶלֶד קָטָן, הָיָה אַבָּא נוֹתֵן לִי תַּפּוּחַ אָדוֹם לָשִׂים עַל הַדֶּגֶל.

הֵם טִיְּלוּ לְאַט בֵּין הָעֵצִים בַּגַּן הַיָּפֶה וְהַיָּרוֹק.

– מָה הַפֵּירוֹת הָאֵלֶּה? – שָׁאֲלָה שִׁירָה.

–אֵלֶּה שְׁזִיפִים שְׁחוֹרִים – עָנָה מַתָּן.

– לָמָּה הֵם אֲדוּמִּים? – רָצְתָה שִׁירָה לָדַעַת.

– מִפְּנֵי שֶׁהֵם עוֹד יְרוּקִים – אָמַר מַתָּן.

כּוּלָּם צָחֲקוּ, רַק שִׁירָה לֹא צָחֲקָה. הִיא אָמְרָה:

– אֲנִי לֹא מְבִינָה אֵיךְ שְׁזִיפִים שְׁחוֹרִים הֵם גַּם אֲדוּמִּים וְגַם יְרוּקִים.

Conjugation of:	נְטִיָּה שֶׁל הִסְכִּים
	יָחִיד — **עָבָר**
I agreed	(אֲנִי) הִסְכַּמְתִּי
you agreed (m)	(אַתָּה) הִסְכַּמְתָּ
you agreed (f)	(אַתְּ) הִסְכַּמְתְּ
he agreed	(הוּא) הִסְכִּים
she agreed	(הִיא) הִסְכִּימָה
	רִיבּוּי
we agreed	(אֲנַחְנוּ) הִסְכַּמְנוּ
you agreed (m)	(אַתֶּם) הִסְכַּמְתֶּם
you agreed (f)	(אַתֶּן) הִסְכַּמְתֶּן
they agreed	(הֵם–הֵן) הִסְכִּימוּ
to agree	לְהַסְכִּים
	יָחִיד — **עָתִיד**
I will agree	(אֲנִי) אַסְכִּים
you will agree (m)	(אַתָּה) תַּסְכִּים
you will agree (f)	(אַתְּ) תַּסְכִּימִי
he will agree	(הוּא) יַסְכִּים
she will agree	(הִיא) תַּסְכִּים

Conjugation of:	נְטִיָּה: הִסְכִּים

רִיבּוּי:

we will agree	(אֲנַחְנוּ) נַסְכִּים
you (pl.) will agree	(אַתֶּם) תַּסְכִּימוּ
they will agree	(הֵם) יַסְכִּימוּ

תַּרְגִּיל

הוֹוֶה

f.sg.	מַסְכִּימָה	m.sg.	מַסְכִּים
f.pl.	מַסְכִּימוֹת	m.pl.	מַסְכִּימִים

צִיוּוּי

m.sg.	הַסְכֵּם!
f.sg.	הַסְכִּימִי!
pl.	הַסְכִּימוּ!

Verbs belonging to the same group:

הַמְשִׁיךְ	הִזְמִין
הִדְלִיק	הִפְסִיק

Holiday Eve
בְּעֶרֶב הֶחָג

בְּעֶרֶב הֶחָג יָשְׁבוּ כָּל הָאוֹרְחִים בַּחֲדַר הָאוֹכֶל שֶׁל הַקִּיבּוּץ.
עַל הַשּׁוּלְחָנוֹת הָיוּ מַפּוֹת לְבָנוֹת וְנֵרוֹת.
– לָמָה הִדְלִיקוּ נֵרוֹת, אִמָּא? – שָׁאֲלָה שִׁירָה – אֵין חַשְׁמַל בַּקִּיבּוּץ?
– יֵשׁ חַשְׁמַל, שִׁירָה – צָחֲקָה דַּפְנָה – הַנֵּרוֹת הֵם לִכְבוֹד הֶחָג. בְּשַׁבָּת וּבְחַג מַדְלִיקִים נֵרוֹת.
בְּרֶגַע זֶה בָּאוּ דוֹקְטוֹר שַׁפִּירָא וְיִגְאָל. הֵם הָיוּ בְּבֵית הַכְּנֶסֶת, גַּם מָחָר יִהְיוּ בְּבֵית הַכְּנֶסֶת. יִתְפַּלְּלוּ וְיִשְׁמְעוּ אֶת הַשּׁוֹפָר.
– שָׁלוֹם, סוּזָן – אָמַר יִגְאָל – חַג שָׂמֵחַ!
– שָׁלוֹם, יִגְאָל – עָנְתָה סוּזָן – אֲבָל לֹא קוֹרְאִים לִי סוּזָן. עַכְשָׁיו שְׁמִי שׁוֹשַׁנָּה.

– יוֹפִי – אָמְרוּ דָן וְדִינָה בְּיַחַד.
הָאָחוֹת שׁוֹשַׁנָּה סִיפְּרָה לָהֶם עַל הָעֲבוֹדָה שֶׁלָּהּ בַּקִּיבּוּץ: בַּיּוֹם הִיא עוֹבֶדֶת בַּמִּרְפָּאָה. בָּעֶרֶב הִיא לוֹמֶדֶת בָּאוּלְפָּן. בַּשָּׁנָה הַבָּאָה תַּתְחִיל לִלְמוֹד בָּאוּנִיבֶרְסִיטָה בְּחֵיפָה.
– הַחֲבֵרִים יַסְכִּימוּ שֶׁתִּלְמְדִי בָּאוּנִיבֶרְסִיטָה בַּשָּׁנָה הַבָּאָה? – שָׁאַל דָּן.
– בְּוַדַּאי שֶׁנַּסְכִּים – אָמַר מַתָּן.
– בַּשָּׁנָה הַבָּאָה? – שָׁאַל דוֹקְטוֹר שַׁפִּירָא – זֹאת אוֹמֶרֶת שֶׁאַתְּ נִשְׁאֶרֶת בַּקִּיבּוּץ.
– אֲנִי עוֹד לֹא בְּטוּחָה. אֲבָל אֲנִי חוֹשֶׁבֶת שֶׁאֶשָּׁאֵר בַּקִּיבּוּץ. הַחַיִּים פֹּה יָפִים וּשְׁקֵטִים. הָעֲבוֹדָה נְעִימָה. הַחֲבֵרִים חֲבִיבִים.
– אוּלַי יֵשׁ לָךְ גַּם חָבֵר? – צָחַק דָּן.
– לֹא. עוֹד לֹא. עוֹד אֵין לִי חָבֵר. אֲבָל אֲנִי מַרְגִּישָׁה שֶׁהֵם צְרִיכִים אוֹתִי פֹּה. הֵם צְרִיכִים אָחוֹת.
– רוֹפֵא לֹא צְרִיכִים לַקִּיבּוּץ? –שָׁאַל דוֹקְטוֹר שַׁפִּירָא.
– מַה, מֹשֶׁה, אַתָּה מוּכָן לַעֲבוֹד בַּקִּיבּוּץ? נֶהְדָּר! – אָמְרָה שׁוֹשַׁנָּה בְּשִׂמְחָה.
– ״מֹשֶׁה״ – אָמְרָה דִינָה לְדָן בְּשֶׁקֶט –עַכְשָׁיו זֶה כְּבָר ״מֹשֶׁה״, לֹא דוֹקְטוֹר שַׁפִּירָא?
– שׁ... שׁ...! – אָמַר דָּן.
אֲבָל עֵינַת שָׁמְעָה וְאָמְרָה:
״מֹשֶׁה וְשׁוֹשַׁנָּה
תַּפּוּחַ וּבָנָנָה!״
– מַזָּל שֶׁלֹּא שָׁמְעוּ מַה שֶּׁאָמַרְתְּ! – כָּעֲסָה דַּפְנָה עַל עֵינַת.
בֵּינְתַיִים הֵבִיאוּ לַשּׁוּלְחָן תַּפּוּחִים וְצַלָּחוֹת קְטַנּוֹת עִם דְּבַשׁ.
כּוּלָּם עָשׂוּ בִּרְכַּת ״שֶׁהֶחֱיָנוּ״ וְאָכְלוּ תַּפּוּחַ עִם דְּבַשׁ.
– אֲנִי אוֹהֶבֶת אֶת רֹאשׁ הַשָּׁנָה – אָמְרָה שִׁירָה – זֶה הֶחָג הַיָּפֶה בְּיוֹתֵר.
– יוֹתֵר יָפֶה מֵחַג הַפֶּסַח?
– כֵּן, יוֹתֵר יָפֶה מֵחַג הַפֶּסַח.
– מַדּוּעַ?
– מִפְּנֵי שֶׁאוֹכְלִים תַּפּוּחַ עִם דְּבַשׁ – עָנְתָה שִׁירָה – זֶה מָתוֹק וְטָעִים.

אֶרֶץ זָבַת חָלָב וּדְבַשׁ

A land flowing with milk and honey Exodus, 3:8

נְטִיָּה שֶׁל הָיָה

עָתִיד

רִיבּוּי		יָחִיד	
we will be	(אֲנַחְנוּ) נִהְיֶה	I will be	(אֲנִי) אֶהְיֶה
you will be (m)	(אַתֶּם) תִּהְיוּ	you will be (m)	(אַתָּה) תִּהְיֶה
you will be (f)	(אַתֶּן) תִּהְיוּ	you will be (f)	(אַתְּ) תִּהְיִי
they will be (m)	(הֵם) יִהְיוּ	he will be	(הוּא) יִהְיֶה
they will be (f)	(הֵן) יִהְיוּ	she will be	(הִיא) תִּהְיֶה

to be לִהְיוֹת

Verbs belonging to the same group: קנה ענה
רצה ראה

To be or not to be לִהְיוֹת אוֹ לֹא לִהְיוֹת

Words we have learned מִלִּים שֶׁלָּמַדְנוּ

פְּגִישָׁה – meeting
לְבַלּוֹת – to spend (time)
שִׂמְחַת תּוֹרָה – Simchat Tora
הִדְלִיק – lighted, kindled
חַיִּים – life
הַר (הָרִים) – mountain
דֶּרֶךְ – way (dérech)
תַּפּוּחַ – apple (tapúach)
דֶּגֶל – flag (dégel)

אוּלְפָּן – ulpan (school)	בֵּינְתַיִים – meanwhile (bentáyim)
בָּטוּחַ (בְּטוּחָה) – sure	בָּנָנָה – banana
אֶשָּׁאֵר – I will stay.	חַשְׁמַל – electricity
דְּבַשׁ – honey	שׁוֹפָר – shofar (ram's horn)
שְׁזִיף – plum	מִרְפָּאָה – clinic

STRUCTURE

1. The *hif'il* conjugation is characterized by the prefix *h* – ה, the vowel *i*, or both.
2. The future tense of verbs ending with a *hey* is similar to other conjugations, but is vocalized with an *e* in the last syllable:

אֶהְיֶה תִּקְנֶה יִרְצֶה

3. Review of colors, the comparative and superlative.

Patterns of speech and expressions:

I don't care	לֹא אִכְפַּת לִי
whenever you want	מָתַי שֶׁתִּרְצִי
in honor of the holiday	לִכְבוֹד הֶחָג
in honor of Shabbat	לִכְבוֹד שַׁבָּת
besides this	חוּץ מִזֶּה

EXERCISE 1 תרגיל

Conjugate in *hif'il* :הַטֵּה בְּהִפְעִיל

invited הִזְמִין	felt הִרְגִּישׁ	started הִתְחִיל
	עָבָר	
(אֲנִי) הִזְמַנְתִּי	________	________
(אַתָּה) ________	________	הִתְחַלְתָּ
(אַתְּ) ________	הִרְגַּשְׁתְּ	________

(הוּא) ______	______	______
(הִיא) הִזְמִינָה	______	______
(אֲנַחְנוּ) ______	הִרְגַּשְׁנוּ	______
(אַתֶּם) ______	______	הִתְחַלְתֶּם
(אַתֶּן) ______	______	______
(הֵם) הִזְמִינוּ	______	______

עָתִיד

(אֲנִי) אַזְמִין	______	______
(אַתָּה) ______	______	תַּתְחִיל
(אַתְּ) ______	תַּרְגִּישִׁי	______
(הוּא) ______	______	______
(הִיא) תַּזְמִין	______	______
(אֲנַחְנוּ) ______	נַרְגִּישׁ	______
(אַתֶּם–אַתֶּן) ______	______	תַּתְחִילוּ
(הֵם–הֵן) ______	______	______

תרגיל 2 EXERCISE

מַעֲבָר לֶעָתִיד: From past into future:

עבר   עתיד

א. אִם לֹא קָנִיתִי אֶת הַסֵּפֶר אֶתְמוֹל – אֶקְנֶה מָחָר.

ב. אִם לֹא הִצְלַחְתָּ הַפַּעַם, וַדַּאי ______ בַּפַּעַם הַבָּאָה.

ג. אִם לֹא הִפְסַקְתָּ לְעַשֵּׁן (to smoke) כָּל הַחַיִּים שֶׁלְּךָ, אַתָּה חוֹשֵׁב שֶׁ ______ מָחָר?

ד. אִם הֵם הִסְכִּימוּ לַעֲבוֹד לִפְנֵי שָׁבוּעַ, הֵם ______ לַעֲבוֹד גַּם בַּשָּׁבוּעַ הַבָּא.

ה. מַדּוּעַ הִדְלַקְתֶּם אֶת הַחַשְׁמַל בַּיּוֹם? מֵעַכְשָׁיו ______ אֶת הַחַשְׁמַל רַק בַּלַּיְלָה.

ו. אִם הֵן לֹא הִתְחִילוּ לִלְמוֹד לִפְנֵי שָׁנָה, וַדַּאי ______ לִלְמוֹד בַּשָּׁנָה הַבָּאָה.

ז. אִם הִיא לֹא רָצְתָה לָבוֹא אֶתְמוֹל, מַדּוּעַ ______ לָבוֹא הַיּוֹם?

ח. מִי שֶׁהָיָה תַּלְמִיד טוֹב הַשָּׁנָה, ______ תַּלְמִיד טוֹב גַּם בַּשָּׁנָה הַבָּאָה.

מֵעָבָר לַהוֹוֶה:

אֶתְמוֹל לֹא דִיבַּרְתְּ כְּלוּם, אֲבָל הַיּוֹם אַתְּ ______ כָּל הַזְּמַן.

בְּיוֹם חֲמִישִׁי לֹא הִדְלַקְתִּי נֵרוֹת, אֲבָל כָּל יוֹם שִׁשִּׁי אֲנִי ______ נֵרוֹת.

עוֹד לֹא הִתְחִילוּ לִלְמוֹד בָּאוּנִיבֶרְסִיטָה? הַשָּׁבוּעַ ______ כְּבָר לִלְמוֹד?

בַּשָּׁנָה שֶׁעָבְרָה הִסְכַּמְתֶּם לְקַבֵּל אוֹתִי לַקִּיבּוּץ, אֲבָל לֹא בָּאתִי. עַכְשָׁיו אַתֶּם ______ לְקַבֵּל אוֹתִי?

תרגיל 3 EXERCISE

הַלִּימּוּדִים שֶׁלִּי בְּעִבְרִית. סַפֵּר:

Tell about your studies in Hebrew:

א. מָתַי הִתְחַלְתָּ לִלְמוֹד עִבְרִית? ______

הִתְחַלְתִּי ______

ב. אֵיפֹה אַתָּה לוֹמֵד? ______

______

ג. קַל לִי (קָשֶׁה לִי) לִלְמוֹד עִבְרִית, מִפְּנֵי שֶׁ— ______

______

ד. אֵיךְ מַזְמִינִים אוֹכֶל בְּמִסְעָדָה? ______

______

ה. אֵיךְ שׁוֹאֲלִים עַל כְּתוֹבֶת? ______

______

ו. הִפְסַקְתָּ פַּעַם לִלְמוֹד? ______

______

ז. מַדּוּעַ הִתְחַלְתָּ עוֹד פַּעַם? ______

______

תרגיל 4 EXERCISE

הִנֵּה פִּתְגָּם: Here is a proverb

הַמַּתְחִיל בְּמִצְוָה אוֹמְרִים לוֹ גְּמוֹר!

א. עָשִׂיתָ פַּעַם מִצְוָה? ______

ב. כְּתוֹב אֶת הַפִּתְגָּם בְּאַנְגְלִית: ______

______

ג. אֱמוֹר אֶת הַפִּתְגָם בֶּעָתִיד (גַם אֶת הַצִיוּוּי) ______________________

____

ד. סַפֵּר עַל מִישֶׁהוּ שֶׁהִתְחִיל בְּמִצְוָה, גָמַר אוֹ לֹא גָמַר: ______________

____

____

EXERCISE 5 תרגיל

חָזָק, יוֹתֵר חָזָק, הֶחָזָק בְּיוֹתֵר. (חֲזָרָה)

strong, stronger, strongest (review).

אָרוֹךְ

____

____

בַּיִת גָדוֹל

____

____

חָזָק

____

____

קְטַנָה

EXERCISE 6 תרגיל

הַתַּפּוּחַ וְהָעֵץ

This is a famous biblical story about Gideon and his son, Abimelech. You may read it for your pleasure. Now try and answer some or all of the questions. In any case you should note the new words.

בְּעִבְרִית אוֹמְרִים: "הַתַּפּוּחַ וְהָעֵץ", זֹאת אוֹמֶרֶת: הָאָב וְהַבֵּן.
לִפְנֵי יוֹתֵר מִשְׁלוֹשֶׁת אֲלָפִים שָׁנָה חָיוּ בְּאֶרֶץ יִשְׂרָאֵל גִדְעוֹן וַאֲבִימֶלֶךְ.
גִדְעוֹן הָיָה הָאָב, אֲבִימֶלֶךְ הָיָה הַבֵּן.
גִדְעוֹן הָיָה גָדוֹל. הוּא עָשָׂה מִלְחָמָה עִם הַמִדְיָנִים. לְגִדְעוֹן הָיוּ רַק שְׁלוֹשׁ מֵאוֹת אֲנָשִׁים וְשׁוֹפָר גָדוֹל. לַמִדְיָנִים הָיוּ אֲלָפִים רַבִּים שֶׁל אֲנָשִׁים. אֲבָל גִדְעוֹן הִצְלִיחַ בַּמִלְחָמָה.

אֲבִימֶלֶךְ הָיָה הַבֵּן שֶׁל גִּדְעוֹן. אֲבִימֶלֶךְ לֹא הָיָה אִישׁ גָּדוֹל כְּמוֹ אַבָּא שֶׁלּוֹ. גַּם הוּא עָשָׂה מִלְחָמָה. אֲבָל עִם מִי? הוּא עָשָׂה מִלְחָמָה עִם הָאַחִים שֶׁלּוֹ. הָיוּ לוֹ שִׁבְעִים אַחִים. כּוּלָּם מֵתוּ. גִּדְעוֹן רָצָה שֶׁהָאֲנָשִׁים שֶׁלּוֹ יַעֲשׂוּ מַה שֶׁהוּא עוֹשֶׂה. גַּם אֲבִימֶלֶךְ רָצָה שֶׁהָאֲנָשִׁים שֶׁלּוֹ יַעֲשׂוּ מַה שֶׁהוּא עוֹשֶׂה.

גִּדְעוֹן אָמַר:

״מִמֶּנִּי תִּרְאוּ וְכֵן תַּעֲשׂוּ!״ שׁוֹפְטִים ז׳ 17

"Look on me and do likewise". Judges, 7:17

אֲבִימֶלֶךְ אָמַר:

״מָה רְאִיתֶם עָשִׂיתִי מַהֲרוּ עֲשׂוּ כָמוֹנִי!״ שׁוֹפְטִים ט׳ 48

"What you have seen me do, make haste and do as I have done". Judges, 9:48

זֹאת הָיְתָה הַמִּלְחָמָה עִם הָעִיר שְׁכֶם.

הַמִּשְׁפָּט שֶׁל גִּדְעוֹן וְהַמִּשְׁפָּט שֶׁל אֲבִימֶלֶךְ דּוֹמִים.

אֲבָל גִּדְעוֹן אָמַר מִשְׁפָּט קָצָר. אֲבִימֶלֶךְ אָמַר מִשְׁפָּט אָרוֹךְ.

מִלְחָמָה – war

הִצְלִיחַ – succeeded

דּוֹמֶה – similar

שׁוֹפָר – ram's horn

מִדְיָנִים – Midianites

מִשְׁפָּט – sentence

שׁוֹנֶה – different

עֲנֵה עַל הַשְּׁאֵלוֹת:

א. מֶה הָיָה שֵׁם הָאָב? ______

ב. מֶה הָיָה שֵׁם הַבֵּן? ______

ג. אֵיזֶה אִישׁ הָיָה גִּדְעוֹן? ______

ד. מִי עָשָׂה מִלְחָמָה עִם גִּדְעוֹן? ______

ה. מַדּוּעַ הַמִּשְׁפָּט שֶׁל גִּדְעוֹן יוֹתֵר יָפֶה? ______

______

ו. כְּתוֹב אֶת שְׁנֵי הַמִּשְׁפָּטִים זֶה מִתַּחַת לָזֶה.

______

______

Declension of preposition N "from":

from us	מִמֶּנּוּ (מֵאִתָּנוּ)	from me	מִמֶּנִּי
from you (m.pl.)	מִכֶּם	from you (m.s.)	מִמְּךָ
from you (f.pl.)	מִכֶּן	from you (f.s.)	מִמֵּךְ
from them (m)	מֵהֶם	from him	מִמֶּנּוּ
from them (f)	מֵהֶן	from her	מִמֶּנָּה

יְחִידָה עֶשְׂרִים וְשֶׁבַע

Let's take a trip up north!

בּוֹאוּ לְטַיֵּל בַּצָּפוֹן!

אַחֲרֵי רֹאשׁ הַשָּׁנָה קָמוּ הָאוֹרְחִים מוּקְדָּם. הֵם הִתְכּוֹנְנוּ לְטַיֵּל בַּצָּפוֹן. אֲבָל לֹא כּוּלָּם יִסְעוּ לַצָּפוֹן. דִּינָה תִּסַּע לְחֵיפָה עִם דָּן. לְדִינָה יֵשׁ קְרוֹבִים בְּחֵיפָה. דִּינָה וְדָן יִסְעוּ לְבַקֵּר אֶת הַקְּרוֹבִים שֶׁלָּהֶם. אוּלַי הֵם יִסְעוּ גַּם לְאֵילַת.

כָּל הָאוֹרְחִים יָשְׁבוּ בַּחֲדַר הָאוֹכֶל.

חֲדַר הָאוֹכֶל שֶׁל הַקִּיבּוּץ הָיָה כִּמְעַט רֵיק. יָשְׁבוּ שָׁם רַק מַתָּן, יִגְאָל וְהַמִּשְׁפָּחָה וְגַם דּוֹקְטוֹר שַׁפִּירָא וְדוֹדָה שָׂרָה. כּוּלָּם יָשְׁבוּ עַל יַד הַשּׁוּלְחָן וְאָכְלוּ אֲרוּחַת בּוֹקֶר. עַל הַשּׁוּלְחָן הָיוּ עַגְבָנִיּוֹת, לֶבֶּן, גְּבִינוֹת וּבֵיצִים.

– הַגְּבִינָה הַשְּׁמֵנָה הַזֹּאת טְעִימָה מְאוֹד. – אָמְרָה שָׂרָה – מוּתָּר לָקַחַת עוֹד קְצָת גְּבִינָה?

– בְּוַדַּאי – אָמַר מֹשֶׁה – מוּתָּר לָקַחַת כַּמָּה שֶׁאַתְּ רוֹצָה.

– זֹאת גְּבִינָה שְׁמֵנָה? – קָרְאָה דַּפְנָה – אָכַלְתִּי אֶת הַגְּבִינָה מִפְּנֵי שֶׁחָשַׁבְתִּי שֶׁזֹּאת גְּבִינָה רָזָה.

– אֵין דָּבָר. – אָמַר יִגְאָל – הַגְּבִינָה טְעִימָה וְאַתְּ לֹא כָּל כָּךְ שְׁמֵנָה. מוּתָּר לָךְ לֶאֱכוֹל גְּבִינָה שְׁמֵנָה פַּעַם אַחַת בַּבּוֹקֶר.

– אִמָּא בִּכְלָל לֹא שְׁמֵנָה – אָמְרָה עֵינַת – אִמָּא שֶׁלָּנוּ רָזָה וְיָפָה.

– תּוֹדָה, עֵינַת – צָחֲקָה דַּפְנָה וְלָקְחָה עוֹד צַלַּחַת שֶׁל גְּבִינָה שְׁמֵנָה.

– אֵיפֹה כָּל הַיְלָדִים שֶׁל הַקִּיבּוּץ? שָׁאֲלָה שִׁירָה.

– הַיְלָדִים אֵינָם פֹּה – אָמַר מַתָּן – הֵם יְשֵׁנִים בְּבֵית הַיְלָדִים. הֵם גַּם אוֹכְלִים שָׁם.

– מָה? הַיְלָדִים יְשֵׁנִים בְּלִי אַבָּא וְאִמָּא? אֲנִי אוֹהֶבֶת לִישׁוֹן עִם אַבָּא וְאִמָּא שֶׁלִּי.

– כֵּן. אֲבָל בַּקִּיבּוּץ הַיְלָדִים אֵינָם יְשֵׁנִים עִם הוֹרֵיהֶם.

– לֹא אִכְפַּת לַיְלָדִים בַּקִּיבּוּץ לִישׁוֹן בְּלִי הוֹרִים?

– לֹא, לֹא אִכְפַּת לָהֶם – עָנָה מַתָּן – הֵם רְגִילִים לִישׁוֹן לְבַדָּם.

אַחֲרֵי אֲרוּחַת הַבּוֹקֶר מַתָּן קָם וְלָקַח אֶת הַכֵּלִים לַמִּטְבָּח.

גַּם דּוֹדָה שָׂרָה לָקְחָה כֵּלִים וְהָלְכָה אַחֲרָיו.

– מָה אַתְּ עוֹשָׂה, שָׂרָה? – שָׁאַל מַתָּן – מַדּוּעַ אַתְּ לוֹקַחַת אֶת הַכֵּלִים? אֵינֵךְ צְרִיכָה לַעֲבוֹד. אַתְּ אוֹרַחַת שֶׁלָּנוּ.
– אֵין דָּבָר, מַתָּן. אֲנִי רְגִילָה לַעֲבוֹד. אֲבָל אֲנִי יוֹדַעַת שֶׁאֲנִי אוֹרַחַת פֹּה.
– בְּכָל זֹאת אַתְּ לוֹקַחַת אֶת הַכֵּלִים לַמִּטְבָּח?
– אֶקַּח רַק כֵּלִים אֲחָדִים. זֶה לֹא כָּל כָּךְ קָשֶׁה, נָכוֹן?
כּוּלָּם קָמוּ וְיָצְאוּ לַדֶּרֶךְ: דָּן וְדִינָה נָסְעוּ לְחֵיפָה. הָאֲחֵרִים נָסְעוּ לַצָּפוֹן.
בִּמְטוּלָה, הָעִיר הַצְּפוֹנִית בְּיוֹתֵר שֶׁל יִשְׂרָאֵל, יָשְׁבוּ לָנוּחַ.
בְּתֵל־חַי בִּקְּרוּ בַּבַּיִת שֶׁל יוֹסֵף טְרוּמְפֶּלְדוֹר.
בִּצְפַת עָלוּ עַל הַר גָּבוֹהַּ. מִמֶּנּוּ רָאוּ אֶת הַיָּם בַּמַּעֲרָב וְאֶת הַכִּנֶּרֶת בַּמִּזְרָח.
– הַצָּפוֹן כָּל כָּךְ יָפֶה! – אָמְרָה שָׂרָה – מִצַּד אֶחָד הָרִים גְּבוֹהִים לְמַעְלָה וּמִצַּד שֵׁנִי הַכִּנֶּרֶת לְמַטָּה. אֵיזוֹ אֶרֶץ יָפָה!
– בּוֹאוּ! נִסַּע לִטְבֶרְיָה. נִרְאֶה אֶת הַכִּנֶּרֶת מִקָּרוֹב – אָמַר מַתָּן.
בִּטְבֶרְיָה רָאוּ אֶת הַכִּנֶּרֶת מִקָּרוֹב וְאֶת הַגּוֹלָן מֵרָחוֹק. הָיָה שָׁם חַם מְאוֹד. הֵם טִיְּלוּ עַד הַצָּהֳרַיִם. עֲיֵפִים בָּאוּ לְמִסְעָדָה עַל שְׂפַת הַכִּנֶּרֶת. שָׁם אָכְלוּ אֲרוּחָה שֶׁל דְּגֵי־כִּנֶּרֶת (דָּגִים שֶׁל כִּנֶּרֶת) וְשָׁתוּ מִיץ תַּפּוּזִים קַר.
– מִן הַמָּקוֹם הַזֶּה אֲנִי שׁוֹלַחַת מִכְתָּב לַאֲחוֹתִי, עִם תְּמוּנָה שֶׁל הַכִּנֶּרֶת הַכְּחוּלָה – אָמְרָה שָׂרָה.

נְטִיָּה שֶׁל: אֵין — **Declension of:**

In literary Hebrew we use אֵין instead of לֹא in the present tense.

(אֲנִי לֹא יוֹדֵעַ) = אֵינֶנִּי יוֹדֵעַ (קִיצּוּר שֶׁל: אֵין אֲנִי יוֹדֵעַ)
(הוּא לֹא פֹּה) = אֵינֶנּוּ פֹּה

יָחִיד			רִיבּוּי		
אֵינִי (אֵינֶנִּי)	=	אֲנִי לֹא	אֵינֶנּוּ	=	אֲנַחְנוּ לֹא
אֵינְךָ	=	אַתָּה לֹא	אֵינְכֶם	=	אַתֶּם לֹא
אֵינֵךְ	=	אַתְּ לֹא	אֵינְכֶן	=	אַתֶּן לֹא
אֵינוֹ (אֵינֶנּוּ)	=	הוּא לֹא	אֵינָם	=	הֵם לֹא
אֵינָהּ (אֵינֶנָּה)	=	הִיא לֹא	אֵינָן	=	הֵן לֹא

Conjugation of: נְטִיָּה שֶׁל: פתח נסע

הוֹוֶה

אֲנִי נוֹסַעַת	אֲנִי פּוֹתַחַת	אֲנִי נוֹסֵעַ	אֲנִי פּוֹתֵחַ
אַתְּ נוֹסַעַת	אַתְּ פּוֹתַחַת	אַתָּה נוֹסֵעַ	אַתָּה פּוֹתֵחַ
הִיא נוֹסַעַת	הִיא פּוֹתַחַת	הוּא נוֹסֵעַ	הוּא פּוֹתֵחַ

to travel – לִנְסוֹעַ

to open – לִפְתּוֹחַ

עָתִיד

I will travel	אֶסַּע	I will take	(אֲנִי) אֶקַּח
you will travel	תִּסַּע	you will take	(אַתָּה) תִּקַּח
you will travel	תִּסְּעִי	you will take	(אַתְּ) תִּקְחִי
he will travel	יִסַּע	he will take	(הוּא) יִקַּח
she will travel	תִּסַּע	she will take	(הִיא) תִּקַּח
we will travel	נִסַּע	we will take	(אֲנַחְנוּ) נִקַּח
you will travel	תִּסְּעוּ	you will take	(אַתֶּם–אַתֶּן) תִּקְחוּ
they will travel	יִסְּעוּ	they will take	(הֵם–הֵן) יִקְחוּ

Other verbs belonging to this group are:

hear שמע   know ידע   send שלח   open פתח

Conjugation of: נְטִיָּה שֶׁל: פתח נסע

Remember: words ending with ע or ח are vocalized with *a* (patach or kamatz) immediately preceding them. If the conjugation or declension requires any other vowel, then a "furtive" *a (patach)* is inserted and written under the ע or ח.

From Dan to Eilat
מִדָּן וְעַד אֵילַת

דָּן וְדִינָה רָצוּ לִנְסוֹעַ לְחֵיפָה.

– אֵיךְ נִסַּע, דָּן? – שָׁאֲלָה דִינָה – נִסַּע בְּמוֹנִית?

– אֵין מוֹנִיּוֹת מִקִּיבּוּץ. נִקַּח אוֹטוֹבּוּס לְחֵיפָה.

הֵם נָסְעוּ בְּאוֹטוֹבּוּס. הַדֶּרֶךְ הָיְתָה קְצָרָה. אַחֲרֵי שָׁעָה הָיוּ כְּבָר בְּחֵיפָה. הַקְּרוֹבִים שֶׁל דִינָה גָּרוּ עַל הַכַּרְמֶל. מִן הַבַּיִת שֶׁלָּהֶם רָאוּ אֶת הַיָּם. הָאֳנִיּוֹת הָיוּ קְטַנּוֹת וּרְחוֹקוֹת.

– יֵשׁ לָכֶם פֹּה נוֹף נֶהְדָּר – אָמַר דָּן.

– כֵּן – עָנְתָה הַקְּרוֹבָה שֶׁל דִינָה – הַנּוֹף מִן הָרְחוֹב הַזֶּה יָפֶה מְאוֹד. לָכֵן קוֹרְאִים לָרְחוֹב הַזֶּה "רְחוֹב פָּנוֹרָמָה". פָּנוֹרָמָה זֶה נוֹף, נָכוֹן?

– הָיִיתִי רוֹצָה לָגוּר בְּחֵיפָה – אָמְרָה דִינָה.

– אוּלַי תָּבוֹאוּ גַּם בַּשָּׁנָה הַבָּאָה. תִּשְׂכְּרוּ דִירָה לְחוֹדֶשׁ אוֹ חָדְשַׁיִם וְתָגוּרוּ בְּחֵיפָה.

– זֶה רַעְיוֹן טוֹב מְאוֹד – אָמְרוּ דָּן וְדִינָה בְּיַחַד.

– אֲבָל עַכְשָׁיו אַתֶּם גָּרִים בְּמָלוֹן. אַתֶּם תַּיָּרִים. בָּאתֶם לִרְאוֹת אֶת הָאָרֶץ. לָמָּה לָכֶם לְחַפֵּשׂ דִירָה? לְכוּ לְטַיֵּל בָּאָרֶץ.

דָּן וְדִינָה הָלְכוּ לְמִשְׂרַד תַּיָּרוּת. הֵם רָצוּ לִשְׂכּוֹר מְכוֹנִית. הַפָּקִיד בְּמִשְׂרַד הַתַּיָּרוּת שָׁאַל אוֹתָם:

– לְאָן אַתֶּם רוֹצִים לִנְסוֹעַ?

– לִצְפַת, לְתֵל־אָבִיב וְאוּלַי גַּם לְאֵילַת.

– לְאֵילַת? – שָׁאַל הַפָּקִיד – אַתֶּם יוֹדְעִים שֶׁהַדֶּרֶךְ לְאֵילַת אֲרוּכָּה מְאוֹד. אַרְבַּע מֵאוֹת וְאַרְבָּעִים קִילוֹמֶטֶר.

– זֶה הַכְּבִישׁ הָאָרוֹךְ בְּיוֹתֵר בָּאָרֶץ?

– לֹא, הַכְּבִישׁ הָאָרוֹךְ בְּיוֹתֵר בָּאָרֶץ הוּא הַכְּבִישׁ מִמְּטוּלָה עַד אֵילַת.

– אוּלַי נִקַּח מוֹנִית עִם נֶהָג? – שָׁאֲלָה דִינָה.

– לָמָּה לָכֶם לָקַחַת מוֹנִית יְקָרָה? בְּעוֹד רֶבַע שָׁעָה יוֹצֵא אוֹטוֹבּוּס־תַּיָּרִים לְאֵילַת. הַנְּסִיעָה נְעִימָה וְגַם לֹא יְקָרָה.

– תּוֹדָה רַבָּה, – אָמַר דָּן, – זֶה בֶּאֱמֶת רַעְיוֹן טוֹב.

בָּאוֹטוֹבּוּס הָיוּ תַּיָּרִים רַבִּים. הַנֶּהָג הָיָה אָדָם עַלִּיז. כַּאֲשֶׁר הָאוֹטוֹבּוּס יָצָא לַדֶּרֶךְ הַנֶּהָג שָׁאַל:

– לְכָל אֶחָד יֵשׁ כּוֹבַע? בְּאֵילַת חַם מְאוֹד. צָרִיךְ שָׁם כּוֹבַע.

בַּדֶּרֶךְ הַנֶּהָג הִתְחִיל לְהַסְבִּיר: פַּעַם אָמְרוּ: מִדָּן וְעַד בְּאֵר־שֶׁבַע . זֶה הָיָה לִפְנֵי

אַלְפַּיִם שָׁנָה. אֲבָל עַכְשָׁיו יֵשׁ לָנוּ הַנֶּגֶב. לָכֵן אוֹמְרִים עַכְשָׁיו: "מִדָּן עַד אֵילַת". אַחַר כָּךְ הִתְחִיל לָשִׁיר:

הֵי דָרוֹמָה

הֵי דָרוֹמָה

הֵי דָרוֹמָה לְאֵילַת!

בְּאֵילַת הָיוּ הַתַּיָּרִים יוֹם שָׁלֵם. כַּאֲשֶׁר דָּן וְדִינָה חָזְרוּ לְחֵיפָה, אָמַר דָּן לַקְּרוֹבִים שֶׁלָהֶם:

– זֶה בִּכְלָל לֹא כָּל כָּךְ רָחוֹק. לֹא יָדַעְתִּי שֶׁאַרְבַּע מֵאוֹת חֲמִישִׁים קִילוֹמֶטֶר הֵם רַק שְׁלוֹשׁ מֵאוֹת מִיל.

– בִּשְׁבִיל הָאָרֶץ זֶה רָחוֹק מְאוֹד – אָמְרָה דִינָה – זֹאת אֶרֶץ קְטַנָה.

– אֲבָל זֹאת הָאָרֶץ שֶׁלָנוּ – אָמְרוּ הַקְּרוֹבִים שֶׁל דִינָה.

Words we have learned   מִלִים שֶׁלָמַדְנוּ

שָׁמֵן	– fat (adj.)	הִתְכּוֹנְנוּ	– prepared themselves
מוּתָּר	– permissible	קְרוֹבִים	– relatives
רָזֶה	– lean, slim	כִּמְעַט	– almost
רָגִיל (רְגִילִים)	– accustomed	עַגְבָנִיָה	– tomato
כֵּלִים	– utensils	לֶבֶּן	– soured milk (lében)
שָׂכַר	– rented	תַּפּוּז	– orange
רַעְיוֹן	– idea	לְמַעְלָה	– up, above (lemála)
תַּיָר	– tourist	לְמַטָה	– down, beneath (lemáta)
תַּיָרוּת	– tourism	מוֹנִית	– taxi
כּוֹבַע	– hat	כְּבִישׁ	– road, highway
מִיל	– mile	נוֹף	– landscape

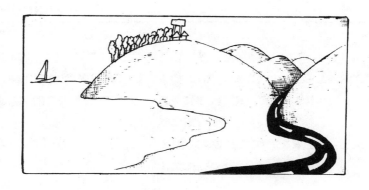

STRUCTURE

1. Declension of אֵין and its use.
2. Conjugation of the verbs ending with an *áyin* or a *chet.*
3. Future tense of: לקח, נסע

Patterns of speech and expressions:

in a little while	עוֹד מְעַט
May one take…?	מוּתָּר לָקַחַת...?
nevertheless	בְּכָל זֹאת
Why should you?	לָמָה לָכֶם?

EXERCISE 1 תרגיל

Conjugate: הַטֵּה:

הווה

שלח		נסע	
אֲנִי שׁוֹלֵחַ	אֲנִי ______	אֲנִי ______	אֲנִי נוֹסַעַת
אַתָּה ______	אַתְּ ______	אַתָּה ______	אַתְּ ______
הוּא ______	הִיא ______	הוּא ______	הִיא ______
לְ______		לְ______	

open פתח		know ידע	
אֲנִי ______	אֲנִי ______	אֲנִי ______	אֲנִי ______
אַתָּה ______	אַתְּ ______	אַתָּה ______	אַתְּ ______
הוּא ______	הִיא ______	הוּא ______	הִיא ______

EXERCISE 2 תרגיל

From past to future: מֵעָבָר לֶעָתִיד:

לִפְנֵי חוֹדֶשׁ נָסַעְתִּי לְאֵילַת.	לָכֵן לֹא אסע מָחָר.
דָּן כְּבָר לָקַח אֶת הַסֵּפֶר אֶתְמוֹל.	לָכֵן מָחָר הוּא לֹא ______ אוֹתוֹ.
לִפְנֵי שָׁבוּעַ שָׁלַחְנוּ מִכְתָּב.	בַּשָּׁבוּעַ הַבָּא כְּבָר לֹא ______ מִכְתָּב.
פַּעַם פָּתַחְתָּ מִכְתָּב שֶׁלִּי.	אֲנִי מְבַקֵּשׁ שֶׁבֶּעָתִיד לֹא ______ אֶת הַמִּכְתָּבִים שֶׁלִּי.

EXERCISE 3 תרגיל

אֵין בִּמְקוֹם לֹא

א. (אֲנִי) לֹא אוֹכֶלֶת גְבִינָה שְׁמֵנָה.	___אֵינִי___ אוֹכֶלֶת גְבִינָה שְׁמֵנָה.
ב. יוֹסֵף לֹא יוֹדֵעַ עִבְרִית.	יוֹסֵף ______ יוֹדֵעַ עִבְרִית.
ג. לָמָּה (אַתְּ) לֹא שׁוֹלַחַת אֶת הַמִּכְתָּב.	לָמָּה ______ שׁוֹלַחַת אֶת הַמִּכְתָּב.
ד. דִּינָה לֹא נוֹסַעַת בָּאוֹטוֹבּוּס.	דִּינָה ______ נוֹסַעַת בָּאוֹטוֹבּוּס.
ה. הַיְלָדִים לֹא רְגִילִים לִישׁוֹן לְבַדָּם.	הַיְלָדִים ______ רְגִילִים לִישׁוֹן לְבַדָּם.
ו. הַנֶּהָג לֹא בַּבַּיִת.	הַנֶּהָג ______ בַּבַּיִת.
ז. אַתָּה לֹא שׁוֹמֵעַ?	______ שׁוֹמֵעַ?
ח. לָמָּה אַתֶּן לֹא נוֹסְעוֹת לַצָּפוֹן.	לָמָּה ______ נוֹסְעוֹת לַצָּפוֹן?

EXERCISE 4 תרגיל

יוֹסֵף טְרוּמְפֶּלְדוֹר בְּתֵל־חַי. Yosef Trumpeldor in Tel-Hai.

יוֹסֵף טְרוּמְפֶּלְדוֹר בָּא לָאָרֶץ מֵרוּסְיָה. הוּא הָיָה קָצִין רוּסִי בִּזְמַן הַמִּלְחָמָה בֵּין רוּסְיָה לְיַפָּן (Japan).

הָיְתָה לוֹ רַק יָד אַחַת. הוּא עָלָה לָאָרֶץ וְהָיָה חָבֵר בִּקְבוּצַת דְּגַנְיָה. בִּשְׁנַת 1920 הוּא הָלַךְ לְתֵל־חַי בַּצָּפוֹן, כְּדֵי לְהָגֵן (to defend) עַל תֵּל־חַי. שָׁם מֵת בְּיוֹם י״א אֲדָר (עֶשְׂרִים וְאֶחָד בְּמֶרְץ 1920). הַמִּלִּים הָאַחֲרוֹנוֹת שֶׁלּוֹ הָיוּ:

״אֵין דָּבָר. טוֹב לָמוּת (to die) בְּעַד אַרְצֵנוּ״.

עַל טְרוּמְפֶּלְדוֹר כָּתְבוּ הַרְבֵּה סִיפּוּרִים וְשִׁירִים.
יֵשׁ בָּאָרֶץ קִיבּוּץ עַל שְׁמוֹ: תֵּל־יוֹסֵף.

עֲנֵה עַל הַשְּׁאֵלוֹת:

א. מֵאֵיזוֹ אֶרֶץ בָּא טְרוּמְפֶּלְדוֹר? ______________________

____

ב. הוּא הָיָה חֲבֵר קִיבּוּץ? ______________________

____

ג. מַדּוּעַ הָיְתָה לוֹ רַק יָד אַחַת? ______________________

____

ד. לִפְנֵי כַּמָּה שָׁנִים הוּא מֵת? (כְּתוֹב אֶת הַמִּסְפָּרִים בְּמִלִּים) __________

____

ה. מָה הוּא אָמַר לִפְנֵי שֶׁהוּא מֵת? ______________________

____

תרגיל 5 EXERCISE

(חֲזָרָה עַל מִסְפָּרִים)

לוּחַ קִילוֹמֶטְרִים שֶׁל הַכְּבִישִׁים בָּאָרֶץ

	יְרוּשָׁלַיִם	תֵּל־אָבִיב	חֵיפָה	טְבֶרְיָה	בְּאֵר שֶׁבַע	אֵילַת
יְרוּשָׁלַיִם		61	151	152	81	309
תֵּל־אָבִיב	61		95	134	105	346
חֵיפָה	151	95		69	197	438
טְבֶרְיָה	152	134	69		233	405
בְּאֵר שֶׁבַע	81	105	197	233		241
אֵילַת	309	346	438	405	241	

__________ 100 מִיל = 160 קִילוֹמֶטֶר __________

עֲנֵה עַל הַשְּׁאֵלוֹת:

א. כַּמָּה קִילוֹמֶטְרִים יֵשׁ בֵּין יְרוּשָׁלַיִם לְחֵיפָה? ______________________

בֵּין יְרוּשָׁלַיִם ______________________________

ב. מַהוּ הַכְּבִישׁ הַקָּצָר בְּיוֹתֵר בְּ״לוּחַ הַקִּילוֹמֶטְרִים״? ______________

הַכְּבִישׁ הַקָּצָר ______________________________

ג. מַהוּ הַכְּבִישׁ הָאָרוֹךְ בְּיוֹתֵר? ______________________

הַכְּבִישׁ הָאָרוֹךְ ______________________________

ד. בְּאֵיזוֹ עִיר אַתָּה גָּר? ______________________

אֲנִי גָר ______________________________

ה. כַּמָה קִילוֹמֶטְרִים (אוֹ מִלִין) יֵשׁ בֵּין הָעִיר שֶׁלְךָ וְהָעִיר הַקְרוֹבָה?

בֵּין הָעִיר שֶׁלִי ______________________________

EXERCISE 6 תרגיל

A riddle: חִידָה:

שָׁאֲלוּ אִישָׁה אַחַת: בַּת כַּמָה אַתְּ?

עָנְתָה: הָיוּ לִי חֲמִישָׁה־עָשָׂר יְמֵי־הוּלֶדֶת.

שָׁאֲלוּ אוֹתָהּ: אַתְּ רַק בַּת חֲמֵשׁ־עֶשְׂרֵה?

עָנְתָה: לֹא, אֲנִי בַּת שִׁשִּׁים.

עֲנֵה עַל הַשְּׁאֵלוֹת (רְאֵה הַתְּשׁוּבָה לְמַטָּה):

א. כַּמָה יָמִים יֵשׁ בְּחוֹדֶשׁ פֶבְּרוּאָר? ______________________________

ב. לָאִישָׁה הַזֹאת הָיָה יוֹם הוּלֶדֶת כָּל שָׁנָה? ______________________________

ג. בְּאֵיזוֹ שָׁנָה יֵשׁ בְּחוֹדֶשׁ פֶבְּרוּאָר 29 יוֹם? ______________________________

Solution: פִּתְרוֹן:

הָאִישָׁה נוֹלְדָה בְּעֶשְׂרִים וְתִשְׁעָה לְחוֹדֶשׁ פֶבְּרוּאָר.

EXERCISE 7 תרגיל

תַּרְגֵם:

אֲחוֹתִי רוֹצָה לִהְיוֹת רָזָה. ______________________________

הִיא אֵינָהּ אוֹכֶלֶת דְבָרִים שְׁמֵנִים. ______________________________

בַּבּוֹקֶר הִיא אוֹכֶלֶת עַגְבָנִיָה וְשׁוֹתָה כּוֹס חָלָב. ______________________________

בַּצָהֳרַיִם אֵינָהּ אוֹכֶלֶת בָּשָׂר שָׁמֵן. ______________________________

בְּכָל זֹאת הִיא שְׁמֵנָה. ______________________________

הִיא אוֹמֶרֶת שֶׁתִּסַע לְקִיבּוּץ. ______________________________

אָמַרְתִּי לָהּ: מוּתָּר לִשְׁאוֹל אוֹתָךְ מַשֶׁהוּ? ______________________________

הִיא עָנְתָה: מַה תִּשְׁאַל אוֹתִי? ______________________________

לָמָה לָךְ לִנְסוֹעַ לְקִיבּוּץ? ______________________________

אַתְּ חוֹשֶׁבֶת שֶׁשָּׁם תִּהְיִי יוֹתֵר רָזָה? ______________________________

כֵּן, אֲנִי חוֹשֶׁבֶת שֶׁשָּׁם אֶהְיֶה יוֹתֵר רָזָה. ______________________________

מַדוּעַ? – מִפְּנֵי שֶׁבַּקִיבּוּץ עוֹבְדִים קָשֶׁה. ______________________________

Ex. 8 תרגיל

סַפְּרִי עַל הַדִּיאֶטָה שֶׁלָּךְ. Tell about your diet.

אַתְּ עוֹשָׂה דִּיאֶטָה? כֵּן (לֹא) ______________________

כַּמָּה אֲרוּחוֹת אַתְּ אוֹכֶלֶת בְּיוֹם? ______________________

מָה אַתְּ שׁוֹתָה? ______________________

מָה אַתְּ אוֹכֶלֶת בַּאֲרוּחַת בּוֹקֶר? ______________________

מָה אַתְּ אוֹכֶלֶת בַּאֲרוּחַת צָהֳרַיִים? ______________________

אִם אַתְּ לֹא עוֹשָׂה דִּיאֶטָה, סַפְּרִי עַל חֲבֵרָה שֶׁעוֹשָׂה דִּיאֶטָה. ______________________

____

לָמָּה לָךְ לַעֲשׂוֹת דִּיאֶטָה? ______________________

מָה אַתֶּם חוֹשְׁבִים: הָאִישׁ הַזֶּה עוֹשֶׂה דִּיאֶטָה?

יְחִידָה עֶשְׂרִים וּשְׁמוֹנֶה

What can we see in Tel-Aviv?

מָה רוֹאִים בְּתֵל־אָבִיב

דָּן וְדִינָה נָחוּ יוֹם שָׁלֵם אַחֲרֵי הַטִּיּוּל הָאָרוֹךְ לְאֵילַת.
הֵם הָיוּ עֲיֵיפִים מְאוֹד.
הֵם אֲפִילוּ לֹא אָכְלוּ אֲרוּחַת צָהֳרַיִים.
בָּעֶרֶב אָמְרָה דִּינָה:
– אֲנִי עֲיֵפָה מְאוֹד. אֵשֵׁב קְצָת עַל הַמִּרְפֶּסֶת וְאָנוּחַ.
– בְּסֵדֶר – אָמַר דָּן. –נֵשֵׁב בְּיַחַד. מָחָר נִסַּע לְתֵל־אָבִיב. יֵשׁ מוֹנִית הַנּוֹסַעַת לְתֵל־אָבִיב בְּעֶשֶׂר בַּבּוֹקֶר. גַּם הַחֲבֵרִים שֶׁלָּנוּ יָבוֹאוּ לְתֵל־אָבִיב. הֵם יְחַכּוּ לָנוּ עַל־יַד "בֵּית הַתְּפוּצוֹת".
– שָׁמַעְתִּי שֶׁזֶּה מוּזֵיאוֹן יָפֶה מְאוֹד – אָמְרָה הַקְּרוֹבָה שֶׁל דִּינָה.

לֹא כּוּלָּם בָּאוּ בְּיוֹם שְׁלִישִׁי לְתֵל־אָבִיב. דּוֹקְטוֹר שַׁפִּירָא, דּוֹדָה שָׂרָה וְהָאָחוֹת שׁוֹשַׁנָּה הָיוּ צְרִיכִים לִנְסוֹעַ לִירוּשָׁלַיִם.
בְּעֶשֶׂר בַּבּוֹקֶר בָּאוּ לְבֵית הַתְּפוּצוֹת רַק דָּן, דִּינָה, הַיְלָדִים, וְכַמּוּבָן דּוֹד מַתָּן.
– אֵיפֹה יִגְאָל? – שָׁאֲלוּ כּוּלָּם אֶת דַּפְנָה – קָרָה לוֹ מַשֶּׁהוּ?
– כֵּן. הוּא חוֹלֶה וְשׁוֹכֵב בַּמִּיטָּה. יֵשׁ לוֹ קְצָת חוֹם. הוּא פָּשׁוּט חַלָּשׁ וְאֵינוֹ יָכוֹל לִנְסוֹעַ.
– מָה הוּא עוֹשֶׂה לְבַדּוֹ בַּבַּיִת? – שָׁאַל דָּן.
– שׁוֹכֵב בַּמִּיטָּה וְקוֹרֵא סֵפֶר – עָנְתָה דַּפְנָה.
– אַתְּ תֵּלְכִי לְטַיֵּל אִתָּנוּ, אִמָּא? – שָׁאֲלוּ הַיְלָדִים.
– לֹא – אָמְרָה דַּפְנָה. אֲנִי צְרִיכָה לִהְיוֹת בַּבַּיִת. דּוֹד מַתָּן יִקַּח אֶתְכֶם הַבַּיְתָה אַחֲרֵי הַטִּיּוּל בַּמְּכוֹנִית. הִנֵּה הַמַּפְתְּחוֹת, מַתָּן.
– אֵיךְ תִּסְעִי הַבַּיְתָה בְּלִי הַמְּכוֹנִית?
– אֶסַּע בְּאוֹטוֹבּוּס. זֶה לֹא רָחוֹק. חוּץ מִזֶּה, הִתְרַגַּלְתִּי כְּבָר. יִגְאָל לוֹקֵחַ תָּמִיד אֶת הַמְּכוֹנִית. לְהִתְרָאוֹת.

A Visit to the Diaspora Museum

הַבִּיקּוּר בְּ"בֵית הַתְּפוּצוֹת"

בֵּית הַתְּפוּצוֹת אֵינֶנּוּ מוּזֵיאוֹן רָגִיל.

– הַכֹּל פֹּה חַי – אָמְרָה דִינָה.
– כֵּן. רוֹאִים סְרָטִים וְשׁוֹמְעִים מוּזִיקָה. – אָמַר דָּן.
בַּכְּנִיסָה עָמְדָה מְנוֹרָה גְדוֹלָה.
– מַה זֶה? – שָׁאֲלָה שִׁירָה.
– זֹאת מְנוֹרָה. לִפְנֵי אַלְפַּיִים שָׁנָה עָמְדָה מְנוֹרָה כָּזֹאת בְּבֵית הַמִּקְדָּשׁ.
– רְאוּ! רְאוּ! – קָרָא מַתָּן – כַּמָּה שְׁעָרִים יֵשׁ פֹּה?
עֵינַת סָפְרָה אֶת הַשְּׁעָרִים: שַׁעַר אֶחָד, שְׁנַיִם, שְׁלוֹשָׁה, אַרְבָּעָה, חֲמִישָּׁה, שִׁישָּׁה שְׁעָרִים!
– "שַׁעַר הַמִּשְׁפָּחָה" הוּא הַמְעַנְיֵן בְּיוֹתֵר – הִסְכִּימוּ כּוּלָּם.
הָיָה שָׁם בַּיִת יְהוּדִי, כְּמוֹ שֶׁהוּא הָיָה בְּשַׁבָּת וּבְחַג. מִן הַבַּיִת שָׁמְעוּ שִׁירִים יְהוּדִיִּים. עַל יַד הַבַּיִת רָאוּ סֶרֶט עַל עִיר יְהוּדִית בַּתְּפוּצוֹת.
– מַה זֶה שָׁם, עַל יַד הַקִּיר? – שָׁאֲלָה עֵינַת – חֲתוּנָּה יְהוּדִית בְּפּוֹלִין.
– אֵיזֶה יוֹפִי! – אָמְרוּ הַיְלָדִים.
הַבִּיקוּר בֶּאֱמֶת הָיָה נֶהְדָּר.
– לְאָן נֵלֵךְ עַכְשָׁיו?
– נֵלֵךְ לְדִיזֶנְגוֹף סֶנְטֶר. שָׁם נֵשֵׁב לָנוּחַ.

The verb יָכוֹל "to be able" keeps its form throughout the past and present, except for the 3rd person feminine singular and 3rd person plural in the past tense.

Conjugation of:		נְטִיַּת יָכוֹל	
		הוֹוֶה	
אֲנַחְנוּ יְכוֹלוֹת	אֲנַחְנוּ יְכוֹלִים	אֲנִי יְכוֹלָה	אֲנִי יָכוֹל
		עָבָר	
we could	(אֲנַחְנוּ) יָכוֹלְנוּ	I could	(אֲנִי) יָכוֹלְתִּי
you (m) could	(אַתֶּם) יְכוֹלְתֶּם	you (m) could	(אַתָּה) יָכוֹלְתָּ
you (f) could	(אַתֶּן) יְכוֹלְתֶּן	you (f) could	(אַתְּ) יָכוֹלְתְּ
they could	(הֵם–הֵן) יָכְלוּ	he could	(הוּא) יָכוֹל
		she could	(הִיא) יָכְלָה

לָלֶכֶת to go　　　עָתִיד　הָלַךְ

(אֲנִי) אֵלֵךְ	I will go	(אֲנַחְנוּ) נֵלֵךְ	we will go
(אַתָּה) תֵּלֵךְ	you (m) will go	(אַתֶּם–אַתֶּן) תֵּלְכוּ	you will go
(אַתְּ) תֵּלְכִי	you (f) will go	(הֵם–הֵן) יֵלְכוּ	they will go
(הוּא) יֵלֵךְ	he will go		
(הִיא) תֵּלֵךְ	she will go		

צִיוּוּי:　לֵךְ!　לְכִי!　לְכוּ!

Dizengoff Center

מֶרְכַּז דִיזֶנְגוֹף, אוֹ "דִיזֶנְגוֹף סֶנְטֶר"

בְּדִיזֶנְגוֹף סֶנְטֶר יָשְׁבוּ וְנָחוּ. הַיְלָדִים שָׁתוּ מִיץ קַר. הַגְּדוֹלִים שָׁתוּ קָפֶה וְאָכְלוּ עוּגוֹת.

– מִי זֶה דִיזֶנְגוֹף? – שָׁאֲלָה דִינָה.

– מַה זֶה "סֶנְטֶר"? – שָׁאֲלָה עֵינַת.

מַתָּן צָחַק: קוֹדֶם שְׁאֵלָה רִאשׁוֹנָה – אָמַר – דִיזֶנְגוֹף הָיָה רֹאשׁ הָעִיר שֶׁל תֵּל־אָבִיב.

שְׁאֵלָה שְׁנִיָּה: "סֶנְטֶר" זֶה פָּשׁוּט "מֶרְכָּז".

– מָה הַהֶבְדֵּל בֵּין סֶנְטֶר לְמֶרְכָּז?

– אֵין הֶבְדֵּל. "סֶנְטֶר" זֹאת מִלָּה אַנְגְלִית. "מֶרְכָּז" זֹאת מִלָּה עִבְרִית.

– אִם כֵּן, זֶהוּ "מֶרְכַּז דִיזֶנְגוֹף" וְגָמַרְנוּ – אָמַר עָמִית.

בְּמֶרְכַּז דִיזֶנְגוֹף הָיוּ הַרְבֵּה חֲנוּיוֹת יָפוֹת. הַנָּשִׁים רָצוּ לָלֶכֶת לְהִסְתַּכֵּל בַּחֲלוֹנוֹת. אֲבָל הַגְּבָרִים הָיוּ עֲיֵפִים.

– הַיּוֹם חַם מְאוֹד – אָמַר דָן – כַּמָּה מַעֲלוֹת חוֹם יֵשׁ הַיּוֹם?

– כְּרָגִיל בַּקַּיִץ יֵשׁ שְׁלוֹשִׁים מַעֲלוֹת. אוֹ אוּלַי עֶשְׂרִים וְתֵשַׁע.

– לֹא חַם לָכֶם?

– לֹא, כְּבָר הִתְרַגַּלְנוּ לַחוֹם הַזֶּה..

– אֶצְלֵנוּ יוֹתֵר קַר בַּקַּיִץ – אָמְרָה דִינָה.

– כֵּן, אֲבָל אֶצְלְכֶם יוֹרֵד גֶּשֶׁם בַּקַּיִץ.

– בָּאָרֶץ אֵין גֶּשֶׁם בַּקַּיִץ?

– לֹא –אָמַר מַתָּן – בָּאָרֶץ יוֹרֵד גֶּשֶׁם רַק בַּחוֹרֶף.
– אֶצְלֵנוּ בַּקַּיִץ – אָמְרוּ הַיְלָדִים – אֶפְשָׁר לְטַיֵּל בְּכָל מָקוֹם. לֹא צָרִיךְ מְעִיל גֶּשֶׁם וְלֹא צָרִיךְ מִטְרִיָּה.
הַיְלָדִים גָּמְרוּ לִשְׁתּוֹת וְאָמְרוּ:
– נֵלֵךְ לִרְאוֹת את מֶרְכַּז דִיזֶנְגוֹף. נַחֲזוֹר מִיָּד.
– בְּסֵדֶר – אָמַר מַתָּן – נֵשֵׁב פֹּה וּנְחַכֶּה לָכֶם.
בְּבֵית הַקָּפֶה יָשְׁבוּ תַּיָּרִים רַבִּים. עַל יַד הַשּׁוּלְחָן שֶׁל דָּן וְדִינָה יָשְׁבוּ שְׁתֵּי בַּחוּרוֹת. בַּחוּרָה אַחַת סִיפְּרָה לַחֲבֵרָה שֶׁלָּהּ, שֶׁפָּגְשָׁה בָּחוּר נֶחְמָד.
– הוּא הִזְמִין אוֹתִי לְבֵית קָפֶה.
– הָלַכְתְּ?
– מָה אִכְפַּת לִי! הָלַכְתִּי. אַחַר כָּךְ הִזְמִין אוֹתִי לְטַיֵּל עַל שְׂפַת הַיָּם.
– הָלַכְתְּ?
– מָה אִכְפַּת לִי! הָלַכְתִּי. בָּעֶרֶב הִזְמִין אוֹתִי לְסֶרֶט.
– הָלַכְתְּ?
– מָה אִכְפַּת לִי! הָלַכְתִּי. בַּלַּיְלָה הִזְמִין אוֹתִי לַחֶדֶר שֶׁלּוֹ בַּמָּלוֹן.
–הָלַכְתְּ?
– מָה אִכְפַּת לָךְ!
דִּינָה וְדָן צָחֲקוּ.
בֵּינָתַיִים הַיְלָדִים חָזְרוּ מִן הַטִּיּוּל. מַתָּן קָם וְאָמַר:
– סְלִיחָה, אֲבָל אֲנִי צָרִיךְ לָלֶכֶת. אֶסַּע לְיִגְאָל וְאֶקַּח אֶת הַיְלָדִים הַבַּיְתָה.
– שָׁלוֹם, מַתָּן – אָמְרוּ כּוּלָּם – דְּרִישַׁת שָׁלוֹם לְיִגְאָל וּרְפוּאָה שְׁלֵמָה.

Conjugation of:		to need = הָיָה + צָרִיךְ	נְטִיָּה:
		עָבָר	
we (m) needed	הָיִינוּ צְרִיכִים	I needed	הָיִיתִי צָרִיךְ
we(f) needed	הָיִינוּ צְרִיכוֹת	I(f) needed	הָיִיתִי צְרִיכָה
you (m) needed	הֱיִיתֶם צְרִיכִים	you (m) needed	הָיִיתָ צָרִיךְ
you (f) needed	הֱיִיתֶן צְרִיכוֹת	you (f) needed	הָיִית צְרִיכָה
they (m) needed	הָיוּ צְרִיכִים	he needed	הָיָה צָרִיךְ
they (f) needed	הָיוּ צְרִיכוֹת	she needed	הָיְתָה צְרִיכָה

The Wine of Rishon Le-Zion

הַיַּיִן שֶׁל רִאשׁוֹן לְצִיּוֹן

הַיְלָדִים בִּיקְשׁוּ מִדּוֹד מַתָּן לִנְסוֹעַ דֶּרֶךְ רִאשׁוֹן לְצִיּוֹן.

– אַתָּה זוֹכֵר, דּוֹד מַתָּן, שֶׁשָּׁלַחְתָּ לָנוּ יַיִן לְחַג הַפֶּסַח? זֶה הָיָה יַיִן מֵרִאשׁוֹן לְצִיּוֹן?

– כֵּן. זֶה הָיָה יַיִן מֵרִאשׁוֹן לְצִיּוֹן. הַיַּיִן הָיָה טוֹב?

– הַיַּיִן הָיָה טוֹב מְאוֹד. אֲנִי אוֹהֵב יַיִן אָדוֹם. הוּא מָתוֹק מְאוֹד – אָמַר עָמִית.

– אַתֶּם רוֹצִים לִלְמוֹד שִׁיר יָפֶה עַל רִאשׁוֹן לְצִיּוֹן? שָׁאַל מַתָּן, וְהִתְחִיל לָשִׁיר בְּקוֹל רָם:

כְּשֶׁנָּמוּת יִקְבְּרוּ אוֹתָנוּ
בְּיִקְבֵי רִאשׁוֹן לְצִיּוֹן.

– עוֹד פַּעַם – אָמַר מַתָּן וְשָׁר יַחַד עִם הַיְלָדִים:

כְּשֶׁנָּמוּת יִקְבְּרוּ אוֹתָנוּ
בְּיִקְבֵי רִאשׁוֹן לְצִיּוֹן.
שָׁם יֶשְׁנָן בַּחוּרוֹת
הַמַּגִּישׁוֹת כּוֹסוֹת
מְלֵאוֹת יַיִן אָדוֹם־אָדוֹם!

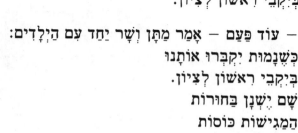

מִלִּים שֶׁלָּמַדְנוּ Words we have learned

מִיטָּה – bed
מֶרְכָּז – center
רֹאשׁ עִיר – mayor
הֶבְדֵּל – difference
מַעֲלָה – degree
דְּרִישַׁת שָׁלוֹם – regards

נָחוּ – they rested
תְּפוּצוֹת – diaspora
פָּשׁוּט – simply
חַלָּשׁ – weak
שׁוֹכֵב – lies down

הִתְרַגֵּל – got used to
חַי – alive
כְּנִיסָה – entrance
מְנוֹרָה – candelabra (symbol of the State of Israel)
בֵּית מִקְדָּשׁ – temple
פּוֹלִין – Poland
נָמוּת – we will die
יִקְבְּרוּ – they will bury
יִקְבֵי רִאשׁוֹן לְצִיּוֹן – wine cellars of Rishon Le-Zion
מוֹשָׁבָה – settlement

STRUCTURE

1. Conjugation of יָכוֹל in present and past.
2. צָרִיךְ combined with הָיָה in past and future constitutes the conjugation of: to need
3. Future of הָלַךְ, יָשַׁב.

Patterns of speech and expressions:

got used to...	הִתְרַגֵּל ל...
we will be back right away	נַחְזוֹר מִיָּד
regards to...	דְּרִישַׁת שָׁלוֹם ל...
What's the difference?	מָה הַהֶבְדֵּל?

EXERCISE 1 תרגיל

נְטִיָּה:

ישב יצא

עָתִיד

(אֲנִי) אֵשֵׁב ____________

(אַתָּה) ____________ תֵּצֵא שֵׁב! צֵא!

(אַתְּ) ____________ ____________ שְׁבִי! צְאִי!

(הוּא) יֵשֵׁב ______

(הִיא) ______ תֵּצֵא

(אֲנַחְנוּ) ______ ______

(אַתֶּם–אַתֶּן) תֵּשְׁבוּ ______ ______! ______!

(הֵם–הֵן) ______ ______

לָשֶׁבֶת לָצֵאת

תרגיל 2 EXERCISE

☐ יָכוֹלְתִּי ☐ אֲבָל לֹא הָיִיתִי צָרִיךְ: I could, but I didn't need to:

מֵהוֹוֶה ... ... לְעָבָר

☐ עַכְשָׁיו אֲנִי יָכוֹל לִקְנוֹת נַעֲלַיִם. גַּם לִפְנֵי חוֹדֶשׁ יָכוֹלְתִּי לִקְנוֹת נַעֲלַיִם

☐ אֲבָל אֵינֶנִּי צָרִיךְ אוֹתָן. אֲבָל לֹא הָיִיתִי צָרִיךְ.

☐ הַשָּׁבוּעַ אַתָּה צָרִיךְ לִנְסוֹעַ לְחֵיפָה בַּשָּׁבוּעַ שֶׁעָבַר ______

☐ אֲבָל אֵינְךָ יָכוֹל. אֲבָל לֹא ______

☐ הַיּוֹם הַקִּיבּוּץ יָכוֹל לְקַבֵּל לִפְנֵי שָׁנָה הַקִּיבּוּץ ______ עוֹד רוֹפֵא.

☐ אֲבָל הוּא אֵינוֹ צָרִיךְ אוֹתוֹ. אֲבָל ______

☐ דִּינָה צְרִיכָה לָלֶכֶת לַמִּרְפָּאָה. אֶתְמוֹל דִּינָה ______

☐ אֲבָל הִיא אֵינָהּ יְכוֹלָה. אֲבָל ______

תרגיל 3 EXERCISE

שֶׁ... (חֲזָרָה). that... (direct and indirect speech; review).

אִמָּא אָמְרָה: "עָמִית, אַתָּה יֶלֶד טוֹב" ← אִמָּא אָמְרָה לְעָמִית שֶׁהוּא יֶלֶד טוֹב.

דַּפְנָה אָמְרָה לְיִגְאָל: "הַיּוֹם אַתָּה אוֹכֵל בַּבַּיִת." דַּפְנָה אָמְרָה לְיִגְאָל שֶׁ ______ ______

מַתָּן חָשַׁב: "הַחַיִּים בַּקִּיבּוּץ יָפִים." מַתָּן חָשַׁב שֶׁ ______

שׁוֹשַׁנָּה אָמְרָה: אֲנִי רוֹצָה לַעֲבוֹד פֹּה." שׁוֹשַׁנָּה ______

יִגְאָל חָשַׁב: "יֵשׁ לִי חוֹם גָּבוֹהַּ." ______

תרגיל 4 EXERCISE

מֶזֶג אֲוִיר (אַקְלִים): Weather (Climate):

בְּאֵילַת יוֹתֵר חַם. בִּירוּשָׁלַיִם פָּחוֹת חַם.

בַּנֶּגֶב יוֹרֵד מְעַט גֶּשֶׁם. בַּגָּלִיל יוֹרֵד הַרְבֵּה גֶּשֶׁם.

כַּמָּה מַעֲלוֹת חוֹם יֵשׁ בָּאָרֶץ?

כַּמָּה גֶּשֶׁם יוֹרֵד בָּאָרֶץ?

הִנֵּה לוּחַ:

	מַעֲלוֹת חוֹם		מִילִימֶטְרִים שֶׁל	יָמִים יָפִים
	חוֹרֶף	קַיִץ	גֶּשֶׁם בְּשָׁנָה	בַּשָּׁנָה
תֵּל אָבִיב	15°	26°	560	314
יְרוּשָׁלַיִם	11°	24°	480	324
אֵילַת	16°	32°	25	360

א. קְרָא אֶת הַמִּסְפָּרִים: Read the numbers:

בְּתֵל־אָבִיב יֵשׁ חֲמֵשׁ עֶשְׂרֵה מַעֲלוֹת חוֹם בַּחוֹרֶף וְעֶשְׂרִים וְשֵׁשׁ ________

בִּירוּשָׁלַיִם ________________________________

בְּאֵילַת ________________________________

בְּתֵל־אָבִיב יוֹרְדִים חֲמֵשׁ מֵאוֹת שִׁשִּׁים מִילִימֶטֶר שֶׁל גֶּשֶׁם בַּשָּׁנָה.

בִּירוּשָׁלַיִם ________________________________

בְּאֵילַת ________________________________

בְּתֵל־אָבִיב יֵשׁ שְׁלוֹשׁ מֵאוֹת וְאַרְבָּעָה־עָשָׂר יָמִים יָפִים בַּשָּׁנָה.

בִּירוּשָׁלַיִם ________________________________

בְּאֵילַת ________________________________

ב. סַמֵּן: "נָכוֹן" אוֹ "לֹא נָכוֹן". Mark: "True" or "False".

	נכון	לא נכון
יְרוּשָׁלַיִם יוֹתֵר קָרָה מִתֵּל־אָבִיב.	☐	☐
בְּאֵילַת יוֹרֵד הַרְבֵּה גֶּשֶׁם בַּחוֹרֶף.	☐	☐
בְּיִשְׂרָאֵל יוֹרֵד גֶּשֶׁם בַּקַּיִץ.	☐	☐
הַחוֹם בְּאֵילַת בַּקַּיִץ הוּא שִׁשִּׁים מַעֲלוֹת.	☐	☐
בְּאֵילַת יוֹרֵד גֶּשֶׁם רַק חֲמִישָּׁה יָמִים בַּשָּׁנָה.	☐	☐

ג. בְּאֵירוֹפָּה יֵשׁ:

18° מַעֲלוֹת חוֹם בַּקַיִץ

2° – מַעֲלוֹת בַּחוֹרֶף.

מַהוּ הַחוֹם בָּעִיר שֶׁלְךָ בַּקַיִץ? _____

מַהוּ הַחוֹם בָּעִיר שֶׁלְךָ בַּחוֹרֶף? _____

כַּמָה מַעֲלוֹת חוֹם בַּקַיִץ אַתָּה אוֹהֵב? _____

מַהוּ הַחוֹם שֶׁל אָדָם בָּרִיא?

צֶלְסִיוּס _____

פָרֶנְהַייט _____

$0°C = 32°F$ מַדְחוֹם

$100°C = 212°F$

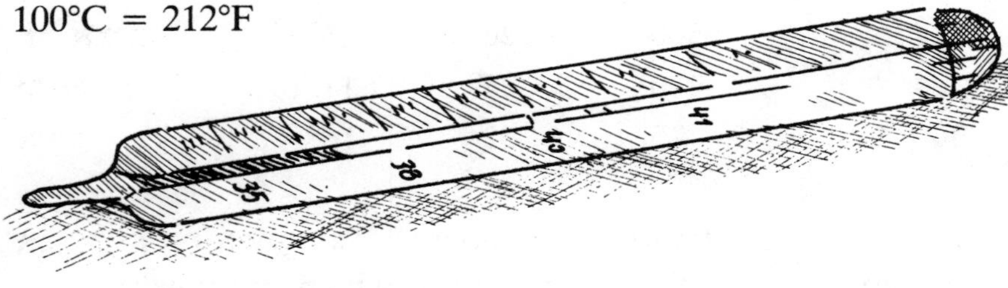

תרגיל 5 EXERCISE

רִאשׁוֹן לְצִיוֹן: Rishon Lezion:

רִאשׁוֹן לְצִיוֹן הִיא הַמוֹשָׁבָה (settlement) הַצִיוֹנִית הָרִאשׁוֹנָה בְּאֶרֶץ יִשְׂרָאֵל. רִאשׁוֹן לְצִיוֹן נוֹסְדָה בִּשְׁנַת 1882 עַל יְדֵי יְהוּדִים מֵרוּסְיָה. הַבָּארוֹן רוֹטְשִׁילְד נָתַן כֶּסֶף לַיְהוּדִים שֶׁגָרוּ בַּמוֹשָׁבָה הָרִאשׁוֹנָה. בְּרִאשׁוֹן לְצִיוֹן יֵשׁ יֶקֶב שֶׁל יַיִן. זֶה הַיֶקֶב הַגָדוֹל בְּיוֹתֵר בְּיִשְׂרָאֵל. אֶת הַיַיִן מֵרִאשׁוֹן לְצִיוֹן שׁוֹלְחִים גַם לְחוּץ לָאָרֶץ. הַיוֹם רִאשׁוֹן לְצִיוֹן הִיא עִיר גְדוֹלָה מִדָרוֹם לְתֵל־אָבִיב.

עֲנֵה עַל הַשְׁאֵלוֹת:

א. בְּאֵיזוֹ שָׁנָה נוֹסְדָה רִאשׁוֹן לְצִיוֹן? (כְּתוֹב בְּמִלִים) _____

_____

ב. אֵיפֹה רִאשׁוֹן לְצִיוֹן עַל הַמַפָּה? מָצָאתָ? _____

_____

ג. מָה אַתָּה יוֹדֵעַ עַל הַבָּארוֹן רוֹטְשִׁילְד? _____

_____

יְחִידָה עֶשְׂרִים וְתֵשַׁע

Jerusalem! Jerusalem!
יְרוּשָׁלַיִם! יְרוּשָׁלַיִם!

דּוֹקְטוֹר שַׁפִּירָא, דּוֹדָה שָׂרָה וְשׁוֹשַׁנָּה רָצוּ לִנְסוֹעַ לִירוּשָׁלַיִם. הֵם נָסְעוּ בְּאוֹטוֹבּוּס מִן הַקִּיבּוּץ לְחֵיפָה, דֶּרֶךְ הָעֵמֶק. מֵחֵיפָה הִמְשִׁיכוּ לִירוּשָׁלַיִם בְּאוֹטוֹבּוּס אַחֵר.

בַּדֶּרֶךְ הָיָה חַם מְאוֹד בָּאוֹטוֹבּוּס. שָׁאֲלָה שׁוֹשַׁנָּה:

– מָתַי נִפָּגֵשׁ עִם הָאֲחֵרִים?

– נִפָּגֵשׁ בְּיוֹם רְבִיעִי, בְּמָלוֹן "עִיר דָּוִד".

– אַתֶּם בֶּאֱמֶת רוֹצִים לָגוּר בִּירוּשָׁלַיִם?

– כֵּן – עָנְתָה דּוֹדָה שָׂרָה – אֲנַחְנוּ רוֹצִים לִקְנוֹת דִּירָה וְלָגוּר בִּירוּשָׁלַיִם. אִם מֹשֶׁה שֶׁלָּנוּ יִמְצָא עֲבוֹדָה.

– קָשֶׁה לְהִסְתַּדֵּר בִּירוּשָׁלַיִם? שָׁאַל דּוֹקְטוֹר שַׁפִּירָא.

– אֵינֶנִּי יוֹדַעַת – עָנְתָה שׁוֹשַׁנָּה. – חֲבָל שֶׁאֵינְךָ רוֹצֶה לִהְיוֹת רוֹפֵא בַּקִּיבּוּץ.

– כֵּן. גַּם אֲנִי רָצִיתִי לִהְיוֹת בַּקִּיבּוּץ. אֲבָל אִמִּי וְדוֹדָתִי רוֹצוֹת לָגוּר בִּירוּשָׁלַיִם.

– הִנֵּה יְרוּשָׁלַיִם – אָמְרָה דּוֹדָה שָׂרָה – דַּי לְדַבֵּר! הִסְתַּכְּלוּ מִסָּבִיב.

בַּכְּנִיסָה לִירוּשָׁלַיִם, בָּהָר, מִצַּד יָמִין הָיָה כָּתוּב:

בְּרוּכִים הַבָּאִים לִירוּשָׁלַיִם.

הָאֲוִיר הָיָה קָרִיר וְנָעִים.

– אַח! – אָמַר דּוֹקְטוֹר שַׁפִּירָא – הָאֲוִיר שֶׁל יְרוּשָׁלַיִם!

הַנְּסִיעָה הָיְתָה אֲרוּכָּה אֲבָל הַזְּמַן עָבַר מַהֵר.

כַּאֲשֶׁר הָאוֹטוֹבּוּס הִגִּיעַ לַתַּחֲנָה הַמֶּרְכָּזִית, דּוֹקְטוֹר שַׁפִּירָא אָמַר:

– דּוֹדָה שָׂרָה, קְחִי מוֹנִית לְמָלוֹן "עִיר דָּוִד". הִזְמַנְתִּי שָׁם שְׁנֵי חֲדָרִים.

– מוּתָּר לִשְׁאוֹל לְאָן אַתֶּם הוֹלְכִים?

– מוּתָּר לִשְׁאוֹל – צָחַק דּוֹקְטוֹר שַׁפִּירָא – נֵלֵךְ לִזְמַן קָצָר לְלִשְׁכַּת עֲבוֹדָה.

– טוֹב. אֲנִי בֵּינְתַיִים אֶקְנֶה עִיתּוֹן. אֲחַפֵּשׂ מוֹדָעָה עַל דִּירָה לִמְכִירָה.

– שָׁלוֹם, לְהִתְרָאוֹת.

בְּלִשְׁכַּת הָעֲבוֹדָה הָיוּ אֲנָשִׁים רַבִּים. הַתּוֹר הָיָה אָרוֹךְ. אֲנָשִׁים יָשְׁבוּ עַל סַפְסָלִים וְחִיכּוּ. שׁוֹשַׁנָּה רָאֲתָה שְׁנֵי מְקוֹמוֹת פְּנוּיִים.

דוקטור שַׁפִּירָא שָׁאַל:

– הַמָּקוֹם פָּנוּי? מוּתָּר לָשֶׁבֶת?

– בְּבַקָּשָׁה – עָנָה הָאִישׁ וְשָׁאַל:

– סְלִיחָה, אֲדוֹנִי, אַתָּה עוֹלֶה חָדָשׁ?

– לֹא, אֲנִי תַּיָּר. רַק עוֹלֶה חָדָשׁ יָכוֹל לְקַבֵּל פֹּה עֲבוֹדָה?

– לֹא קַל לְקַבֵּל עֲבוֹדָה. אֲבָל אִם אַתָּה עוֹלֶה חָדָשׁ וְיֵשׁ לְךָ מִקְצוֹעַ, יוֹתֵר קַל לְהִסְתַּדֵּר.

– בְּלִי מִקְצוֹעַ אִי־אֶפְשָׁר לְהִסְתַּדֵּר?

– אֶפְשָׁר, אֲבָל זֶה יוֹתֵר קָשֶׁה. פַּעַם, כַּאֲשֶׁר בָּאוּ הַחֲלוּצִים, הֵם עָבְדוּ בְּכָל עֲבוֹדָה שֶׁמָּצְאוּ. אֲבָל הַיּוֹם כָּל אֶחָד רוֹצֶה לַעֲבוֹד רַק בַּמִּקְצוֹעַ שֶׁלּוֹ.

– אַתָּה עוֹלֶה חָדָשׁ? – שָׁאַל דוֹקְטוֹר שַׁפִּירָא.

– כֵּן אֲנִי עוֹלֶה מֵרוּסְיָה. שְׁמִי מֹשֶׁה סוֹקוֹלוֹבְסְקִי. אֲנִי מְהַנְדֵּס.

– גַּם שְׁמִי מֹשֶׁה. מֹשֶׁה שַׁפִּירָא. אֲנִי רוֹפֵא. הֵם אָמְרוּ בְּיַחַד: "נָעִים מְאוֹד" וְצָחֲקוּ.

– אַתָּה יוֹדֵעַ מַדּוּעַ עָלִיתִי אַרְצָה, דוֹקְטוֹר שַׁפִּירָא?

– אֲנִי יוֹדֵעַ. אַתָּה יְהוּדִי. אַתָּה צִיּוֹנִי. אַתָּה רוֹצֶה לִחְיוֹת בְּאֶרֶץ שֶׁל יְהוּדִים.

– נָכוֹן, אֲבָל יֵשׁ עוֹד סִיפּוּר. כְּשֶׁהָיִיתִי בְּרוּסְיָה הָיְתָה לִי עֲבוֹדָה טוֹבָה. הָיִיתִי מְנַהֵל בֵּית חֲרוֹשֶׁת. פַּעַם הָיְתָה אֲסֵיפָה שֶׁל פּוֹעֲלִים. בָּא קוֹמִיסָר. הוּא דִּיבֵּר וְדִיבֵּר: כַּמָּה טוֹב בְּרוּסְיָה. לְכָל אֶחָד יֵשׁ עֲבוֹדָה. לְכָל אֶחָד יֵשׁ בַּיִת. לְכָל אֶחָד יֵשׁ כֶּסֶף.

– כָּכָה זֶה בֶּאֱמֶת?

– בִּכְלָל לֹא! – עָנָה הַמְהַנְדֵּס. – אָז קָם חָבֵר טוֹב שֶׁלִּי, רַבִּינוֹבִיץ, וְשָׁאַל:

– חָבֵר קוֹמִיסָר, אִם כָּל כָּךְ טוֹב אָז לָמָּה כָּל כָּךְ רַע?

הַקּוֹמִיסָר לֹא עָנָה.

–זֶה כָּל הַסִּיפּוּר? – שָׁאַל דוֹקְטוֹר שַׁפִּירָא.

– חַכֵּה רֶגַע! – עָנָה הַמְהַנְדֵּס מֵרוּסְיָה – אַחֲרֵי חוֹדֶשׁ הָיְתָה עוֹד אֲסֵיפָה. הַקּוֹמִיסָר חָזַר עַל דְּבָרָיו: כַּמָּה טוֹב בְּרוּסְיָה, לְכָל אֶחָד יֵשׁ בַּיִת, לְכָל אֶחָד ... קַמְתִּי וְשָׁאַלְתִּי: חָבֵר קוֹמִיסָר! אִם כָּל כָּךְ טוֹב, אָז אֵיפֹה רַבִּינוֹבִיץ?

– וְאָז עָלִיתָ לְיִשְׂרָאֵל?

– כֵּן. אִי־אֶפְשָׁר לִחְיוֹת בְּרוּסְיָה.

– בּוֹא נֵלֵךְ, מֹשֶׁה – אָמְרָה שׁוֹשַׁנָּה – כַּאֲשֶׁר תַּעֲלֶה אַרְצָה תָּבוֹא לְקַבֵּל עֲבוֹדָה בַּלִּשְׁכָּה. עַכְשָׁיו אַתָּה תַּיָּר. נֵלֵךְ לִרְאוֹת אֶת יְרוּשָׁלַיִם. דוֹדָה שָׂרָה

מְחַכָּה לָנוּ.

הֵם אָמְרוּ שָׁלוֹם לַמְהַנְדֵּס הֶחָבִיב וְחָזְרוּ לַמָּלוֹן.

שֵׁם הַפְּעוּלָה: The verbal noun:

בִּיחִידָה 25 לָמַדְנוּ, כִּי מִן הַפֹּעַל סִדֵּר, אֶפְשָׁר לַעֲשׂוֹת שֵׁם: סִידּוּר

אוֹ: טִיֵּל טִיּוּל.

זֶה הָיָה בְּבִנְיַן פִּיעֵל.

גַּם בְּבִנְיַן פָּעַל אֶפְשָׁר לַעֲשׂוֹת כָּךְ:

noun	שֵׁם	verb	פּוֹעַל
sale	מְכִירָה	sold	מָכַר
voyage	נְסִיעָה	travelled	נָסַע
immigration	עֲלִיָּיה	immigrated	עָלָה
running	רִיצָה	ran	רָץ

Opposite the Temple Mount
מוּל הַר הַבַּיִת

הַשְּׁלוֹשָׁה נָחוּ וְאָכְלוּ אֲרוּחָה קַלָּה.

– אַתְּ עֲיֵפָה, דּוֹדָה שָׂרָה?

– כֵּן. בַּגִּיל שֶׁלִּי כְּבָר קָשֶׁה לִנְסוֹעַ נְסִיעוֹת אֲרוּכוֹת.

– מָצָאת אֵיזוֹ מוֹדָעָה מְעַנְיֶנֶת בָּעִיתּוֹן?

– כֵּן. רָאִיתִי מוֹדָעוֹת אֲחָדוֹת. אֵין הַרְבֵּה דִּירוֹת.

– מַדּוּעַ? – שָׁאַל דּוֹקְטוֹר שַׁפִּירָא – אֵין הַרְבֵּה דִּירוֹת לִמְכִירָה?

– יֵשׁ דֵּי דִּירוֹת לִמְכִירָה – אָמְרָה שׁוֹשַׁנָּה – צָרִיךְ לְחַכּוֹת לָעִיתּוֹן שֶׁל שַׁבָּת. אָז תִּמְצְאוּ הַרְבֵּה מוֹדָעוֹת בָּעִיתּוֹן.

– הִנֵּה, פֹּה יֵשׁ מוֹדָעָה – אָמַר דּוֹקְטוֹר שַׁפִּירָא.

דִּירָה לִמְכִירָה

דִּירָה יָפָה, שְׁלוֹשָׁה חֲדָרִים

בְּמֶרְכַּז הָעִיר. בְּזוֹל.

טֶלֶפוֹן 225874. לֹא בְּשַׁבָּת.

– טוֹב, נִרְאֶה – אָמְרָה שׁוֹשַׁנָּה – עַכְשָׁיו אַתֶּם רוֹצִים לִרְאוֹת אֶת חוֹמוֹת יְרוּשָׁלַיִם?

– הַחוֹמָה רְחוֹקָה מִפֹּה? – שָׁאֲלָה דוֹדָה שָׂרָה – אֲנִי קְצָת עֲיֵפָה.

– לֹא. הַחוֹמָה אֵינָהּ רְחוֹקָה. הִנֵּה, אֶפְשָׁר לִרְאוֹת אֶת שַׁעַר יָפוֹ מִפֹּה.

הַשְּׁלוֹשָׁה הָלְכוּ לְטַיֵּל לְאַט. חוֹמוֹת יְרוּשָׁלַיִם הָיוּ גְבוֹהוֹת וְיָפוֹת. בַּחוֹמוֹת הָיוּ שִׁבְעָה שְׁעָרִים, אֲבָל הֵם לֹא רָאוּ אֶת כּוּלָּם. הֵם טִיְּלוּ לְאַט עַל יַד הַחוֹמָה עַד שֶׁהִגִּיעוּ לְשַׁעַר צִיּוֹן.

– "עוֹמְדוֹת הָיוּ רַגְלֵינוּ בִּשְׁעָרַיִךְ יְרוּשָׁלַיִם" – אָמַר דוֹקְטוֹר שַׁפִּירָא.

– אֲנִי מְבִינָה אֶת הַמִּלִּים – אָמְרָה שׁוֹשַׁנָּה – אֲבָל לֹא אֶת הַמִּשְׁפָּט.

– זֶה מִשְׁפָּט מִתּוֹךְ סֵפֶר תְּהִלִּים.

– כֵּן?

– הַיְּהוּדִים הָיוּ בָּאִים לִירוּשָׁלַיִם שָׁלוֹשׁ פְּעָמִים בַּשָּׁנָה. הֵם הָלְכוּ בָּרֶגֶל. כַּאֲשֶׁר הִגִּיעוּ לַשְּׁעָרִים אָמְרוּ אֶת הַמִּשְׁפָּט הַזֶּה.

– עַכְשָׁיו אֲנִי מְבִינָה.

מֵרָחוֹק רָאוּ אֶת הַר הַבַּיִת וְאֶת הַכּוֹתֶל הַמַּעֲרָבִי.

– עַל הַר הַבַּיִת עָמַד בֵּית־הַמִּקְדָּשׁ – אָמַר דוֹקְטוֹר שַׁפִּירָא.

– אֲנִי רוֹצָה לָלֶכֶת לַכּוֹתֶל הַמַּעֲרָבִי – אָמְרָה דוֹדָה שָׂרָה.

– גַּם אֲנַחְנוּ רוֹצִים לָלֶכֶת לַכּוֹתֶל הַמַּעֲרָבִי.

עַל יַד הַכּוֹתֶל עָמְדוּ הַשְּׁלוֹשָׁה הַרְבֵּה זְמַן. הֵם לֹא אָמְרוּ אַף מִלָּה.

דוֹקְטוֹר שַׁפִּירָא הִתְפַּלֵּל בְּשֶׁקֶט.

דוֹדָה שָׂרָה שָׂמָה פֶּתֶק בַּכּוֹתֶל.

– מַה כָּתַבְתְּ בַּפֶּתֶק, דוֹדָה שָׂרָה? – שָׁאַל דוֹקְטוֹר שַׁפִּירָא.

– אַחַר כָּךְ, מֹשֶׁה – אָמְרָה דוֹדָה שָׂרָה בְּשֶׁקֶט. לְדוֹדָה שָׂרָה הָיוּ דְמָעוֹת בָּעֵינַיִם.

יְרוּשָׁלַיִם הָרִים סָבִיב לָהּ — תהלים קכ"ה, 2

The mountains are round about Jerusalem — Psalms, CXXV, 2

מִלִּים שֶׁלָּמַדְנוּ Words we have learned

עֵמֶק – valley (émek)

עֵמֶק יִזְרְעֶאל – Valley of Jezreel

הִמְשִׁיכוּ – continued (himshíchu)

לְהִסְתַּדֵּר – to manage, be arranged

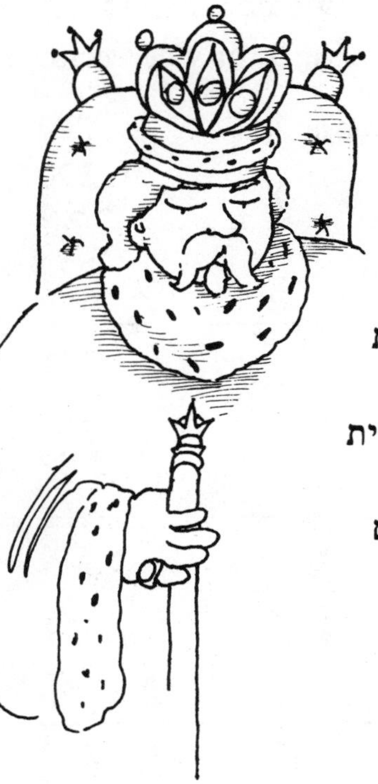

לִשְׁכַּת עֲבוֹדָה – labour exchange
מוֹדָעָה – advertisement
מְכִירָה – sale
קָרִיר – cool
מִקְצוֹעַ – profession
אִי־אֶפְשָׁר – impossible
מְהַנְדֵס – engineer
לִחְיוֹת – to live
בֵּית חֲרוֹשֶׁת – factory
פּוֹעֵל – worker
תַּחֲנָה מֶרְכָּזִית – central station
חוֹמָה – wall
סֵפֶר תְּהִלִּים – Book of Psalms
הַר הַבַּיִת – Temple Mount
מֶלֶךְ – king
הֶחֱרִיב – destroyed
חוּרְבָּן – destruction
הַשְׂכָּלָה – education
מְטַפֶּלֶת – takes care of, nurses

STRUCTURE

1. The noun derived from a verb (verbal noun):

□ □ י □ ה

meeting — פְּ גִ י שָׁ ה

2. After the following adverbs we use the infinitive:

קַל, קָשֶׁה, מוּזָר, אָסוּר, דַּי, אֶפְשָׁר, אִי־אֶפְשָׁר, בְּבַקָּשָׁה

אָסוּר לְעַשֵּׁן

דַּי לְדַבֵּר

Patterns of speech and expressions:

it is difficult to manage	קָשֶׁה לְהִסְתַּדֵּר
how good it is	כַּמָּה טוֹב
repeated himself	חָזַר עַל דְּבָרָיו
not a word	אַף מִלָּה

EXERCISE 1 תרגיל

נַסֵּה לַעֲשׂוֹת שֵׁם מִפּוֹעַל אוֹ לְהֵיפֶךְ:

Try to form a noun from a verb, or vice versa:

Part b.	שֵׁם	Part a.	פֹּעַל
counting	סְפִירָה	counted	סָפַר
sale	מְכִירָה	sold	מָכַר
immigration	______	immigrated	עָלָה
drinking	שְׁתִיָּה	drank	______
purchase	______	bought	קָנָה
seeing, sight	רְאִיָּה	saw	______
reading	______	read	קוֹרֵא
opening	פְּתִיחָה	opened	______
travel	______	travelled	נָסַע
item of news	יְדִיעָה	knew	______

EXERCISE 2 תרגיל

Jerusalem, Capital of Israel: יְרוּשָׁלַיִם בִּירַת יִשְׂרָאֵל:

דָוִיד הַמֶּלֶךְ עָשָׂה אֶת יְרוּשָׁלַיִם עִיר הַבִּירָה שֶׁל יִשְׂרָאֵל. זֶה הָיָה לִפְנֵי שְׁלוֹשֶׁת אֲלָפִים שָׁנָה. מֵאָז וְעַד הַיּוֹם חַיִּים יְהוּדִים בִּירוּשָׁלַיִם.

שְׁלֹמֹה הַמֶּלֶךְ, הַבֵּן שֶׁל דָוִיד הַמֶּלֶךְ, הָיָה חָכָם מְאוֹד. הוּא בָּנָה אֶת בֵּית הַמִּקְדָּשׁ.

זֶה הָיָה הַבַּיִת הָרִאשׁוֹן. נְבוּכַדְנֶאצַּר הֶחֱרִיב אֶת בֵּית הַמִּקְדָּשׁ.

זֶה הָיָה הַחוּרְבָּן הָרִאשׁוֹן.

אַחֲרֵי שִׁבְעִים שָׁנָה בָּנוּ הַיְהוּדִים אֶת בֵּית הַמִּקְדָּשׁ.

זֶה הָיָה הַבַּיִת הַשֵּׁנִי.

טִיטוּס הֶחֱרִיב אֶת בֵּית הַמִּקְדָּשׁ לִפְנֵי אַלְפַּיִם שָׁנָה.

זֶה הָיָה הַחוּרְבָּן הַשֵּׁנִי.

א. קְרָא אֶת הַתַּרְגִּיל לְאַט.

ב. סַפֵּר בְּקוֹל מַה קָּרָאתָ.

EXERCISE 3 תרגיל

Professions and trades: מִקְצוֹעוֹת:

מָה הֵם עוֹשִׂים?

The doctor – heals the sick	הָרוֹפֵא – מְרַפֵּא חוֹלִים
The nurse – takes care of the sick	הָאָחוֹת – מְטַפֶּלֶת בְּחוֹלִים
The driver – drives a car	הַנֶּהָג – נוֹהֵג בִּמְכוֹנִית
The teacher – teaches pupils	הַמּוֹרֶה – מְלַמֵּד תַּלְמִידִים
The secretary – works in an office	הַמַּזְכִּירָה – עוֹבֶדֶת בְּמִשְׂרָד
The policeman – keeps order	הַשּׁוֹטֵר – שׁוֹמֵר עַל הַסֵּדֶר
The engineer – runs a factory	הַמְּהַנְדֵּס – מְנַהֵל בֵּית חֲרֹשֶׁת
The journalist – writes in the newspaper	עִתּוֹנַאי – כּוֹתֵב בָּעִיתּוֹן

א	ב	ג
מִי?	מָה עוֹשֶׂה?	וְאֵיפֹה?
1. מְהַנְדֵּס	א. מְרַפֵּא חוֹלִים	I בְּמִשְׂרָד
2. אָחוֹת	ב. נוֹהֵג בָּאוֹטוֹבּוּס	II בְּכָל מָקוֹם
3. מוֹרֶה	ג. עוֹבֶדֶת	III בַּמִּרְפָּאָה
4. נֶהָג	ד. שׁוֹמֵר עַל הַסֵּדֶר	IV בְּבֵית חֲרֹשֶׁת
5. רוֹפֵא	ה. מְלַמֵּד תַּלְמִידִים	V בָּרְחוֹבוֹת וּבַכְּבִישִׁים
6. עִתּוֹנַאי	ו. מְטַפֶּלֶת בְּחוֹלִים	VI בְּעִיתּוֹן
7. מַזְכִּירָה	ז. מְנַהֵל אֶת הָעֲבוֹדָה	VII בְּבֵית חוֹלִים
8. שׁוֹטֵר	ח. כּוֹתֵב	VIII בְּבֵית סֵפֶר

קְרָא בְּקוֹל. אַחַר כָּךְ כְּתוֹב אֶת הַמִּשְׁפָּטִים (הַתְאֵם אֶת שְׁלוֹשׁ הַקְּבוּצוֹת: א, ב, ג):

Read aloud. Then write sentences matching words
from the 3 groups:

דוּגְמָה:

ג	ב	א
IV בְּבֵית חֲרוֹשֶׁת	ז. מְנַהֵל עֲבוֹדָה	1. מְהַנְדֵס
VII _____	ו. _____	2. _____
_____	_____	3. _____
_____	_____	4. _____
_____	_____	5. _____
_____	_____	6. _____
_____	_____	7. _____
_____	_____	8. _____

תרגיל 4 EXERCISE

שֵׁם פּוֹעַל (חֲזָרָה)   The infinitive (Review)

שֵׁם הַפּוֹעַל בָּא אַחֲרֵי הַמִלִים הָאֵלֶה:

קַל – קָשֶׁה

מוּתָּר – אָסוּר

אֶפְשָׁר – אִי אֶפְשָׁר

דַי – בְּבַקָשָׁה

אֱמוֹר וּכְתוֹב עִם הַמִלִים הָאֵלֶה וְעִם שֵׁם הַפּוֹעַל:

דוּגְמָה:

קָשֶׁה לָקוּם מוּקְדָם בַּבּוֹקֶר בַּחוֹרֶף, כַּאֲשֶׁר קַר בַּחוּץ.

_____ לַעֲשׂוֹת עֲבוֹדָה טוֹבָה.

_____ לְסַפֵּר סִיפּוּרִים.

_____ לַעֲבוֹד בְּבֵית חֲרוֹשֶׁת.

_____ לָקוּם מוּקְדָם בַּבּוֹקֶר.

_____ לִרְאוֹת.

_____ לִקְנוֹת.

_____ לָלֶכֶת.

תרגיל 5 EXERCISE

Tell something about yourself: סַפֵּר מַשֶׁהוּ עַל עַצְמְךָ:

הָיִיתָ פַּעַם בִּירוּשָׁלַיִם? ______________________

רָאִיתָ תְּמוּנָה שֶׁל יְרוּשָׁלַיִם? ______________________

אִם תִּהְיֶה בִּירוּשָׁלַיִם, מַה תֵּלֵךְ לִרְאוֹת? ______________________

____

קָרָאתָ סֵפֶר עַל יְרוּשָׁלַיִם? ______________________

מָה אַתָּה עוֹשֶׂה? ______________________

יֵשׁ לְךָ מִקְצוֹעַ? ______________________

אֵיפֹה אַתָּה עוֹבֵד? ______________________

מֶה הָיִיתָ רוֹצֶה לִהְיוֹת? ______________________

EXERCISE 6 תרגיל

תַּרְגֵם: Translate:

קָרָאתָ אֶת הַמּוֹדָעָה בָּעִיתּוֹן? ______________________

אֵיזוֹ מוֹדָעָה? ______________________

שֶׁמְּחַפְּשִׂים מְהַנְדְּסִים לְבֵית חֲרוֹשֶׁת. ______________________

לֹא. אֲבָל קָרָאתִי מוֹדָעָה אַחֶרֶת. ______________________

יֵשׁ מְכִירָה גְדוֹלָה בְּמֶרְכַּז הָעִיר. ______________________

מָה אֶפְשָׁר לִקְנוֹת שָׁם? ______________________

צָרִיךְ לָלֶכֶת לִרְאוֹת. ______________________

קָשֶׁה לָדַעַת, אִם הֵם בֶּאֱמֶת מוֹכְרִים כָּל כָּךְ בְּזוֹל? ______________________

דַּי לְדַבֵּר! בּוֹא נֵלֵךְ וְנִרְאֶה. ______________________

כַּאֲשֶׁר הָלְכוּ לַחֲנוּת רָאוּ אֶת הַמְּחִירִים. ______________________

מָה אַתָּה אוֹמֵר עַכְשָׁיו עַל הַמּוֹדָעָה? ______________________

הַכֹּל אֱמֶת? אַף מִלָּה! ______________________

EXERCISE 7 תרגיל

מְצָא שִׁבְעָה מִקְצוֹעוֹת:

ש	ר	ו	פ	א	ג	ח	ש
נ	ה	ג	מ	ו	ר	ה	ו
מ	ז	כ	י	ר	ה	ב	ט
ת	א	ח	ו	ת	ק	ט	ר
מ	ה	נ	ד	ס	ל	ד	ם

תרגיל 8 EXERCISE

יָמִינָה אוֹ שְׂמֹאלָה (חֲזָרָה).

פַּעַם הָיָה אִישׁ צָעִיר בְּאֶרֶץ קוֹמוּנִיסְטִית. הוּא רָצָה לַעֲבוֹד. הוּא כְּבָר לֹא עָבַד הַרְבֵּה זְמַן. הָאִישׁ הָלַךְ לְלִשְׁכַּת עֲבוֹדָה.

נִכְנַס וְרָאָה לְפָנָיו שְׁתֵּי דְּלָתוֹת.

עַל הַדֶּלֶת מִצַּד יָמִין הָיָה כָּתוּב:	עַל הַדֶּלֶת מִצַּד שְׂמֹאל הָיָה כָּתוּב:
אֲנָשִׁים עַד גִּיל עֶשְׂרִים	אֲנָשִׁים מֵעַל גִּיל עֶשְׂרִים

נִכְנַס לַדֶּלֶת מִצַּד יָמִין וְרָאָה לְפָנָיו שְׁתֵּי דְּלָתוֹת:

יָמִין: הַשְׂכָּלָה גְבוֹהָה	שְׂמֹאל: בְּלִי הַשְׂכָּלָה גְבוֹהָה

נִכְנַס לַדֶּלֶת מִצַּד יָמִין וְרָאָה לְפָנָיו שְׁתֵּי דְּלָתוֹת:

יָמִין: אֵינוֹ חָבֵר מִפְלָגָה	שְׂמֹאל: חָבֵר מִפְלָגָה

פָּתַח אֶת הַדֶּלֶת מִצַּד יָמִין וְ... יָצָא הַחוּצָה.

רָאָה אוֹתוֹ אִישׁ זָקֵן וְאָמַר לוֹ:

– אֶצְלֵנוּ צָרִיךְ תָּמִיד לָלֶכֶת לְצַד שְׂמֹאל.

עֲנֵה עַל הַשְּׁאֵלוֹת:

1. מָה חִיפֵּשׂ הָאִישׁ הַצָּעִיר? ____________________
2. לְאָן הוּא הָלַךְ? ____________________
3. בְּאֵיזוֹ דֶּלֶת הוּא נִכְנַס? ____________________
4. לָמָה לֹא קִיבֵּל עֲבוֹדָה? ____________________

יְחִידָה שְׁלוֹשִׁים

Conclusion
סוֹף דָּבָר

הִגִּיעַ הַיּוֹם הָאַחֲרוֹן שֶׁל הַטִּיּוּל.
כָּל הַחֲבֵרִים הָלְכוּ לְ״יָד וָשֵׁם״. זֶה בַּיִת לְזֵכֶר שִׁשָּׁה מִילְיוֹנֵי יְהוּדִים שֶׁמֵּתוּ בִּידֵי הַנָּאצִים. יֵשׁ שָׁם אוּלָם גָּדוֹל. קוֹרְאִים לוֹ: ״אוֹהֶל יִזְכּוֹר״. בָּאוּלָם יֵשׁ נֵרוֹת זִיכָּרוֹן: נֵר לְכָל מַחֲנֵה רִכּוּז. מַתָּן עָמַד לִפְנֵי הַנֵּר שֶׁל מַחֲנֵה טְרֶבְּלִינְקָה.
– אַבָּא וְאִמָּא שֶׁלִּי מֵתוּ בְּמַחֲנֶה הַזֶּה – אָמַר מַתָּן בְּשֶׁקֶט.
– שִׁשָּׁה מִילְיוֹנִים יְהוּדִים מֵתוּ – אָמְרָה דוֹדָה שָׂרָה. – גַּם אֲחוֹתִי מֵתָה בְּמַחֲנֵה רִיכּוּז.
לְכוּלָּם הָיוּ דְּמָעוֹת בָּעֵינַיִים.
עָמִית אָמַר:
הַמּוֹרָה שֶׁלָּנוּ סִיפְּרָה לָנוּ עַל יַלְדָּה אַחַת: אָנָה פְרַאנְק. הִיא מֵתָה צְעִירָה מְאוֹד בְּמַחֲנֵה רִיכּוּז. לִפְנֵי שֶׁהִיא מֵתָה הִיא כָּתְבָה יוֹמָן. עַכְשָׁיו זֶה סֵפֶר בְּשֵׁם: ״יוֹמָנָהּ שֶׁל אָנָה פְרַאנְק״.
– הַיְּהוּדִים הָאֵלֶּה לֹא יָכְלוּ לָבוֹא לְיִשְׂרָאֵל? – שָׁאֲלָה עֵינַת.
– לֹא, עֵינַת, – עָנְתָה לָהּ דַּפְנָה – אָז עוֹד לֹא הָיְתָה מְדִינַת יִשְׂרָאֵל.
– חֲבָל! – אָמְרָה שִׁירָה – כָּל כָּךְ הַרְבֵּה יְהוּדִים מֵתוּ.

– בּוֹאוּ! – אָמַר יִגְאָל – נֵלֵךְ לִרְאוֹת אֶת הַכְּנֶסֶת.
הֵם הָלְכוּ לַכְּנֶסֶת. אַחַר כָּךְ בִּיקְּרוּ בְּמוּזֵיאוֹן יִשְׂרָאֵל, מוּל הַכְּנֶסֶת.
בָּעֶרֶב יָשְׁבוּ כּוּלָּם בַּחֶדֶר שֶׁל דָּן וְדִינָה, בְּמָלוֹן ״עִיר דָּוִד״. זֹאת הָיְתָה מְסִיבַּת פְּרֵדָה.
– זֶהוּ הָעֶרֶב הָאַחֲרוֹן שֶׁלָּנוּ יַחַד – אָמַר מַתָּן – מַה נְּאַחֵל לְכוּלָּנוּ?
– אֲנִי מְאַחֶלֶת לְעַצְמִי – אָמְרָה שָׂרָה – שֶׁנִּמְצָא דִירָה יָפָה בִּירוּשָׁלַיִם.
– וְשֶׁנָּגוּר פֹּה תָּמִיד – אָמַר דוֹקְטוֹר שַׁפִּירָא.
– אֲנִי מְאַחֵל הַצְלָחָה לְשׁוֹשַׁנָּה בַּקִּיבּוּץ שֶׁלָּהּ – אָמַר יִגְאָל.
מַתָּן קָם, הֵרִים כּוֹס יַיִן וְאָמַר:
– אֲנִי מְאַחֵל לְכוּלְּכֶם:

לְשָׁנָה הַבָּאָה בִּירוּשָׁלַיִם!

כֻּלָּם הֵרִימוּ כּוֹסוֹת, שָׁתוּ וְאָמְרוּ:

אָמֵן!

מַתָּן הִתְחִיל לָשִׁיר:

דָּוִיד מֶלֶךְ יִשְׂרָאֵל חַי וְקַיָּם

ם - יָ - קַ - ן   אֵל   חַי   חַי   יִשְׂ - רָ - אֵל   לֶךְ - מֶ   וִיד - דָּ

יָם - קַ - ן   חַי חַי   יָם - קַ - ן   חַי חַי   אֵל - רָ - יִשְׂ   לֶךְ - מֶ   וִיד - דָּ

מְסִיבָּה	– party	יָד וָשֵׁם	– Yad Va-Shem
מְסִיבַּת פְּרֵדָה	– farewell party		(Holocaust Memorial)
נְאַחֵל	– we will wish	לְזֵכֶר	– in memory of
הַצְלָחָה	– success	נֵר זִכָּרוֹן	– memorial candle
אָמֵן	– amen		

אֶל הַתַּלְמִידִים:

זֶהוּ הַשִּׁעוּר הָאַחֲרוֹן. אֵין תַּרְגִּילִים, אֲבָל...

יֵשׁ כָּאן שְׁלוֹשָׁה קְטָעִים מֵעִיתּוֹן "שַׁעַר לַמַּתְחִיל". זֶהוּ עִיתּוֹן לְעוֹלִים חֲדָשִׁים בְּיִשְׂרָאֵל.

מְעַנְיֵין לָדַעַת:

אַתֶּם כְּבָר יוֹדְעִים לִקְרוֹא עִיתּוֹן בְּעִבְרִית?

אַתֶּם מְבִינִים מַה שֶׁכָּתוּב בָּעִיתּוֹן?

אִם אַתֶּם מְבִינִים, זֶה סִימָן טוֹב.

זֶה סִימָן שֶׁאַתֶּם בֶּאֱמֶת יוֹדְעִים עִבְרִית קַלָּה.

נָא לִקְרוֹא אֶת הַקְּטָעִים.

נָא לְסַפֵּר אֶת הַקְּטָעִים בְּעִבְרִית.

רְבִיעִיָה נוֹלְדָה בִּירוּשָׁלַיִם

בְּבֵית־הַחוֹלִים "בִּיקוּר־חוֹלִים" בִּירוּשָׁלַיִם נוֹלְדָה רְבִיעִיָה – שְׁלוֹשָׁה בָּנִים וּבַת. לָאֵם וְלַיְלָדִים שָׁלוֹם.

עָמַדְתִּי בַּתּוֹר לָאוֹטוֹבּוּס

עָמַדְתִּי בַּתּוֹר לָאוֹטוֹבּוּס. לְפָנַי עָמַד צָעִיר בְּמִכְנְסֵי ג׳ינס וְאַחֲרָיו עָמְדָה אִישָׁה זְקֵנָה. אַחֲרֵי עָמְדוּ אִישָׁה גְבוֹהָה בַּעֲלַת שֵׂיעָר שָׁחוֹר וְגֶבֶר לָבוּשׁ חֲלִיפָה. כּוּלָנוּ חִיכִּינוּ בְּסַבְלָנוּת לָאוֹטוֹבּוּס.

סוֹף־סוֹף הוּא הִגִּיעַ. הוּא הָיָה מָלֵא וְגָדוּשׁ. הַבָּחוּר הַצָּעִיר נָתַן לַזְקֵנָה לַעֲלוֹת רִאשׁוֹנָה וְאַחַר־כָּךְ הוּא עָלָה. עַכְשָׁיו הִגִּיעַ הַתּוֹר שֶׁלִּי. אַךְ בְּאוֹתוֹ רֶגַע נִדְחֲקָה הָאִישָׁה הַגְּבוֹהָה וְנִכְנְסָה לְפָנַי.

"אֵיזוֹ חוּצְפָּה? הָיִיתִי לְפָנַיִךְ", אָמַרְתִּי, "לָאִישָׁה הַזֹּאת אֵין אַף טִיפָּה שֶׁל נִימוּס".

"אַתְּ מְסַפֶּרֶת לִי?" נֶאֱנַח הָאִישׁ. "אֲנִי יוֹדֵעַ זֹאת כְּבָר עֶשְׂרִים שָׁנָה. אֲנִי בַּעֲלָה".

ח״א, תֵּל־אָבִיב

נוֹלְדָה לָנוּ בַּת

הַשָּׁעָה הָיְתָה כְּבָר קָרוֹב לְ־11. שָׁכַבְתִּי בַּמִּיטָה וְקָרָאתִי סֵפֶר. פִּתְאוֹם שָׁמַעְתִּי דְפִי־קָה עַל הַדֶּלֶת.

"מִי שָׁם?" שָׁאַלְתִּי.

"שָׁכֵן", שָׁמַעְתִּי קוֹל מֵאֲחוֹרֵי הַדֶּלֶת. פָּתַחְתִּי אֶת הַדֶּלֶת – וְהִנֵּה עוֹמֵד לְפָנַי אִישׁ צָעִיר.

"תִּסְלַח לִי מְאוֹד", אָמַר הָאִישׁ, "אֲנִי רוֹצֶה שֶׁתַּעֲזוֹר לִי לִבְחוֹר שֵׁם לַבַּת שֶׁלִּי. שָׁמַעְתִּי שֶׁיֵּשׁ לְךָ סֵפֶר מְיוּחָד שֶׁל שֵׁמוֹת עִבְרִיִּים. אִשְׁתִּי יוֹצֵאת מָחָר מִבֵּית־הַחוֹלִים – וְלַבַּת שֶׁלִּי אֵין שֵׁם".

"נִקְרָא לָהּ 'בַּת־שַׁחַר'."

"תּוֹדָה רַבָּה בְּעַד הַשֵּׁם הַיָּפֶה", אָמַר הָאָב. "בְּכָל־פַּעַם שֶׁאֶקְרָא לְבִתִּי 'בַּת־שַׁחַר' – אֶזְכּוֹר גַּם אוֹתְךָ".

Words we have learned   מִלִּים שֶׁלָּמַדְנוּ

מָלֵא וְגָדוּשׁ – crammed full	קֶטַע (קְטָעִים) – excerpt(s)
נִדְחֲקָה – pushed	נָא לִקְרוֹא – please read
חוּצְפָּה – insolence	סִימָן – sign
נִימוּס – manners	רְבִיעִיָה – set of quadruplets
נֶאֱנַח – sighed	מִכְנְסֵי ג׳ינס – Levis (jeans)
לִבְחוֹר – to choose	בַּעֲלַת שֵׂיעָר – with hair
מְיוּחָד – special	חֲלִיפָה – suit
בַּת שַׁחַר – Daughter of Dawn	בְּסַבְלָנוּת – patiently

Answers to the tests תְּשׁוּבוֹת לַבְּחִינוֹת

Test 1 מבחן

Part A • חלק א

1. quarter
2. conversation
3. house
4. ill, sick
5. evening
6. work, job
7. new
8. exactly
9. perhaps, maybe
10. without

Part B • חלק ב

1. מִי אַתָּה?
2. בְּשָׁעָה חָמֵשׁ
3. בַּבּוֹקֶר
4. בֶּן כַּמָּה אַתָּה?
5. אֵין לִי מַזְכִּירָה

Part C • חלק ג

1. גָדוֹל
2. יוֹשֵׁב
3. חָבֵר
4. קָם
5. צוֹחֵק

Part D • חלק ד

רוֹפֵא עוֹבֵד

☐

☐ מִתֵּשַׁע בַּבּוֹקֶר עַד חָמֵשׁ אַחֲרֵי הַצָּהֳרַיִם.

☐

אֲנִי אוֹכֵל אֲרוּחָה

☐ בַּבַּיִת

☐

☐

Test 2 מבחן

Part A • חלק א

1. young
2. angry
3. cake
4. black
5. parents
6. always
7. pen
8. week
9. water
10. egg

Part B • חלק ב

1. מַה לַּעֲשׂוֹת?
2. בְּבַקָּשָׁה לְהַכִּיר
3. כָּל יוֹם
4. עַל יָדִי
5. הִנֵּה הוּא

Part C • חלק ג

1. טוֹב
2. אַתָּה
3. מַזְכִּירָה
4. תַּלְמִיד
5. לוֹמֶדֶת
6. שׁוֹתָה

Part D • חלק ד

☐	☐
☐ קְטַנּוֹת	☐ שְׁבִיעִי
☐	☐
☐	☐ אוֹתוֹ
☐ שֶׁלָּהֶן	☐
☐	☐

Test 3 מבחן

Part A • חלק א

1. something
2. even
3. date
4. birthday
5. kitchen
6. suddenly
7. quickly
8. people
9. I looked
10. it's worth it

Part B • חלק ב

1. בַּשָּׁנָה הַבָּאָה
2. עַל לֹא דָבָר
3. מַה קָּרָה
4. מַדּוּעַ? – מִפְּנֵי שֶׁ...
5. סְלִיחָה

Part C • חלק ג

1. הַשִּׂמְלָה בָּאָרוֹן
2. הַכִּסֵּא עַל יַד הָאָרוֹן
3. הַסֵּפֶר תַּחַת הָאָרוֹן
4. הַטֶּלֶפוֹן עַל הָאָרוֹן

Part D • חלק ד

☐	☐
☐	☐ קָנְתָה
☐ שְׁנֵי	☐
☐ דוֹדָתָם	☐
☐	☐ לָהּ
☐	☐

Test 4 מבחן

Part A • חלק א

1. headache
2. bag
3. money
4. afterwards
5. forbidden
6. someone
7. sun
8. invitation
9. adult
10. rain

Part B • חלק ב

1. הִגִּיעַ הַזְּמַן
2. אֵיךְ אַתָּה מַרְגִּישׁ?
3. מַה נִּשְׁמָע?
4. כַּמָּה זֶה עוֹלֶה?
5. אֵיךְ מַגִּיעִים ל...?

Part C • חלק ג

1. שׁוּלְחָנוֹת
2. דּוֹדָתִי
3. פַּעֲמַיִם
4. אֶלֶף תְּשַׁע מֵאוֹת שְׁמוֹנִים וְאַרְבַּע
5. תַּלְמִידֵי בֵּית־סֵפֶר

Part D • חלק ד

☐ יִתְלַבֵּשׁ	☐ תְּקַבֵּל
☐	☐
☐	☐
☐	☐
☐	☐ לְשַׁלֵּם
☐ יִלְמַד	☐

Test 5 מבחן

Test A • חלק א

1. bottle
2. place
3. salt
4. package
5. bus stop
6. driver
7. fled
8. east
9. soon, shortly
10. I found

Part B • חלק ב

1. פֶּה אֶחָד
2. לְשָׁנָה
3. יוֹתֵר מִדַּי
4. בְּרוּכִים הַבָּאִים
5. הַפַּעַם

Part C • חלק ג

1. מוֹרִים שֶׁלְּךָ
2. נִיקִּיתָ אֶת הַחֶדֶר
3. הֵם מְדַבְּרִים כָּל הַזְּמַן
4. שֵׁב וּכְתוֹב אֶת הַמִּכְתָּב
5. תֵּלְכִי לְטַיֵּיל
6. יוֹמַיִים

Part D • חלק ד

☐ הֵם מְחַכִּים לְאוֹטוֹבּוּס
☐
☐
☐
☐ קָטָן
☐
☐ קָרוֹב
☐
☐

VOCABULARY מִילּוֹן

הַמִּסְפָּר עַל יַד הַמִּלָּה, הוּא מִסְפַּר הַיְחִידָה הַלִּימוּדִית, בָּהּ מוֹפִיעָה הַמִּלָּה. אִם יֶשְׁנָה אוֹת א׳ לִפְנֵי הַמִּלָּה – פֵּירוּשָׁה, כִּי הַמִּלָּה נִמְצֵאת בְּחֵלֶק א׳ שֶׁל הַסֵּפֶר.

א

אַבָּא א	5	father
אבד	17	lose
אֲבָל א	4	but
אָדוֹם	13	red
אָדוֹן, אֲדוֹנִי	4	sir
אוֹ	8	or
אוֹהֵב	7	likes
אוֹזֶן	5	ear
אוֹטוֹבּוּס	27	bus
אוֹכֵל	2	eats
אוֹכֶל	10	food
אוּלַי	5	maybe
אוּלָם	18	hall
אוּלְפָּן	26	ulpan (school)
אוֹמֵר	2	says
אֳנִיָּיה	24	ship
אוֹר	19	light
אוֹרֵחַ	11	guest
אוֹת	10	letter
אוֹתוֹ צֶבַע	20	same color
אָז	19	then
אָז מַה?	19	so what?
אָח	9	brother
אָחוֹת	5	sister, nurse
אחל	25	wish
אַחֵר (אחרת)	3	another
אַחֲרוֹן	10	last
אַחֲרֵי	13	after
אַחַר כָּךְ	17	afterwards
אַחַת	1	one
אַחַת־עֶשְׂרֵה	2	eleven
אִי־אֶפְשָׁר	29	impossible
אֵיזֶה	1	which
אֵיךְ	5	how
אֵיךְ אַתָּה מַרְגִישׁ?	16	How do you feel?
אֵיךְ מַגִּיעִים לְשָׁם?	19	How do you get there?
אֵין	4	there is not
אֵין דָּבָר	8	never mind
אֵיפֹה	10	where
אִישׁ (אֲנָשִׁים)		man (men)
אִשָּׁה	1	woman
אִיכְפַּת לִי	26	I care
אֶל (ל...)	3	to, towards
אֵלֶּה	14	these
אִמָּא	17	mother
אִם	8	if
אִם כֵּן	18	in that case
אָמֵן	30	amen
אֲנִי א	7	I
אֲנַחְנוּ	7	we
אָסוּר	18	forbidden
אֲסֵיפָה	18	meeting
אַף	5	nose
אַף מִלָּה		not a word
אֲפִילוּ	11	even
אֲפִילוּ רֶגַע	11	not a minute
אֶפֶס	1	zero
אֶפְשָׁר	15	possible
אֶפְשָׁר הַיּוֹם?	15	Is it possible to-day?
אֶפְשָׁר לְקַבֵּל	25	May I have..?
אֵצֶל	14	at
אַרְבָּעָה	1	four
אַרְבָּעִים	4	forty
אֲרוּחָה	3	meal
אֲרוּחַת בּוֹקֶר	3	breakfast
אֲרוּחַת צָהֳרַיִים	3	lunch
אָרוֹךְ (אֲרוּכָּה)	23	long
אָרוֹן	6	wardrobe
אֶרֶז	21	cedar
אַתְּ א	8	you
אַתָּה א	8	you (m)
אַתֶּם	7	you (pl)
אֶתְמוֹל	11	yesterday

ב

ב... א	5	in
בָּא א	5	comes
בְּאֵיזוֹ שָׁעָה?	2	at what time?
בָּאִים	6	come
בֶּאֱמֶת	1	really
בְּבַקָּשָׁה א	8	please
בְּבַקָּשָׁה לְהַכִּיר	7	please meet
בְּבַקָּשָׁה לָשֶׁבֶת	4	please be seated
בְּדִיוּק	4	exactly
בְּוַדַּאי	25	sure, of course
בּוּל	15	postage stamp
בּוֹקֶר	7	morning
בִּזְהִירוּת	19	cautiously
בְּזוֹל	24	cheaply
בַּחוּץ	23	outside
בָּחוּר	11	fellow
בָּחוּר כְּאֶרֶז	21	a good fellow
בָּטוּחַ (בְּטוּחָה)		sure
בֵּין	18	among
בֵּינְתַיִים	26	between, meanwhile
בֵּיצָה	10	egg
בִּיקוּר	16	visit
בִּיקֵשׁ	17	asked
בַּיִת א	8	house, home
בֵּית חוֹלִים	11	hospital
בֵּית חֲרוֹשֶׁת	29	factory
בֵּית מִקְדָּשׁ	28	temple
בֵּית סֵפֶר	8	school
בֵּית קָפֶה	7	coffee-house
בְּכָל זאת	27	nevertheless
בִּכְלָל	22	at all (after a negative)
בִּילָה	26	spend (time)
בְּלִי	4	without
בַּלַיְלָה	2	at night
בַּמֶּה	13	with what
בֶּן כַּמָּה (בַּת כַּמָּה)	4	how old
בָּנָנָה	26	banana
בַּנְק	3	bank
בְּסַךְ הַכֹּל	20	all in all
בְּסֵדֶר	7	fine, O.K.
בַּעַל	4	husband, proprietor
בִּפְנִים	23	inside
בַּקְבּוּק	21	bottle
בְּקָרוֹב	25	soon, shortly
בְּרֶגַע זֶה	2	at this moment
בְּרָכָה	20	greeting, blessing
בִּרְכוֹת לְשָׁנָה טוֹבָה		New Year greetings
בְּרוּכִים הַבָּאִים	24	welcome
בִּשְׁבִיל	15	for
בְּשֶׁקֶט	11	quietly
בָּשָׂר	10	meat
בַּת א	3	daughter
בְּתֵאָבוֹן	10	bon appetit!

ג

גָּבוֹהַּ (גְּבוֹהָה)	16	tall
גְּבִינָה	11	cheese
גֶּבֶר	20	man, male
גְּבֶרֶת	15	Mrs., lady
גָּדוֹל	3	big
גָּדוֹל כְּמוֹ	14	as big as
גָּדוֹל מ...	14	bigger than
גּוֹמְרִים	12	finish
גֶּיטוֹ	24	ghetto
גִּיל	6	age
גַּל א	5	wave
גַּלְגַּל א	5	wheel (life-belt)
גַּם א	5	also
גַּן	13	garden
גַּן יְלָדִים	8	kindergarten
גָּר	1	lives
גָּרָה	1	lives (f)
גָּרִים	7	live (pl)
גֶּשֶׁם	20	rain

דָּבָר	8	thing
דְּבָרִים אֲחָדִים	15	a few things
דְּבַשׁ	26	honey
דָּג	10	fish
דֶּגֶל	26	flag
דּוֹאַר	25	post
דּוֹב	3	bear

uncle	7	דוֹד א
aunt	7	דוֹדָה א
postman	17	דַוָּר
similar	26	דוֹמֶה
enough	10	דַי
enough of work	10	דַי לַעֲבוֹד
spoke	17	דִיבֵּר
page	10	דַף א
door	6	דֶלֶת
tears	17	דְמָעוֹת
minute	2	דַקָה
south	24	דָרוֹם
regards	28	דְרִישַׁת שָׁלוֹם
way	26	דֶרֶךְ
passport	18	דַרְכּוֹן

ה

the	10	ה...
next	11	הַבָּא
difference	28	הֶבְדֵל
brought	20	הֵבִיא
understood	24	הֵבִין
became bar-mitzvah	18	הִגִיעַ לְמִצְווֹת
lighted (a candle)	26	הִדְלִיק
he	3	הוּא
goes (m)	2	הוֹלֵךְ
goes (f)	2	הוֹלֶכֶת
took out	22	הוֹצִיא
invited	25	הִזְמִין
invitation	19	הַזְמָנָה
destroyed	29	הֶחֱרִיב
she	3	הִיא
was	4	הָיָה
used to do	23	הָיָה עוֹשֶׂה
would you like	17	הָיִיתָ רוֹצֶה
went	9	הָלַךְ
they (m)	7	הֵם
continued	29	הִמְשִׁיךְ
they (f)	7	הֵן
surely	9	הֵן
there (it is)	8	הִנֵה א
there he is	10	הִנֵה הוּא
settled, managed, got along	29	הִסְתַּדֵר
combed (himself)	14	הִסְתָּרֵק
stopped	14	הִפְסִיקָה
break	9	הַפְסָקָה
tea-break	14	הַפְסָקַת תֵּה
success	30	הַצְלָחָה
succeeded	26	הִצְלִיחַ
mountain	26	הַר (הָרִים)
much, many	4	הַרְבֵּה
a long time	4	הַרְבֵּה זְמַן
Temple Mount	29	הַר הַבַּיִת
education	29	הַשְׂכָּלָה
was ashamed	17	הִתְבַּיֵישׁ
began	14	הִתְחִיל
prepared (himself)	27	הִתְכּוֹנֵן
dressed (himself)	14	הִתְלַבֵּשׁ
prayed	17	הִתְפַּלֵל
got used	28	הִתְרַגֵל
washed (himself)	14	הִתְרַחֵץ
this year	11	הַשָּׁנָה

ו

and		ו...

ז

this (f)	7	זֹאת, א
that is, meaning	12	זֹאת אוֹמֶרֶת
this (m)	7	זֶה, א
cheap	14	זוֹל
remembers	15	זוֹכֵר
time	4	זְמַן
old	6	זָקֵן
stranger	13	זָר

ח

likable (f)	9	חֲבִיבָה
package	22	חֲבִילָה
too bad, pity	12	חֲבָל
friend, member	5	חָבֵר

holiday	5	חַג א
happy holiday	24	חַג שָׂמֵחַ
room	11	חֶדֶר
dining room	17	חֲדַר אוֹכֶל
new	4	חָדָשׁ
news	25	חֲדָשׁוֹת
month	12	חוֹדֶשׁ
return	12	חוֹזֵר
repeats himself	29	חוֹזֵר עַל דְּבָרָיו
ill	2	חוֹלֶה
shirt, blouse	22	חוּלְצָה
brown	22	חוּם
fever	16	חוֹם
wall	29	חוֹמָה
vacation	19	חוּפְשָׁה
abroad	8	חוּץ לָאָרֶץ
besides	26	חוּץ מִזֶּה
winter	22	חוֹרֶף
thinks (f)	6	חוֹשֶׁבֶת
strong	23	חָזָק
alive	28	חַי
life	26	חַיִּים
looked for (f)	19	חִיפְּשָׂה
wait	20	חִכָּה
wise	12	חָכָם
milk	7	חָלָב
window	6	חַלּוֹן
weak	28	חַלָּשׁ
leaven	24	חָמֵץ
five	5	חָמֵשׁ
shop, store	15	חֲנוּת
half	2	חֲצִי
diligent	25	חָרוּץ
think	17	חשב
bill, aritmethic	8	חֶשְׁבּוֹן
important	14	חָשׁוּב
electricity	26	חַשְׁמַל
wedding	4	חֲתוּנָּה

ט

a ring	22	טַבַּעַת
god	6	טוֹב
walk, travel	19	טִיֵּיל
flight	18	טִיסָה
drop	16	טִיפָּה
fool	20	טִיפֵּשׁ
tallit (prayer shawl)	20	טַלִּית
telephone	4	טֶלֶפוֹן
tasty	21	טָעִים
hand	15	יָד
Jew, Jewish	8	יְהוּדִי
everything will be fine	23	יִהְיֶה בְּסֵדֶר
knows	5	יוֹדֵעַ א
day	6	יוֹם
birthday	12	יוֹם הוּלֶדֶת
beauty, good!	19	יוֹפִי
goes out	9	יוֹצֵא
it is raining	20	יוֹרֵד גֶּשֶׁם
sits	3	יוֹשֵׁב
more	5	יוֹתֵר
too much	23	יוֹתֵר מִדַּי
together	11	יַחַד
wine	21	יַיִן
can	13	יָכוֹל
child, boy	8	יֶלֶד
small girl	16	יַלְדָּה
children	8	יְלָדִים
sea	5	יָם א
right	16	יָמִין
to the right	16	יָמִינָה
right (adj.)	16	יְמָנִי
nice, goodlooking	6	יָפֶה
dear, beloved	22	יַקִּיר
expensive, dear	14	יָקָר
come down, go down	20	ירד
green	20	יָרוֹק
moon	19	יָרֵחַ
vegetables	23	יְרָקוֹת
there is	4	יֵשׁ
he has a fever	16	יֵשׁ לוֹ חוֹם

he is lucky	20	יֵשׁ לוֹ מַזָּל
old	21	יָשָׁן
straight	19	יָשָׁר
Israeli	8	יִשְׂרְאֵלִי
he will give	23	יִתֵּן

כ

ache, pain	16	כְּאֵב
when	5	כַּאֲשֶׁר
already	6	כְּבָר
road, highway	27	כְּבִישׁ
worthwhile	15	כְּדַאי
hurts, aches	4	כּוֹאֵב
hat	27	כּוֹבַע
a glass	6	כּוֹס
angry	6	כּוֹעֵס
like this	14	כָּזֶה
blue	15	כָּחוֹל (כְּחוּלָּה)
because, that	12	כִּי
chair	4	כִּיסֵא
class, grade	8	כִּיתָּה
so, thus	10	כָּךְ א
so, thus	10	כָּכָה א
all, whole	8	כָּל
each one, every one	12	כָּל אֶחָד
all the time	6	כָּל הַזְּמַן
the whole day	8	כָּל הַיּוֹם
every day	8	כָּל יוֹם
so early	14	כָּל כָּךְ מוּקְדָּם
nothing (colloq.)	6	כְּלוּם
(literary Hebrew)		(לֹא כְלוּם)
utensil(s)	27	כְּלִי (כֵּלִים)
how much, how many	4	כַּמָּה
how good it is	29	כַּמָּה טוֹב
how much is	18	כַּמָּה עוֹלֶה
like	14	כְּמוֹ
of course	25	כַּמּוּבָן
almost	27	כִּמְעַט
yes	10	כֵּן א
entrance	28	כְּנִיסָה
money	17	כֶּסֶף
spoon	13	כַּף
teaspoon	6	כַּפִּית
ticket	17	כַּרְטִיס
address	15	כְּתוֹבֶת

ל

to, towards	10	לְ... (אֶל) א
no	2	לֹא
didn't let us	24	לֹא נָתְנוּ לָנוּ
slowly	25	לְאַט
where to	25	לְאָן
heart	4	לֵב
alone	14	לְבַד
white	13	לָבָן
soured milk	27	לֶבֶּן
to bring	20	לְהָבִיא
to enter	18	לְהִיכָּנֵס
to take out	6	לְהוֹצִיא
to prepare	13	לְהָכִין
to recognize, to meet	7	לְהַכִּיר
goodbye, au revoir	7	לְהִתְרָאוֹת
calendar	11	לוּחַ הַשָּׁנָה
studies (f)	8	לוֹמֶדֶת
in memory of	30	לְזֵכֶר
to live	29	לִחְיוֹת
bread	10	לֶחֶם
night	6	לַיְלָה
lemon	21	לִימוֹן
pound (money)	17	לִירָה
in honor of the holiday	26	לִכְבוֹד הַחַג
that's why	17	לָכֵן
why	10	לָמָּה א
why not	17	לָמָּה לֹא
why should you?	27	לָמָּה לָכֶם
below, down	27	לְמַטָּה
above, up	27	לְמַעְלָה
May I help you?	13	לַעֲזוֹר לְךָ
to work	10	לַעֲבוֹד
before	9	לִפְנֵי
how long ago?	12	לִפְנֵי כַּמָּה זְמַן
sometimes	19	לִפְעָמִים

לקח	12	take
לָרֶדֶת	23	to go down
לִשְׁכַּת עֲבוֹדָה	29	labour exchange
לִשְׁתּוֹת	10	to drink
לְתַקֵּן	13	to repair

מ

מ... (מִן)	3	from
מְאוֹד	5	very
מְאוּחָר	11	late
מְבוּגָר	20	adult
מֵבִיא	10	brings
מְבַקֵּשׁ	19	requests
מְבַשֵּׁל	16	cooks
מַגֶּבֶת	25	towel
מַגִּיעִים	19	one arrives
מְדַבֶּרֶת	15	speaks, talks
מַדּוּעַ	5	why
מִפְּנֵי שֶׁ...	14	because
מָה א	5	what
מָה הַהֶבְדֵּל	28	What's the difference?
מָה הַשָּׁעָה	2	What time is it?
מַה יֵּשׁ	4	What is the matter?
מַה כּוֹאֵב לְךָ	6	What hurts you?
מַה לַעֲשׂוֹת	6	What is to be done?
מַה נִּשְׁמַע	17	What's new?
מַה פִּתְאֹם	22	What on earth!
מַה קָּרָה	13	What happened?
מַה שְּׁלוֹמְךָ	7	How are you?
מְהַנְדֵּס	29	engineer
מַהֵר	14	quickly
מוֹדָעָה	29	advertisement
מוּזֵיאוֹן	24	museum
מוּכָן	21	ready
מוֹכֵר	14	seller, salesman
מוֹנִית	27	taxi
מוּקְדָּם	14	early
מוֹרָה א	7	teacher (f)
מוֹשָׁבָה	28	settlement
מוּתָּר	27	permissible
מוּתָּר לָקַחַת	27	may one take
מֶזֶג אֲוִויר	20	weather
מִזְוָודָה	18	valise, suitcase
מַזְכִּירָה	1	secretary
מַזְלֵג	13	fork
מַזְמִין	10	invites, orders
מִזְרָח	24	east
מַחְבֶּרֶת	9	exercise book
מְחִיר	18	price
מְחַכֶּה ל...	23	waits for...
מַחֲנֵה רִיכּוּז	24	concentration camp
מָחָר	9	tomorrow
מִטְבָּח	13	kitchen
מָטוֹס	18	airplane
מְטַפֶּלֶת	29	nurses, takes care of
מִטְרִיָּה	20	umbrella
מִיטָּה	28	bed
מִי	1	who
מִיָּד	19	at once
מַיִם	10	water
מִיל	27	mile
מִיץ		juice
מִישֶׁהוּ	18	someone
מְכוֹנִית	14	car
מַכִּיר	11	know
מְכִירָה	19	sale
מִכְנָסַיִם	15	trousers
מֶכֶס	18	import duty
מִכְתָּב	11	letter
מִלָּה	1	word
מֶלַח.	22	salt
מִלְחָמָה	24	war
מְלַמֶּדֶת	9	teaches (f)
מֶלְצַר	10	waiter
מְמַהֲרִים	7	hurry
מִמֶּנִּי	15	from me, than I
מִן	3	from
מִן הַצַּד	19	on the side
מִן... עַד...	3	from... to....
מָנָה	10	course of a meal
מְנַהֵל	9	principal, director
מְנוֹרָה	28	candlestick

party	30	מְסִיבָּה
farewell party	30	מְסִיבַּת פְּרֵידָה
agrees	5	מַסְכִּימָה
number	1	מִסְפָּר
deliver	28	מסר
a little	8	מְעַט
envelope	19	מַעֲטָפָה
coat	15	מְעִיל
raincoat	20	מְעִיל גֶּשֶׁם
degree	28	מַעֲלָה
interesting	12	מְעַנְיֵין
illegal immigrant	24	מַעְפִּיל
west	24	מַעֲרָב
map, tablecloth	19	מַפָּה
because	14	מִפְּנֵי שֶׁ...
key	25	מַפְתֵּחַ
I found	25	מָצָאתִי
rings	1	מְצַלְצֵל
someone rings	13	מְצַלְצְלִים
place	21	מָקוֹם
cane, walking stick	20	מַקֵּל
profession	29	מִקְצוֹעַ
Mr.	7	מַר א
feels	16	מַרְגִּישׁ
center	28	מֶרְכָּז
clinic	25	מִרְפָּאָה
balcony	25	מִרְפֶּסֶת
soup	10	מָרָק
silk	22	מֶשִׁי
family	1	מִשְׁפָּחָה
sentence	26	מִשְׁפָּט
glasses	5	מִשְׁקָפַיִים
office	2	מִשְׂרָד
fits	20	מַתְאִים
sweet	11	מָתוֹק
begin	11	מַתְחִיל
when	1	מָתַי
any time you want	26	מָתַי שֶׁתִּרְצֶה
gift	18	מַתָּנָה

נ

we will wish	30	נְאַחֵל
driver	23	נֶהָג
was established	17	נוֹסַד
scenery, landscape	27	נוֹף
resting	28	נָח
nice, fine	12	נֶחְמָד
paper	23	נְיָיר
we will meet	15	נִפָּגֵשׁ
right	9	נָכוֹן
comes in	9	נִכְנָס
we will die	28	נָמוּת
airport	18	נְמַל־תְּעוּפָה
exists, is	24	נִמְצָא
try	22	נסה
voyage	18	נְסִיעָה
bon voyage	18	נְסִיעָה טוֹבָה
go, travel	17	נסע
pleasant	7	נָעִים
my pleasure	7	"נָעִים מְאוֹד"
shoe (shoes)	15	נַעַל (נַעֲלַיִים)
we will do	19	נַעֲשֶׂה
clean (v.)	23	נקה
clean (adj.)	4	נָקִי
candle	24	נֵר
memorial candle	30	נֵר זִיכָּרוֹן
we will ask	19	נִשְׁאַל
remained (f)	13	נִשְׁאֲרָה
married	14	נָשׂוּי
we will hear, let's hear	8	נִשְׁמַע
give	12	נתן
will be seeing you	24	נִתְרָאֶה

ס

grandfather	5	סַבָּא א
soap	25	סַבּוֹן
close, shut	14	סגר
order	6	סֵדֶר
sugar	11	סוּכָּר
conclusion	30	סוֹף דָּבָר
after all	9	סוֹף סוֹף
counts	12	סוֹפֵר
arrangement	25	סִידּוּר

north	24	צָפוֹן
needs	4	צָרִיךְ

ק

a small kibbutz, group	17	קְבוּצָה
first, before	17	קוֹדֶם
get up	9	קוּם
storey, floor	13	קוֹמָה
difficult question	20	קוּשְׁיָה
small (f)	7	קְטַנָה
received	17	קִיבֵּל
Kiddush	24	קִידוּשׁ
wall	6	קִיר
light, easy	8	קַל
gets up	3	קָם
flour	21	קֶמַח
coffee	7	קָפֶה
officer	21	קָצִין
short	19	קָצָר
a little	15	קְצָת
cold	2	קַר א
read	5	קָרָא
happened	13	קָרָה
relative, near	27	קָרוֹב
cool	29	קָרִיר
hard, difficult	1	קָשֶׁה
it is difficult to manage	29	קָשֶׁה לְהִסְתַּדֵר

ר

see	3	ראה
head	16	רֹאשׁ
mayor	28	רֹאשׁ עִיר
first	6	רִאשׁוֹן
rabbi	6	רַב, א
many	12	רַבִּים
quarter	2	רֶבַע
usual, accustomed	27	רָגִיל
leg, foot	15	רֶגֶל
a moment	2	רֶגַע
radio	4	רַדְיוֹ
sees	3	רוֹאֶה
wind	20	רוּחַ
doctor	1	רוֹפֵא
wants	8	רוֹצֶה א
lean, slim	27	רָזֶה
street	1	רְחוֹב
far	3	רָחוֹק
wet	21	רָטוֹב
empty	20	רֵיק
soft	2	רַךְ
traffic light	19	רַמְזוֹר
only	16	רַק
hungry	10	רָעֵב
idea	27	רַעְיוֹן
complete recovery	16	רְפוּאָה שְׁלֵמָה
(he) wanted	14	רָצָה

ש

that	8	שֶׁ...
question	5	שְׁאֵלָה
sit (m)	8	שֵׁב!
week	9	שָׁבוּעַ
sit (f)	8	שְׁבִי
seven	1	שֶׁבַע
Shabbat	5	שַׁבָּת א
holocaust	24	שׁוֹאָה
asks (f)	2	שׁוֹאֶלֶת
policeman	18	שׁוֹטֵר
table	4	שׁוּלְחָן
shofar (ram's horn)	26	שׁוֹפָר
drinks	6	שׁוֹתֶה
lie down	28	שכב
plum	26	שְׁזִיף
black	7	שָׁחוֹר
play	22	שׂחק
conversation	1	שִׂיחָה
lesson	13	שִׁיעוּר
song	13	שִׁיר
forget	16	שכח
rented	27	שָׂכַר
neighbor	13	שָׁכֵן
belonging to	1	שֶׁל א

three	1	שָׁלוֹשׁ
send	17	שלח
whole	15	שָׁלֵם
pay	17	שִׁלֵּם
there	16	שָׁם
name	1	שֵׁם
left	16	שְׂמֹאל
to the left	16	שְׂמֹאלָה
left (adj.)	16	שְׂמָאלִי
eighty	4	שְׁמוֹנִים
happy, glad	10	שָׂמֵחַ א
happiness, joy	22	שִׂמְחָה
The Rejoicing of the Law	26	שִׂמְחַת תּוֹרָה
sky	20	שָׁמַיִם
keeping, guarding	21	שְׁמִירָה
dress	21	שִׂמְלָה
fat	27	שָׁמֵן
sun	19	שֶׁמֶשׁ
year	7	שָׁנָה
Happy New Year	15	שָׁנָה טוֹבָה
hour	2	שָׁעָה
clock, watch	2	שָׁעוֹן
gate	18	שַׁעַר
beach, seashore	23	שְׂפַת יָם
silence	13	שֶׁקֶט
quiet	22	שָׁקֵט
sings (f)	8	שָׁרָה
drink (v.)	14	שתה
two	1	שְׁתַּיִם
twelve	2	שְׁתֵּים־עֶשְׂרֵה

ת

date	12	תַּאֲרִיךְ
tea	7	תֵּה
Book of Psalms	29	תְּהִלִּים
thanks	8	תּוֹדָה א
many thanks	1	תּוֹדָה רַבָּה א
station, bus stop	23	תַּחֲנָה
under, beneath	6	תַּחַת
tourist	27	תַּיָּר
tourism	27	תַּיָּרוּת
bag	16	תִּיק
pupil, student	9	תַּלְמִיד
picture	1	תְּמוּנָה
oven	21	תַּנּוּר
apple	26	תַּפּוּחַ
diaspora	28	תְּפוּצָה
rooster	23	תַּרְנְגוֹל
answer	19	תְּשׁוּבָה
nine	1	תֵּשַׁע